西安文理学院专门史省级重点学科经费资助

西安非物质文化遗产研究

王晓如 著

中国社会科学出版社

图书在版编目（CIP）数据

西安非物质文化遗产研究/王晓如著.—北京：中国社会科学出版社，2015.7
ISBN 978 - 7 - 5161 - 6894 - 3

Ⅰ.①西⋯　Ⅱ.①王⋯　Ⅲ.①文化遗产—研究—西安市　Ⅳ.①K294.11

中国版本图书馆 CIP 数据核字（2015）第 213809 号

出 版 人	赵剑英
责任编辑	史慕鸿
责任校对	李　莉
责任印制	戴　宽

出　　版	中国社会科学出版社
社　　址	北京鼓楼西大街甲 158 号
邮　　编	100720
网　　址	http：//www.csspw.cn
发 行 部	010 - 84083685
门 市 部	010 - 84029450
经　　销	新华书店及其他书店

印刷装订	三河市君旺印务有限公司
版　　次	2015 年 7 月第 1 版
印　　次	2015 年 7 月第 1 次印刷

开　　本	710 × 1000　1/16
印　　张	20.75
插　　页	2
字　　数	353 千字
定　　价	78.00 元

凡购买中国社会科学出版社图书，如有质量问题请与本社营销中心联系调换
电话：010 - 84083683
版权所有　侵权必究

前　言

　　西安非物质文化遗产是人类文明的重要成果，是中华文化的重要组成部分与古都西安的文化名片。其内容丰富，种类繁多，集中反映了从古至今西安各民族人民的生产生活方式，折射出地域民族个性和审美习惯，彰显了中华文化历史厚重和丰富多彩。

　　本书稿撰写的目的，一是弘扬西安非物质文化遗产。2011年《中华人民共和国非物质文化遗产法》的公布，为继承和弘扬中华民族优秀传统文化、促进社会主义精神文明建设、加强非物质文化遗产保护与保存工作提供了法律依据。当前，尽管社会对非物质文化遗产认识普遍提高，但作者在理论研究与教学实践中，深深感到人们对非物质文化遗产认识还存在误区，那些由民间流传下来的、一个个具体的、鲜活的、通过传承人口传心授保护下来的非物质文化遗产项目，还有待于传承与弘扬。二是增强对西安非物质文化遗产保护意识。2009年西安非物质文化遗产在经过全面普查后，非物质文化逐渐走进人们的视野。但对非物质文化遗产应如何保护，可谓仁者见仁，智者见智。这就有待于进一步提高全社会对非物质文化保护重要性认识，更好地传承非物质文化遗产。三是加强西安非物质文化遗产文字整理。作为主要流传在民间的西安非物质文化遗产，其文字资料极为缺乏。整理非物质文化遗产文字，是保护非物质文化遗产的手段。因此，本书稿尽可能将西安非物质文化遗产代表性项目相关资料，诸如网上资料、民间搜集资料、西安非物质文化遗产保护中心资料等进行文字整理，做一点保护传承工作。四是借此唤醒更多的人加入到保护西安非物质文化遗产工作中来。西安非物质文化遗产具有地域历史文化代表性，历史悠久，知名度高，保护西安地域文化是保护中华文化多样性、保护中华文化血脉相传、彰显文化地域个性、守护我们精神家园的重要举措。

　　本书由西安非物质文化遗产理论研究与代表项目两部分构成。在理论研究中，涉及了对西安非物质文化遗产认识与作者近些年相关粗浅研究；在代表项目中，对西安非物质文化遗产代表性项目进行了文字整理。

通过本书撰写，使社会各界对西安非物质文化遗产有基本认识，进一步深化对西安非物质文化遗产的理论研究，唤起人们对西安非物质文化遗产的保护意识，更好地将西安非物质文化遗产在人类的历史长河中传承下去。

希望借此书为西安非物质文化遗产保护贡献绵薄之力，为西安非物质文化遗产传承尽力。

作者

2014 年 9 月于西安

目　录

上篇　西安非物质文化遗产理论研究

西安非物质文化遗产概论 …………………………………………（3）
西安非物质文化遗产持续性保护利用研究 ………………………（26）
西安宗教非物质文化遗产保护与开发研究 ………………………（39）
西安非物质文化遗产的保护利用与经济发展的联动思考 ………（52）
网络环境下西安非物质文化遗产的保护 …………………………（60）
西安非物质文化遗产资源网络化保护 ……………………………（64）
诗歌与牛郎织女传说及其影响 ……………………………………（70）
周至的庙会及其文化价值 …………………………………………（78）
从《秦王破阵乐》看唐宫廷音乐兴衰的政治取向 ………………（88）
西安鼓乐名称溯源 …………………………………………………（97）
西安鼓乐生存的音乐环境探析 ……………………………………（108）
庙会与西安鼓乐传承 ………………………………………………（112）
西安鼓乐的民间传承形式研究 ……………………………………（120）
西安鼓乐在西安地区的传承与分布 ………………………………（127）
西安鼓乐谱字、古谱识读与记谱法 ………………………………（133）
唐传乐器"七星锣"排列变化原因初探 …………………………（138）
西安鼓乐的鼓 ………………………………………………………（141）
西安鼓乐的锣铰类乐器 ……………………………………………（148）
西安鼓乐的传统乐社 ………………………………………………（154）
改革开放三十年西安鼓乐保护传承成果综述 ……………………（172）

下篇　西安非物质文化遗产代表项目

【民间文学】

牛郎织女民间故事传说 …………………………………………（181）
王莽乡轩辕寺传说 ………………………………………………（183）
仓颉造字台传说 …………………………………………………（185）
翠华姑娘的传说 …………………………………………………（187）
丈八沟的传说 ……………………………………………………（189）
户县民间歌谣 ……………………………………………………（192）

【民间美术】

长安烙画 …………………………………………………………（194）
哑柏刺绣 …………………………………………………………（196）
周至剪纸 …………………………………………………………（198）
户县民间布艺老虎 ………………………………………………（201）
户县李氏木刻工艺 ………………………………………………（204）
阎良新兴剪纸 ……………………………………………………（206）
苗春生泥塑 ………………………………………………………（208）

【民间音乐】

西安鼓乐 …………………………………………………………（211）
高陵洞箫艺术 ……………………………………………………（218）
新兴特技唢呐 ……………………………………………………（220）
厚畛子山歌 ………………………………………………………（222）
渭旗锣鼓 …………………………………………………………（224）
十面锣鼓 …………………………………………………………（226）
留南村锣鼓 ………………………………………………………（228）

【民间舞蹈】

周至牛斗虎 ………………………………………………………（230）

阎良牛拉鼙鼓 …………………………………… (232)
西里和尚斗柳翠 ………………………………… (234)
雨金舞龙社火 …………………………………… (236)
周至竹马 ………………………………………… (238)
药惠竹马 ………………………………………… (240)

【传统戏剧】

周至大玉木偶戏 ………………………………… (242)
周至皮影戏 ……………………………………… (245)
关中（临潼）道情皮影戏 ……………………… (247)

【民俗】

栎阳马踏青器山社火 …………………………… (248)
户县社火 ………………………………………… (250)
侯官寨迎春牛老爷社火 ………………………… (253)
大白杨社火芯子 ………………………………… (256)
船张芯子 ………………………………………… (258)
长安王曲城隍庙祭祀和庙会 …………………… (259)
户县北乡迎祭城隍民俗活动 …………………… (260)
西安都城隍庙民俗 ……………………………… (262)
骊山女娲民俗 …………………………………… (264)
华夏财神故里祭祀活动 ………………………… (266)
青山索圣母庙会 ………………………………… (268)

【传统手工技艺】

北张村传统造纸技艺 …………………………… (269)
豆村大蜡制作技艺及民俗 ……………………… (272)
阎良核雕技艺 …………………………………… (273)
蔡氏核雕技艺 …………………………………… (275)
蓝田玉雕工艺 …………………………………… (277)
狄寨徐文岳泥哨制作技艺 ……………………… (279)
鱼化"泥叫叫"制作技艺 ……………………… (281)

竹篾子灯笼编织技艺 …………………………………… (283)
长安寺坡村"添碟子"制作技艺 ………………………… (286)
张氏风筝制作技艺 ……………………………………… (288)
西安同盛祥牛羊肉泡馍制作技艺 ……………………… (290)
西安饭庄陕菜和陕西风味小吃制作技艺 ……………… (293)
"中华老字号"德发长手工饺子制作技艺 ……………… (295)
西安德懋恭水晶饼制作技艺 …………………………… (297)
春发生葫芦头泡馍系列制作技艺 ……………………… (299)
秦镇米皮制作技艺 ……………………………………… (301)
铁炉油馍制作工艺 ……………………………………… (303)
周至翠峰马家饦饦 ……………………………………… (305)
长安沣峪口老油坊榨油 ………………………………… (307)
户县龙窝酒手工酿造技艺及习俗 ……………………… (309)

【传统医药】
高陵韩氏正骨制药技艺 ………………………………… (311)
马明仁膏药 ……………………………………………… (313)

【曲艺】
户县眉户曲子 …………………………………………… (315)
高陵曲子 ………………………………………………… (318)
周至道情 ………………………………………………… (319)
熨斗村曲子 ……………………………………………… (321)
长安道情 ………………………………………………… (322)

后记 ………………………………………………………… (324)

上 篇
西安非物质文化遗产理论研究

西安非物质文化遗产概论

一 西安非物质文化遗产的定义与范围

(一) 西安非物质文化遗产定义

西安非物质文化遗产是中华民族文化遗产的重要组成部分，它主要是指历史时期西安各民族世代相传的精神文化遗产，包括各种传统文化表现形式、相关实物及其文化场所。具体而言，其内容涉及三个层面。

一是传统文化的表现形式。即通过西安各民族人民将其本民族世代相承的、以口头或动作方式延续，且与本地百姓生活密切相关的如民俗活动、表演艺术、传统知识和技能等各种传统文化表现形式。

二是与传统文化有关的实物。亦即通过西安各民族人民传承的历史时期与本地百姓生活密切相关的传统文化表现实物，如传统技能中的各种器具、手工制品等。

三是展示传统文化的场所。指西安集体或个人传承文化遗产的各种文化空间，即"定期举行传统文化活动或集中展现传统文化表现形式的场所，兼具空间性和时间性"。[1]

从形式、实物、文化场所三方面架构起来的立体文化，真实而形象地表现了历史时期西安人民的生产生活情况，这些具有民族历史积淀和广泛、突出代表性的民间文化遗产，被誉为西安历史文化的"活化石"，他们是中华民族"根"的重要组成部分，是构成"民族记忆"的重要内容，也是我们今天获得中华民族认同的重要文化资源和民族文化、地方文化不可或缺的组成部分，是彰显中华文化多样性与民族精神的根源。

---

[1] 《国务院办公厅关于加强我国非物质文化遗产保护工作的意见》，国办发〔2005〕18号附件1，第三条。

（二）西安非物质文化遗产范围

西安非物质文化遗产范围包括：

1. 传统口头文学以及作为其载体的语言，如西安长安区牛郎织女民间故事传说、王莽乡轩辕寺传说、仓颉造字台传说、翠华姑娘传说等在民间长期口耳相传的故事、传说等口头传说和表述，通过人的语言口述传承历史时期流传下来的各种以文学形式表现的文化遗产。

2. 传统美术、书法、音乐、舞蹈、戏剧、曲艺和杂技以及木偶、皮影等民间表演艺术，如高陵洞箫艺术、西安鼓乐、新兴特技唢呐、厚畛子山歌、渭旗锣鼓、十面锣鼓、长安烙画、哑柏刺绣、周至剪纸、户县民间布艺老虎、户县李氏木刻工艺、阎良新兴剪纸、周至大玉木偶戏、周至皮影戏、关中（临潼）道情皮影戏、周至牛斗虎、阎良牛拉鳖鼓、周至竹马、西里和尚斗柳翠、雨金舞龙社火、药惠竹马等通过人的肢体活动传播、保存下来的艺术文化遗产。

3. 传统技艺、医药及有关民间传统知识和实践，即有关生产、生活的传统手工艺技能，如西安北张村传统造纸技艺、西安同盛祥牛羊肉泡馍制作技艺、豆村大蜡制作技艺及民俗、阎良核雕技艺、狄寨徐文岳泥哨制作技艺、秦镇米皮制作技艺、竹篾子灯笼编织技艺、西安饭庄陕菜和陕西风味小吃制作技艺、"中华老字号"德发长手工饺子制作技艺、西安德懋恭水晶饼制作技艺、蓝田玉雕工艺、春发生葫芦头泡馍系列制作技艺、长安沣峪口老油坊榨油、户县龙窝酒手工酿造技艺及习俗、铁炉油馍制作工艺、周至翠峰马家饦饦、长安寺坡村"添碟子"制作技艺、鱼化"泥叫叫"制作技艺、周林海雕塑、蔡氏核雕、张氏风筝制作技艺、民间玩具九连环制作工艺、高陵韩式正骨制药技艺、马明仁膏药等，通过人的技能将历史时期与百姓社会生活密切相关的生产、生活技艺传承下来的文化遗产。

4. 传统礼仪、节庆等民俗及其他习俗以及广大民众世代传承的人生礼仪、岁时活动、节日庆典等，如长安王曲城隍庙祭祀和庙会、户县北乡迎祭城隍民俗活动、西安都城隍庙民俗、骊山女娲民俗、华夏财神故里祭祀活动、青山索圣母庙会、栎阳马踏青器山社火、户县社火、侯官寨迎春牛老爷社火、大白杨社火芯子、船张芯子等，通过各种展现民俗的文化空间、文化场所保存下来的历史时期与百姓生活密切相关的文化遗产。

5. 传统体育和游艺、民间体育和竞技等，如红拳等通过人的肢体行为保留下来的流传在民间的体育文化遗产。

6. 其他非物质文化遗产以及与其表现形式相关的文化场所等。

二 西安非物质文化遗产的生存环境

生存环境是非物质文化遗产得以保护与传承的重要条件。西安是中国古代灿烂文明的发祥地之一，是一个有着悠久历史文化的城市。西安非物质文化遗产能够传承至今，与其生存环境有密切关系。

（一）西安非物质文化遗产生存的自然环境

西安非物质文化遗产得以传承至今与中国古代历史上闻名遐迩的终南山有密切关系。就西安非物质文化遗产地域分布而言，终南山是其文化传承活动的重要地带。以今西安为中心，沿终南山北麓分布的蓝田、长安、周至、户县及其相邻的郊县农村等区域，历史时期非物质文化遗产传承活动较为活跃。

中国古代著名的终南山，在西安南面，既是我国古代著名的大山，又是我国古代文化孕育、诞生和发展的重要源地，它不仅是中华文化的重要组成部分，而且在关中地域文化中也有举足轻重的地位。"终南横亘关中南面，西起秦陇，东至蓝田，相距八百里，昔人言山之大者，太行而外，莫如终南。"[①] 终南山峻拔秀丽，如锦绣画屏，自然风光优美，它东起盛产美玉的蓝田山，西至终年积雪的太白山，横跨今陕西蓝田、长安、户县、周至等行政区县，绵延200余里，天造地设，雄峙在古城长安之南，成为古长安城高大坚实的依托、雄伟壮丽的屏障。[②] 以其独有的山水灵气的生态环境和人文灵秀的人文环境融汇而成的终南山，在我国古代著名的大山中独树一帜，与我国古代文明历史珠联璧合、浑然一体，在漫漫的历史长河中具有重要的地位。

终南山北麓宗教文化兴盛，是我国佛教长安宗派和道教的诞生地。其

[①] （清）毕沅：《关中胜迹图志》卷2，四库全书珍本十集，台北：台湾商务印书馆1972年版，第4页。

[②] 肖重声：《终南山记游》，陕西人民美术出版社1985年版，第2页。

山上山下遍布著名寺院，如兴教寺、香积寺等四五十处，正如古诗云："长安三千金世界，终南百万玉楼台。"① 有长安南五台的寺庙建筑群，佛教四大祖庭——净土宗祖庭香积寺和悟真寺、律宗祖庭净业寺、华严宗祖庭华严寺及三论宗祖庭草堂寺、唐大秦寺等，佛教文化遗存非常丰富。

终南山的自然环境是西安非物质文化遗产传承的重要基础。今天已登榜世界非物质文化遗产代表作名录的西安鼓乐能够传承至今即与此有关。终南山"每年六月庙会，盛况空前，可谓万人空巷，登临者如蚁。各府县民间古乐社聚集汤房山寺。鼓乐高奏，丝竹和鸣，声闻于天"。② 农历六月初一的终南山南五台古会、六月二十的小五台古会和西安市的西五台古会等，就是鼓乐活动最多、最集中的时间和场地。届时，各地乐社接二连三云集台上，进行演奏，一座座庙宇、佛殿，就成了各乐社赛乐的场所。他们名为对神演奏，实为给从四面八方云集于此的群众听，取悦于人。

道教文化以"楼观派"祖庭，相传是道教先哲老子讲经传道的地方——楼观台最具代表性。

终南山浓厚的宗教文化氛围对西安非物质文化遗产影响深远。传承至今的西安非物质文化遗产中，与宗教文化有关的内容不在少数。

遍布终南山一带的寺院道观，因其自然风景与人文环境的交织，吸引香客往来络绎不绝，形成了特有的庙会民俗，或者与庙会不能分开的其他非物质文化活动，如社火、西安鼓乐（佛派、道派）、道情皮影戏等，这些反映在非物质文化遗产中的文化内容，既是中华文化吸收外来文化交流融合的结果，也是西安地域自然环境与文化环境影响的结果。

（二）西安非物质文化遗产生存的历史环境

西安是中国古代灿烂文明的发祥地和世界四大古都之一。公元前11世纪西周的建立，开始了古都城市文明建设。之后历经封建时代大一统的秦、西汉、短命王朝新莽，中国古代历史上第二次大动荡时期建立的西晋（愍帝）、前赵、前秦、后秦、西魏、北周，以及开创中国古代第二次封建发展高峰的隋、唐等王朝在西安建都，西安城市经营历史长达3100多

---

① 西安市政协文史资料委员会：《西京佛教》，陕西人民出版社2000年版，第317页。
② 同上书，第324页。

年，作为封建时代全国政治、经济、文化中心的历史长达1100余年，是我国历史上建都王朝最多、建都时间最长的一个城市。

  古都西安曾是举世闻名的"丝绸之路"的起点。唐以后，国家政治中心虽然东移，但长安作为城市的优越地理位置并没有发生大的改变，仍是我国西北地区的重镇与最大的城市及交通枢纽，起着古代中国对外交流中连接欧亚和丝绸之路的重要作用。在世界上，"西罗马、东长安"，其"四大古都"的历史地位不可撼动。

  西安在中国古代曾经长期作为政治文化中心，京城及其终南山北麓地域浓厚的历史文化氛围直接影响了非物质文化传承活动。保留至今的西安非物质文化遗产中含有大量悠久历史文化内涵，即与西安的历史文化环境有密切关系。如西安的传统音乐，就有学者认为"西安的音乐是与唐宋时代的音乐有关系，尤其是鼓乐值得予以注意"[①]。

（三）西安非物质文化遗产生存的文化环境

  西安是我国黄河流域古代文明的重要发源地之一，历史文化遗存分布丰富。在今天南枕秦岭北麓，北至西安城北，东依黄土高原南沿，西连沣渭河流域的广阔区域分布的人文景观、古文化遗存，既有反映古代经济、政治、文化、艺术的石刻、典籍与各种艺术珍品，也有以宗教文化为特色的寺庙道观建筑群以及反映国际经济、文化交流的珍贵文物等，具有独特的历史文化魅力与影响力。

  蓝田以辋川为核心，向北有公王岭蓝田猿人遗址，缀以蓝关古道、水陆庵、佛爷腰等遗迹。蓝田猿人遗址记录着百万年前人类先祖的发展历史。唐代诗画艺术家王维中年起退隐蓝田辋川，在山水间修建了颇具规模的园林，汲山川之性灵留下《辋川集》廿咏和百余首山水田园诗传世。隋唐时曾在玉山脚下建悟真寺，绵延数里，僧众千余，景致颇佳。水陆庵经历代修葺，特别是明代重整，其壁塑构思之精深、技艺之奇巧、雕塑之细腻、情节之生活、容量之丰富，都令人叹为观止，被赞誉为中国的"第二敦煌"。

  长安区境内分布着自秦、汉、唐以来各朝代的遗址多处，其东部有明

[①] 中央音乐学院民族音乐研究所：《陕西的鼓乐社与铜器社》，中央音乐学院民族音乐研究所油印本1954年，第8页。

藩王十三王陵，南部的秦岭山地是古代终南山的主体，包括翠华山、南五台、沣峪等自然景区，是宗教活动的云集之处。佛教建筑初建于北魏和隋朝，历史悠久。道教现有宫观13座，道场主要分布于太兴山和子午小五台。古代遗留的人文景观绝大部分与宗教文化有关，隋唐时期形成的佛教八大宗派中五大宗派的祖庭在长安，长安的佛教文化既是隋唐文化的重要组成部分，又是京城长安国际化文化的精华部分。宗教文化与自然环境浑然一体，构成长安地区特色鲜明的历史文化资源。

周至县，沿终南山北麓布列许多名观古刹，如创始于西周、鼎盛于唐、衰落和毁于宋末，相传是老子李耳讲学的楼观台（又名宗圣观），每年农历二月初十和十五东楼观和西楼观分别有规模盛大的庙会，庙会时就有各种民俗活动和西安鼓乐表演。在周至的名胜地，旅游文化遗迹随处可见，如李白、岑参、卢纶、白居易、陈鸿、温庭筠、苏轼、苏辙等唐宋名家，都留有生花妙笔文章。白居易在仙游寺写就了长诗《长恨歌》，陈鸿成就了《长恨歌传》。

户县古为皇家御苑，留下大量历史遗迹，如著名的佛教圣地鸠摩罗什译经的草堂寺、玄奘顶骨迁移供奉之地紫阁寺、道教圣地全真教祖庭重阳宫以及唐宝林寺塔等。

西安及其周边的这种文化环境为西安非物质文化在民间传承奠定了重要的文化基础。

三　西安非物质文化遗产地位与现状

（一）西安非物质文化遗产地位

西安非物质文化遗产是中华文化的重要组成部分，其内容丰富，项目众多，种类涉及历史时期当地百姓生活的方方面面。

西安非物质文化遗产的历史地位：仅就上榜的各级非物质文化遗产代表项目看，远自中华民族文化起源的传说时代，如仓颉造字台传说，它记载了中华民族始祖黄帝与仓颉发明文字的故事，距今近的亦有上百年历史；长安沣峪老油坊榨油技艺，记载了民间原生态的传统榨油工艺。这些非物质文化遗产项目在传承人类文明和记录人类发展历程中有着不可替代的历史作用，具有独特的历史地位，它们为西安各族人民构筑起安身立命的精神家园，标示着西安各族人民在思想上和实践上所能达到的智慧高度。

西安非物质文化遗产的文化地位：从上古时期到今天，生活在西安这片土地上的劳动者创造了丰富的非物质文化，如西安"非遗"中独具特色的传统艺术项目周至牛斗虎、周至大玉木偶戏、皮影戏、关中（临潼）道情皮影戏、周至厚畛子山歌、阎良牛拉鼓、阎良核雕技艺、周至哑柏刺绣、周至剪纸、阎良新兴剪纸、阎良新兴特技唢呐、户县民间布艺老虎、新城区民间玩具九连环制作工艺、碑林区张氏风筝制作技艺、周至县熨斗村曲子、高陵曲子等展示了当地百姓的精神文化生活，灞桥狄寨徐文岳泥哨制作技艺、竹篾子灯笼编织技艺、长安沣峪口老油坊榨油、户县龙窝酒手工酿造技艺及习俗、户县李氏木刻工艺、蓝田玉雕工艺、雁塔灞桥区蔡氏核雕等表现了当地群众物质文化生活需要，王莽乡轩辕寺传说、长安区仓颉造字台传说、翠华姑娘的传说、雁塔区丈八沟的传说等也是当地口头文化的重要表现。这些从不同角度保留下来的非物质文化遗产是我们今天了解地域文化特色、中国传统文化内涵、中华文化多样性的宝贵资源，是古都西安的文化魅力所在。

西安非物质文化遗产的社会地位：西安非物质文化遗产反映的是西安历史时期人类文化遗产的精神高度，它承载着当地民族所特有的精神内涵、文化意识和价值观念，是民族文化软实力的重要资源，民族精神与凝聚力、向心力的表现。在众多的西安非物质文化遗产项目中，特别是在民俗类项目中，非物质文化遗产所具有的和谐社会的作用表现非常突出。如周至渭旗锣鼓、临潼十面锣鼓、临潼栎阳马踏青器山社火、户县社火、长安区侯官寨迎春牛老爷社火、未央区大白杨社火芯子、长安王曲城隍庙祭祀和庙会、户县北乡迎祭城隍民俗活动、西安都城隍庙民俗、临潼区骊山女娲民俗、周至华夏财神故里祭祀活动、临潼雨金舞龙社火、高陵药惠竹马、周至竹马、高陵船张芯子、周至青山索圣母庙会等集体表演的"非遗"项目，不仅发挥着凝聚表演者的作用，而且对活跃当地民众文化生活、和谐社会起着积极作用。

西安非物质文化遗产中的周至豆村大蜡制作技艺、碑林区西安饭庄陕菜和陕西风味小吃制作技艺、莲湖区"中华老字号"德发长手工饺子制作技艺、莲湖区德懋恭水晶饼制作技艺、碑林区春发生葫芦头泡馍系列制作技艺、临潼区铁炉油馍制作工艺、周至翠峰马家饦饦、高陵韩式正骨制药技艺、马明仁正骨膏药制药技艺等传统技艺类项目，今天不仅仍然发挥着它们在历史时期服务西安百姓生活的作用,而且还成为西安对外宣传的特色文化名片,仍然担负着为古都的现代化建设、走向国际化的历史使命和责任。

(二) 西安非物质文化遗产现状

西安非物质文化遗产主要分布在民间,完全整理与保护的难度较大。有些"非遗"项目由于生存环境的改变,已失去了当代继续传承的土壤,没有了现代生存空间,致使其发展受到制约,处于濒危状况;有些"非遗"项目传承人缺少后继者,使其延续困难。

目前西安非物质文化遗产采取五级联保的保护方法,通过申报区县—市—省—国家—世界非物质文化遗产代表性项目,重点保护在中华民族发展史和世界文化进程中具有重要历史价值、文化价值、社会价值、精神价值的非物质文化遗产,以点带面抢救与保护西安非物质文化遗产。

据统计,西安各级"非遗"代表性项目分布呈金字塔状,高层次代表项目总体偏少,如只有1项人类非物质文化遗产代表项目——西安鼓乐。在世界级的非物质文化遗产代表作中,西安鼓乐以"中国古代的交响乐"、中国古代音乐文化的"活化石"征服世界,较早进入联合国教科文组织评选的人类非物质文化遗产代表作中;国家级非物质文化遗产代表项目9项,包括西安鼓乐、"中华老字号"西安同盛祥牛羊肉泡馍制作工艺、蓝田普化水会音乐、长安楮皮纸制作技艺、户县曲子等;省级非物质文化遗产代表项目65项,包括周至牛斗虎等艺术类项目、"中华老字号"葫芦头泡馍系列制作技艺、"中华老字号"西安德懋功水晶饼制作技艺、狄寨徐文岳泥哨制作技艺、大白杨社火芯子、高陵洞箫艺术、阎良核雕工艺、临潼区十面锣鼓、长安区牛郎织女传说、户县秦镇米皮制作技艺等;市级"非遗"代表作名录150项,包括周至哑柏刺绣、新城区民间玩具九连环制作工艺、莲湖区马明仁膏药、雁塔区鱼化泥叫叫制作工艺、灞桥区蔡氏核雕、高陵县韩氏正骨制药技艺、阎良区特技唢呐、临潼区孙家皮影、蓝田县玉雕工艺、户县民间布艺老虎等;县级"非遗"名录及重点资源有300余项。

西安非物质文化遗产五级联保的保护方法,一方面保留下来西安非物质文化遗产的精华,另一方面在一定程度上唤起了民间自觉保护"非遗"的意识,使项目传承人注意整理与保护"非遗"实物与文字资料,加大

"非遗"社会宣传力度,对助推西安非物质文化遗产保护与传承起了积极作用。

四　西安非物质文化遗产特征

西安非物质文化遗产是地域文化的代表,也是中华文化星空中一颗璀璨的明珠。西安"非遗"所具有的独特性、活态性、传承性、可塑性、濒危性、社会性、地域性、群体性和历史积淀性等特征,既有非物质文化遗产普遍具有的共性特征,同时也有地域非物质文化遗产独具的个性特征。西安悠久的历史、底蕴深厚的文化背景给丰富多彩的地域文化打上了鲜明的地域烙印,展示了地域文化的多样性和鲜活性。

西安非物质文化遗产集中反映了本地各民族传统的生产生活方式,是传承人世代口传身授的结果,因此,它是"老祖宗留下来的"民族个性与审美习惯的"活"的展现,也是西安文化遗产中最为脆弱的部分。认识与了解西安非物质文化遗产的特征,有助于科学保护、传承西安非物质文化遗产。

（一）西安非物质文化遗产的独特性

西安非物质文化遗产是地域文化的产物,是关中地区特有的文化遗存。在形式上,它以艺术表达形式存在,体现了西安各民族人民独特的文化创造力,如西里和尚斗柳翠,用大头娃娃将舞台表演与民俗活动融为一体,别具吸引力。在成果上,它们或表现为物质的成果,即通过传承人高超的技艺制作的各种"非遗"实物,如饺子、饦饦、羊肉泡、水晶饼等展示传承人的技艺;或表现为具体的行为方式、礼仪、习俗等,如周至的庙会,每年都吸引不计其数的当地群众参与,使周至庙会既有传承传统文化的作用,也有和谐社会的作用,同时增加了经济功能,成为当地具有一定影响的独特的庙会民俗。国家非物质文化遗产代表项目长安王曲城隍庙祭祀和庙会,以纪念汉初大将纪信诞辰为活动内容,诞生了我国古代历史上最早的城隍人神,使古都长安成为城隍信仰的原发地和传播地,城隍庙祭祀也成为地域文化的代表。

西安非物质文化遗产中间接表现出来的本地传统精神意识、价值观取向等也具有独特性。如西安鼓乐是从远古传承至今仍存活在西安地区民间、被誉为"中国古代交响乐"的传统音乐,它采用我国古代文字谱的记谱形式,将吹奏乐器、弹弦乐器以及击奏乐器等有机结合进行演奏的大型合奏乐,是最具中国古代音乐特质的古老音乐,也因此被称为中国古代音乐史上的"活化石"。西安鼓乐能够传承至今,与民间艺人执着坚持、不懈努力有密切关系。再如西安剪纸艺术,它既是我国工艺美术中特有的一种艺术样式,也是陕西关中地区民间剪纸艺术的代表;它既传承了历史时期西安及其周边地区民间剪纸艺术风格,也有其随着时代变化对剪纸样式的不断创新;它既反映了历史时期当地民间生活的真实,也展示了当地现代生活的改变,是一种传统与现代以剪纸艺术再现的西安历史文化记录。西安剪纸艺术风格或粗犷,或细腻;用途或为日常装饰,或为节日、喜事庆贺,都表达了西安人民的一种情感与精神寄托;它既是民间艺人祈福和祝福的手工表现形式,也是一种文化象征符号,具有丰富的内涵与独特的审美价值。

任何民族的文化、文明中都含有独特的传统的因素、某种文化基因和民族记忆,这是一个民族赖以存在和发展的"根"。西安非物质文化遗产中蕴涵的地域文化的特性和持续发展的动力是西安各民族独特的智慧和宝贵的精神财富,也是古都社会得以延续的文化命脉和精神源泉。西安非物质文化遗产中传承的独特的文化基因、文化传统和民族记忆,真实地记录了西安人民群众在生产生活实践中创造与积淀的、赋予我们民族特征的传统文化内容。

西安非物质文化遗产也具有地域文化的独特性,如在西安临潼女娲补天的神话传说、反映唐代情感演绎的西安曲江寒窑传说、户县流传的龟兹乐以及一些已形成地域文化品牌的秦腔、剪纸、西安鼓乐、牛郎织女传说等,这些不同类别、在国内外具有影响的非物质文化遗产代表性项目,作为我国非物质文化遗产的重要组成部分,充分展示了中华文化的多样性和地域文化的独特性,丰富了中华文化内涵,凸显了中华文化个性、展现了地域文化的魅力。

(二) 西安非物质文化遗产的活态性

非物质文化是一种精神文化,它主要是通过以人为本的文化传承特征突显其"活"的特质,使传承不脱离民族、群体生产生活方式,凝聚民族个性、民族审美习惯的"活"的显现。

一是依托于传承人本身存在,以语言(如西安非物质文化遗产民间文学类代表项目牛郎织女民间故事传说、王莽乡轩辕寺传说、仓颉造字台传说、翠华姑娘的传说、丈八沟的传说)、唱腔〔如西安非物质文化遗产戏曲类代表项目周至大玉木偶戏、周至皮影戏、关中(临潼)道情皮影戏〕、肢体(如西安非物质文化遗产民间舞蹈类代表项目周至牛斗虎、阎良牛拉鳌鼓、周至竹马、西里和尚斗柳翠、雨金舞龙社火、药惠竹马)和技艺(如西安非物质文化遗产民间技艺类代表项目北张村传统造纸技艺、西安同盛祥牛羊肉泡馍制作技艺、豆村大蜡制作技艺及民俗、阎良核雕、狄寨徐文岳泥哨制作技艺、秦镇米皮制作技艺、竹篾子灯笼编织技艺、西安饭庄陕菜和陕西风味小吃制作技艺、"中华老字号"德发长手工饺子制作技艺、西安德懋恭水晶饼制作技艺、蓝田玉雕工艺、春发生葫芦头泡馍系列制作技艺)等为外在表现形式突出其"活态"性。

二是借助传承人口传身授传承的方式,突出其文化延续的"活态"性。如西安非物质文化遗产代表项目周至哑柏刺绣、周至剪纸、户县民间布艺老虎、户县李氏木刻等,在历史传承中,这些非物质文化借助传承人演示、指导,手把手教授,并在传承中不断进行创新,使这些文化一代代传承下来。再如西安鼓乐的乐谱传授。西安鼓乐使用的乐谱是我国古代记录音乐语言的文字谱,在历代表演中,从乐谱识读、传唱、演奏,依靠的都是掌握乐谱表演技艺的艺人口传身授。如果没有传承人"活"的传承载体,西安鼓乐是很难流传至今天的。

三是通过传承人活的、动态的、精神的因素,突出其文化传承的"活态"性。西安非物质文化遗产承载的是西安历史上民间保留下来的传统技艺、传承技能的高超、精湛和独创性,表现的是传承人的创造力,以及通过非物质文化遗产反映出来的西安各民族人民的情感及表达方式和传统文化的根源、智慧及其思维方式和世界观、价值观、审美观等,这些非物质文化遗产保护与传承中体现出来的精神因素完全依附于"非遗"项目传承人进行文化传承时的动态过程。如通过传承人口述传承、在动态表现中完成的"非遗"口头传说类项目,传统音乐、舞蹈、戏剧等表演艺术类项目也是在动态表现中完成,民俗、节庆等仪式项目同样完成于传承人动态表现,器物、器具的传统制作技艺等项目则也是通过传承人动态表现而完成,等等,非物质文化遗产传承突出表现了其动态过程。如西安鼓乐之所以至今仍存活在西安地区民间中,既与传承人在演奏技艺、乐谱传承、曲目表演等方面通过口传身授方式代代相传密切相关，同时也与它活的、动态的、精神的因素有关。即使历史变化、时代变化、社会变化，它在今天也是亟须保护的传统文化代表，但是由于它在民间业余时间的自娱自乐的精神寄托，使其不但没有退出历史舞台，反而通过民间节假日表演的"斗乐"等活动，在复杂多变的历史长河中传承至今，并使"斗乐"成为西安鼓乐民间传承的主要方式。在每年的节假日，西安鼓乐通过"斗乐"、"赛乐"等表演，鼓乐队之间你一曲我一段进行鼓乐比赛，在比赛中谁演的曲目多、演得好，谁就成为比赛的赢家。这种表演方式吸引观众欣赏鼓乐表演，艺人演出也有成就感，并以此将西安鼓乐传统的原汁原味保留下来，使它成为当代我国在世界上具有代表性的人类非物质文化遗产代表项目。今天西安周至集贤西村、东村能出现两个国家级非物质文化遗产的鼓乐传人，与西安鼓乐在民间"斗乐"的这种传承活动有很大关系。

文化传承必定不能脱离它生存的环境。西安非物质文化遗产作为地域民族民间文化，它生生不息的顽强的生命力源于当地民众参与，西安各民族或个体、或群体的活态介入，而这种活态性文化传承方式决定非物质文化遗产保护中传承人保护的重要性，非物质文化遗产保护与传承人保护处于同等重要的地位，这种人类文化中"活"的文化及其在传统文化中表现最脆弱的部分，也正是这种文化传承独有的活态性。

（三）西安非物质文化遗产的传承性

所谓传承性，是指西安历史上形成的非物质文化遗产被创造者以集体或个体方式，通过传承人代代传承延续的特性。如西安非物质文化遗产传统技艺类项目秦镇米皮制作技艺、西安饭庄陕菜和陕西风味小吃制作技艺、"中华老字号"德发长手工饺子制作技艺、西安德懋恭水晶饼制作技艺、春发生葫芦头泡馍系列制作技艺、长安沣峪口老油坊榨油等，这些非物质文化遗产通过传承人掌握的制作技艺，将其在历史发展中融入西安百姓生活中，造福于西安百姓生活，成为西安地域特色文化的代表。它们并没有因为时代的变迁、经济的全球化和现代化而远离社会，却因其物态化高，与当地百姓生产生活关联密切，成为当代西安经济社会发展中不可或缺的文化内容。如西安非物质文化遗产中的秦镇米皮制作技艺，在西安饮食文化史上占有重要地位，它传承的是祖辈在这片土地上长期劳动和食物制作过程中总结出来的饮食制作技艺，留下来的是当地百姓一年四季都百吃不厌的美味佳肴。经过一代代传承人的技艺积累与创新改进，米皮制作技艺成为当地百姓智慧的象征与勤劳的结晶、世代相传的重要技艺。

（四）西安非物质文化遗产的可塑性

西安非物质文化遗产的可塑性与非物质文化遗产口传身授的传承方式有密切关系，它表现的是非物质文化遗产在传承中受传承人传承影响而产生的变化。

非物质文化遗产的可塑性与其在口头传承中的准确度、原真性、环境影响有关。通过言传身教的方式进行师徒传承的非物质文化遗产具有很强的"口头性"，口头传承是否准确取决于传承人记忆情况与技艺掌握情况，弹性空间较大，对"非遗"传承有影响。如老艺人代代相传的乐谱记忆、民间的口头故事和神话传说、各类技艺传承要领等传承人口口相传的"非遗"，使其本真传承较难。

在历代传承人的口头传承中，其所传"非遗"能否保持历史本来面目，亦即原汁原味传承"非遗"，保留"非遗"的原真性，使"非遗"传承历史真实，是"非遗"传承的重要方面。同时"非遗"生存的环境也对其原真传承有影响。时代变化、环境变化对"非遗"生存环境的影响，也使非物质文化遗产传承较难，对其保护更具紧迫性。

（五）西安非物质文化遗产的濒危性

非物质文化遗产传承与其生存环境有密切关系。现代化进程和外来文化冲击了非物质文化遗产的传统生存环境。它们或者没有传承人延续其掌握的各种"非遗"技艺；或者失去原有"非遗"生存空间，无法获得延续"非遗"展示的平台；或者缺失经济支撑而无法延续现有传承人的"非遗"技艺，等等。在这样的环境影响下，西安非物质文化遗产中有的项目已濒临失传甚至灭绝。据2009年西安非物质文化遗产普查调研，西安非物质文化遗产中，濒危项目占70%，严重濒危项目占2%；传承人中，有2个传承人的项目占2%，有3个传承人的项目占2%，有4个传承人的项目占0.3%，有7个传承人的项目占0.3%，集体传承人的项目占13%。目前就统计情况看，西安非物质文化遗产保护状况并不乐观，抢救与重视它的持续性发展迫在眉睫。如何有效地对非物质文化遗产进行传统保护和创新开发是目前西安非物质文化遗产保护应重视的问题。

西安非物质文化遗产门类中的民间文学、曲艺、杂技、戏剧、美术、舞蹈、音乐、民俗、医药、手工技艺等以民间艺术、民俗文化、民间技艺形式存在的非物质文化遗产，在传统文化保护较好的乡村地区传承较好，而在远离这种传统环境的地方，非物质文化遗产正在逐渐从人们的视野中消失。如何让经济发展带动非物质文化遗产的保护以及使非物质文化遗产的保护性开发带动经济的发展，拯救有重要历史价值和文化价值的濒危"非遗"项目也应引起今天社会重视。

（六）西安非物质文化遗产的社会性

文化是人类在社会历史实践过程中创造的物质财富和精神财富的总和，它是由各种具体的社会行为构成的整体。

西安非物质文化遗产的社会性，是指西安非物质文化遗产的产生、发展和演变都离不开当地社会的发展，是当地各民族群众创造力、认知力和群体认同力的集中体现，社会实践活动在精神层面的集中反映。

首先，它是适应西安社会环境应运而生的产物。西安非物质文化遗产中保留下来的大量民俗类"非遗"项目，就是传统农业社会当地群众精神生活的反映。如侯官寨迎春牛老爷社火，它不仅仅是每年正月时当地百姓的娱乐活动，而是当地百姓将耍社火的民间活动与祈求一年风调雨顺、五谷丰登、国泰民安的美好愿望结合在一起，通过迎春牛老爷社火形式展现出来，是当地百姓追求物质生活丰富在精神生活上的反映。

其次，它是适应西安社会物质文化发展的产物。西安非物质文化遗产中传承最好的传统技艺类"非遗"项目，反映了我国古代西安当地群众在社会生活中的智慧。如北张村传统造纸技艺中使用的一帘多纸技艺，改进了造纸方法，提高了出纸数量，适应了社会对纸张的需求。它是中华农耕文化的杰出代表，也是中华民族对人类社会的重要贡献。

最后，它是适应西安社会自然环境的产物。西安非物质文化遗产中的丈八沟传说，将西安有名的丈八沟地名来源与民间的神话传说融为一体，借传说故事证明丈八沟为龙头福地，非同一般的寓意。等等。

西安非物质文化遗产的产生和传承直接表现在西安各民族人民在现实社会的具体实践中，如传统舞蹈、音乐等表演艺术通过表演实践得以存在和传承，民俗、仪式等当地各民族参与的群众性活动通过这些互动的具体实践得以存在和传承，具有很强的社会实践性。

（七）西安非物质文化遗产的地域性

地域环境对非物质文化遗产具有重要影响。西安非物质文化遗产是西安各民族人民在长期的生产生活中传承下来的优秀精神文化，它与当地历史文化、风俗民情、语言乡音等密不可分，具有鲜明的地域烙印，是古都西安的独特文化。

历史上每一个民族都有自己特定的生活和活动的地域，其生活生存的地域，无论是自然环境，还是地域习俗，对生活在那一片土地上的人民都有很大影响，进而也会在此基础上形成该地域各民族的文化特征。

首先，西安非物质文化遗产具有西安各民族人民的生活烙印。以西安饮食类"非遗"代表项目为例，如秦镇米皮制作技艺、西安饭庄陕菜和陕西风味小吃制作技艺、"中华老字号"德发长手工饺子制作技艺、西安德懋恭水晶饼制作技艺、春发生葫芦头泡馍系列制作技艺、铁炉油馍制作工艺、周至翠峰马家饦饦等，反映了传统农业社会西安以面食为主的饮食特点。

其次，西安非物质文化遗产具有西安各民族人民的风俗民情烙印。以西安民俗类"非遗"代表项目为例，如长安王曲城隍庙祭祀和庙会、户县北乡迎祭城隍民俗活动、西安都城隍庙民俗、骊山女娲民俗、华夏财神故里祭祀活动、青山索圣母庙会等，反映了历史上西安各民族人民城隍祭祀的精神意识、祭奠中华民族始祖女娲的文化传说、渴望家庭富裕的生活追求等，反映了当地人民的精神生活。

最后，西安非物质文化遗产具有西安各民族人民的语言乡音等烙印。以西安民间音乐民俗类"非遗"代表项目为例，人类非物质文化遗产代表作西安鼓乐，即是我国古代在西安及其周边地区盛行、传播的我国传统音乐。它在歌章表演时，采用的完全是西安地方方言。再如周至大玉木偶戏、周至皮影戏、关中（临潼）道情皮影戏等，表演者都是采用西安地方方言进行表演，地域特色鲜明。

西安非物质文化遗产是西安历史上产生的特殊的文化符号，是中华文化传承至今的地域活的标记，它们的存在不能脱离它赖以存在的土壤和条件，而地域特点又体现和强化了中华文化的民族性和多样性。

（八）西安非物质文化遗产的群体性

西安非物质文化遗产中具有一定数量的集体传承项目和项目集体传承人突出了西安"非遗"的群体性特征。

一是项目的群体性。在西安各级非物质文化遗产代表项目中，群体性项目数量较多，反映了农业社会民间活动的集体性，民间追求热闹的场面以及活动的和谐氛围。如周至渭旗锣鼓、临潼区十面锣鼓等，动辄上百人的表演队伍，将农村业余文化生活的活跃场面记录与传承下来，它既是民间传统文化的表现，也是农耕时代西安农村精神生活的真实写照。再如临潼区栎阳马踏青器山社火、户县社火、长安区侯官寨迎春牛老爷社火、未央区大白杨社火芯子、长安王曲城隍庙祭祀和庙会、户县北乡迎祭城隍民俗活动、西安都城隍庙民俗、临潼区骊山女娲民俗、周至县华夏财神故里祭祀活动等，这些民俗活动场面壮观，参加表演活动的人员数量众多，参观民俗表演的人数包括方圆数十里群众，煞是热闹，把一方土地的百姓都集中到表演所在地了。正是这些场面浩大的群众性民间活动，使西安"非遗"有了能够传承至今的群众基础，使它承前启后，散发出传统文化的魅力。

二是传承人的群体性。西安各级非物质文化遗产群体性项目传承人占到近四分之一，这些项目包括传统音乐、民间音乐、民俗、民间技艺等类别的"非遗"，如西安鼓乐、周至渭旗锣鼓、临潼区十面锣鼓、临潼区栎阳马踏青器山社火、户县社火、长安区侯官寨迎春牛老爷社火、未央区大白杨社火芯子、周至县豆村大蜡制作技艺及民俗、长安王曲城隍庙祭祀和庙会、户县北乡迎祭城隍民俗活动、西安都城隍庙民俗、临潼区骊山女娲民俗、周至县华夏财神故里祭祀活动、阎良牛拉鳌鼓、周至县西里和尚斗柳翠、临潼区雨金舞龙社火、周至县青山索圣母庙会等。这些以集体传承的"非遗"代表项目是西安各民族集体智慧和集体创造、集体展示的产物，这种群体文化创作的属性决定保护这类"非遗"项目，还要注意保护这些项目的集体传承人，处理好群体性"非遗"项目与传承人保护的关系。

（九）西安非物质文化遗产的历史积淀性

西安非物质文化遗产是在古都漫长的历史过程中孕育形成的，它是西安各民族人民生产生活中传统技艺、民俗信仰和道德伦理等文化因素长期积淀的结果。它上起中华民族文字创造的传说时代，下至明清时期当地百姓生产生活技艺的发明创造，历史久远，时空跨度大。

西安"非遗"是西安历史的见证。在长期的积累中，它保留下来不同历史时期的西安经济、社会、历史、文化等信息，传承下来当地历代传承者的技艺和创造力等人类智慧的结晶，使西安"非遗"在中华文化构成中具有重要的地位。

西安"非遗"也反映出特定的传承者们的思维、情感、价值观等。如周至的庙会，其本身即是历史文化的载体，在漫长的发展过程中，它吸收了远古时代的神灵崇拜，汉魏隋唐之际的佛道文化，宋元明清时期的经济文化等，使其内容不断丰富，成为承载深厚文化积淀、凝聚丰富文化内涵、担负传承历史文化使命的庙会文化。楼观台庙会，就楼观台建筑历史而言，至今长达二千多年，随着楼观台建造形成的祭祀活动却方兴未艾，长盛不衰，官方与民间的祭老活动，都吸引着来自全国各地的信众和游客，规模之大，影响之远，不仅成为周至最大的庙会，而且在全国也享有盛誉。从汉魏至今，楼观台祭老活动已历经千余年，它的延续与发展对于宣扬道家思想，传承道家文化有着重要的历史价值和文化价值。

西安"非遗"反映了西安各民族人民传统的物质生活与精神生活的真实面貌，鲜活地再现了西安历史的发展进程，同时，它们也是西安各民族人民社会实践的产物，为今天了解与研究西安历史留下了重要的活资料。

五　西安非物质文化遗产构成与分类

（一）西安非物质文化遗产构成

西安特殊的地理位置和优越的生态环境造就了绚烂瑰丽的物质文化，同时在这片厚重的土地上也孕育了丰富多彩的非物质文化。这些非物质文化遗产是中华民族精神文化的重要标识，是民族特有的思维方式、想象力和文化意识，承载着一个国家文化发展的轨迹、一个民族文化生命的密码，它同物质文化一起展现了西安历史文化。西安城市文化古迹带给当代的震撼力除了它的外在形态外，还有更能引起今天思考的深藏在这些厚重文化之中的精神灵魂。这些内在的、发人深省的非物质文化遗产就像一坛历史精华酿出的意味绵长的醇醇的美酒，它让当代的人们去品味、感受、研究它的内在价值和城市文化特质。

西安的非物质文化遗产主要由口头传统、传统表演艺术、民俗活动和礼仪节庆、有关自然界和宇宙的民间传统知识和实践等构成。

（二）西安非物质文化遗产分类

西安非物质文化遗产按其内容归属范围可分为民间文学、民间美术、民间音乐、民间舞蹈、传统戏剧、民俗、传统手工技艺、传统医药、曲艺、传统体育与竞技等十大类。如民间文学类的牛郎织女民间故事传说、王莽乡轩辕寺传说、仓颉造字台传说、翠华姑娘传说，民间美术类的长安烙画、哑柏刺绣、周至剪纸、户县民间布艺老虎、户县李氏木刻工艺、阎良新兴剪纸，民间音乐类的西安鼓乐、高陵洞箫艺术、新兴特技唢呐、厚畛子山歌，民间舞蹈类的周至牛斗虎、阎良牛拉鳖鼓、周至竹马、西里和尚斗柳翠、雨金舞龙社火、药惠竹马、渭旗锣鼓、十面锣鼓，传统戏剧类的周至大玉木偶戏、周至皮影戏、关中（临潼）道情皮影戏，民俗类的栎阳马踏青器山社火、户县社火、侯官寨迎春牛老爷社火、大白杨社火芯子、船张芯子、长安王曲城隍庙祭祀和庙会、户县北乡迎祭城隍民俗活动、西安都城隍庙民俗、骊山女娲民俗、华夏财神故里祭祀活动、青山索圣母庙会，传统手工技艺类的北张村传统造纸技艺、西安同盛祥牛羊肉泡馍制作技艺、豆村大蜡制作技艺及民俗、阎良核雕技艺、狄寨徐文岳泥哨制作技艺、秦镇米皮制作技艺、竹篾子灯笼编织技艺、西安饭庄陕菜和陕西风味小吃制作技艺、"中华老字号"德发长手工饺子制作技艺、西安德懋恭水晶饼制作技艺、蓝田玉雕工艺、春发生葫芦头泡馍系列制作技艺、长安沣峪口老油坊榨油、户县龙窝酒手工酿造技艺及习俗、铁炉油馍制作工艺、周至翠峰马家饸饹、长安寺坡村"添碟子"制作技艺、鱼化泥叫叫制作技艺、周林海雕塑、蔡氏核雕、张氏风筝制作技艺、民间玩具九连环制作工艺，传统医药类的高陵韩式正骨制药技艺、马明仁膏药，曲艺类的户县眉户曲子、高陵曲子、周至道情、熨斗村曲子、长安道情以及传统体育与竞技类的赵堡太极拳、红拳等等。

六　西安非物质文化遗产价值

西安非物质文化遗产是西安各民族长期积淀的各种实践、表演、表现形式以及知识和技能、活动等文化遗产，具有重要的价值。

（一）西安非物质文化遗产的历史价值

西安非物质文化遗产是当地各民族生产生活的反映，是长期在西安及其周边地区流传的人类文化活动及其成果的反映，是西安历史文化的活的记录。

西安各级代表性"非遗"项目包含了大量历史文化内容，如距今约4000多年前的客省庄龙山文化遗址（位于西安市长安区）中发现了今存西安鼓乐打击乐器"铙"的前身陶铙，起于古代民族传统文化中祭祀土地之神——社公的灵鼓祭祀仪式的遗脉及衍流的户县社火，母系氏族社会时期骊山女娲民俗，起于周代的户县北乡迎祭城隍民俗活动，源于原始信仰祭祀的自然神的西安都城隍庙民俗，周代华夏财神故里祭祀活动等，对于认识和研究西安社会发展变迁的历史轨迹具有重要的参考价值。

西安非物质文化遗产中蕴含的民俗民风、宗教信仰、节庆庙会、音乐艺术等保留了当地历史文化的原生态资料，它们弥补了当地正史典籍记载的不足，有助于人们从接近原真的角度去认识当地的历史文化。

（二）西安非物质文化遗产的文化价值

西安非物质文化遗产蕴含了丰富的文化价值。西安各民族人民在社会实践中创造的道德、信仰、意识等精神产品，不仅满足了当地百姓各种精神文化需求，而且对当地的社会建设也产生了影响，成为改造大自然、推动西安经济社会发展的力量。如西安"非遗"中引人注目的庙会民俗，延续的不仅是传统的民间文化和百姓参与的和谐氛围，而且还有民间文化搭台、经济唱戏的色彩，使"非遗"成为推动当地经济发展的载体和工具，达到发展文化、带动经济进步双赢的目的。

西安"非遗"是西安各民族人民长期社会实践的总结，它给人艺术的美感、净化心灵的教育、改变生活的认知等，并通过传承人将各种实物制作技艺、艺术表演等代代传承，造福于后人。

西安非物质文化遗产还具有原生态的文化价值。如西安鼓乐现存曲目的历史可以追溯到魏晋南北朝时期。其中《乌夜啼》《玉树后庭花》等出自我国南北朝时曲牌，《群仙会》《小梁洲》《后庭花》《霓裳》出自唐宋大曲，《风入松》《浪淘沙》《水龙吟》《苏幕遮》《点绛唇》出自唐代曲牌曲，《迎客仙》《柘枝引》出自唐杂曲，《好事近》《贺新郎》等出自宋代词牌曲，这些不同历史时期的西安鼓乐曲目具有丰富的文化内涵，有助于今天了解西安鼓乐的文化发展轨迹，凸显它的历史文化价值。

（三）西安非物质文化遗产的精神价值

西安非物质文化遗产蕴含了丰富的民族精神。西安非物质文化遗产折射出在长期的生产劳动和生活实践中形成的中华民族的文化基因和精神特质。民间舞蹈类项目，不仅展示了中华民族的勤劳与智慧，而且表现了中华民族的价值理念和精神情感以及群体意识、群体精神，如渭旗锣鼓、舞蹈类等集体表演项目，表现了民族的灵魂、民族文化的本质和核心。其精神价值主要体现在西安非物质文化遗产的独特性、活态性和民族性等方面。

西安非物质文化遗产是西安民众世代相传下来的民族思想精髓、文化理念、价值观念、心理结构、气质情感等在内的精神价值体现。

（四）西安非物质文化遗产的科学价值

西安非物质文化遗产原生态地展示了西安历史上不同时期生产发展情况、科学技术水平以及人类的创造和认识能力，是后人获取历史科技信息的重要源泉。如长安沣峪口老油坊榨油，用的完全是历史上传统手工"立式"榨油技艺，榨油工序多，且不依赖任何现代机械设备，极其符合当代绿色生态环保理念，具有传承的科学价值。

西安科技含量较高的"非遗"已成为当代西安各民族人民生产生活中不可或缺的组成部分，它们能够适应现代社会，且本身具有一定的科学价值，如马明仁膏药，传承的是中华医学中"天人合一，阴阳和合，司外揣内"的文化精髓和中医学"内病外治，外病外治，辨证施治"传统方法，其用药原理符合我国传统中医科学，在今天仍然发挥着治病救人的重要作用，是西安当地人民科学创造能力和认识水平的原生态保存和反映。

（五）西安非物质文化遗产的和谐价值

西安非物质文化遗产具有重要的社会和谐价值。非物质文化遗产是当地民众在不同历史时期保留下来的精神追求与物质生活的反映，非物质文化遗产中包含的凝聚民心、讲究道德、弘扬正气的积极内容，有助于当地百姓平安、社会和谐。

在当代经济发展中，以优秀传统文化为牵引，发挥非物质文化遗产的社会认同与社会和谐作用，是有助于社会稳定的。如西安周至寺庙遍布全县，以寺庙为依托而兴起的庙会也特别多。据《陕西省志·民俗志》记载，在20世纪80年代末，"周至一县就有782个村办过庙会，其中中型古会、庙会有100多个，有万人以上赶会的大型庙会有29个"。[①] 到目前为止，全县仍然举办的大小庙会有114个，每年举办大型活动的庙会有40多个，其中比较著名的有楼观台祭祀老子庙会、集贤镇赵大村华夏财神庙会、哑柏镇玉皇圣诞会、哑柏镇二月二庙会、广济镇牛马王庙会、终南镇十三村老王庙会、终南镇豆村四月八庙会、九峰乡观音山庙会、翠峰山索娘娘庙会等等。周至庙会少则涉及三五村，多则涉及数十村，百姓参与的热情非常高。庙会期间各主办村之间相互沟通，为了办好庙会，各村民众发扬同心同德、群策群力的协作精神，一呼百应，自愿出钱出力。共同组织、共同参与使具有共同信仰的这一群体成员之间建立起深厚的感情，形成了强大的团结凝聚力。庙会热闹欢乐的气氛使民众得到了精神上的慰藉，获得了心理上的满足，有利于社会和谐与稳定。

西安非物质文化遗产中反映和表现当地各民族共同心理结构、思维习惯、生活习俗等内容，对当地各民族能产生凝聚力，促进民族共识和认同，融洽西安社会，具有重要的社会和谐价值。

西安非物质文化遗产中包含了传统的伦理道德资源，如道情皮影戏，虽多以宣扬道家的劝善布道思想为主，但其表现道家修身养性、扬善弃恶教义根本的主旋律，则有助于今天和谐社会建设。

非物质文化遗产有助于推动国际交往与合作，促进地区和谐。西安鼓乐早在20世纪50年代就受邀访问约旦、澳大利亚等国进行表演，国外要人、学者也有专门参观西安鼓乐何家营展览馆、观摩西安鼓乐表演；张氏

---

① 陕西地方志编纂委员会：《陕西省志·民俗志》卷77，三秦出版社2000年版，第65页。

风筝、关中剪纸等在上海世博会受到高度关注，等等，这些通过"非遗"搭建的宣传西安、对外交流的文化桥梁，在促进和带动社会和谐方面具有重要的价值，它是国家对外文化交流的渠道，民族间沟通的黏合剂。

（六）西安非物质文化遗产的审美价值

西安非物质文化遗产承载着不同历史时期西安各民族人民创造的文化审美特质，从剪纸、刺绣、民间舞蹈、戏剧到民间风俗，普遍包含着美的形式和内容，具有重要的审美艺术价值。

西安非物质文化遗产中的美术工艺制作、表演艺术等都表现了人类特有的创造性。如临潼栎阳马踏青器山社火将马踏青器山、秧歌、锣鼓、竹马、大头娃、高跷等表演形式融为一体，并在表演的难度——"险要"上做足了功夫。尤其是马踏青器山制作，难度大，手工技艺高超，装扮程序复杂，展示了民间艺人的聪明才智。再如大白杨社火芯子也是将民间戏剧、音乐、舞蹈、美术、手工纸扎和锻造技艺等融于一体的大型综合表现艺术，它的立体造型艺术，与人为自身生活需要而进行的精神活动和审美创造活动密切相关，反映了农业时代西安人民艺术创作水平和审美成就。

西安非物质文化遗产有助于提高人们对传统文化的审美认知。如西安剪纸，它保留了我国传统技艺样式，图案轻盈细腻，色彩或浓重艳丽，或冷峻清幽，雕琢工艺精致，内含的传统艺术表现形式突出了民族个性、审美习惯的"活"的灵魂，为当代的艺术实践和文化发展提供了有益借鉴。

（七）西安非物质文化遗产的经济价值

西安非物质文化遗产具有一定的经济价值，这种价值突出表现在它的市场经济效益和消费社会条件下的价值利用。

一是西安"非遗"进入旅游市场带来经济效益。西安是国际旅游城市，西安非物质文化遗产是当地开展旅游的重要文化资源。在西安以仿唐文化著称的大唐芙蓉园中，西安鼓乐已成为其对外宣传的招牌。周至华夏财神故里祭祀活动每年都吸引大量游客参加活动。西安"非遗"资源扩大了西安对外宣传，为西安旅游增加了经济收入。西安非物质文化遗产是西安文化产业的优势所在。

二是西安"非遗"自身具有的经济效益。西安非物质文化遗产中与当地人民生产生活息息相关的"非遗"，如"中华老字号"西安饭庄陕菜和陕西风味小吃制作技艺、同盛祥牛羊肉泡馍技艺、德懋恭水晶饼制作技艺、德发长手工饺子制作技艺、春发生葫芦头泡馍技艺以及秦镇米皮制作技艺、谢村黄酒酿造技艺等，这些传统饮食制作技艺反映当地各民族人民的饮食习俗、地域饮食文化特点，由于人们的喜爱，也使其经济效益可观。

  三是西安"非遗"通过市场运作带来经济效益。经济开发是保护与传承非物质文化遗产的重要形式。通过开发有重要历史价值、文化价值和市场开发价值的非物质文化遗产促进西安经济发展，使西安"非遗"在确保不被破坏的前提下，尽可能进入市场，进行市场运作，有助于实现文化保护和经济开发的良性循环互动。

  总之，西安非物质文化遗产是西安的文化品牌，保护与传承西安非物质文化遗产，将西安文化资源优势转化为地方经济建设的发展优势，是今天研究西安非物质文化遗产的目的所在。

西安非物质文化遗产持续性保护利用研究

西安非物质文化遗产是中华文明的重要组成部分，是西安各民族创造的文化精华，是中华民族智慧的表现。保护西安非物质文化遗产，对于增强西安各民族传承中华文化的自信心、责任感，促进西安经济社会的全面协调发展，构建社会主义和谐社会，有积极的促进作用。

西安非物质文化遗产的历史价值与文化价值毋庸置疑，但是在当代如何持续性保护非物质文化遗产，使它获得社会层面的广泛认同，还有待于在实践中深入探讨。

一 西安非物质文化遗产保护基本情况

（一）成立"非遗"保护机构

西安市在抢救和保护非物质文化遗产工作中成立了专门机构，由联席会议、保护中心、保护工作专家委员会三部分组成。

西安市非物质文化遗产保护联席会议办公室设在西安市文化局；保护中心办公地点在西安市群艺馆，具体负责"非遗"保护工作；专家委员会由专家、学者组成，负责市级以上"非遗"代表项目的申报工作。

西安市各区县"非遗"保护中心多在群艺馆办公。目前西安各区县"非遗"保护情况不一，蓝田县建立了县—乡—村三级保护网络，周至县、高陵区、长安区设有"非遗"保护中心，新城区、临潼区、碑林区设有"非遗"办公室，阎良区与雁塔区由业务干部兼管"非遗"工作，户县无独立机构。

（二）建立经费资助制度

非物质文化遗产是祖先留给后人的宝贵遗产，多具有唯一性和不可再生性。在经济全球化背景下,脱离原有生存环境的非物质文化遗产保护受到挑战。如何保护、传承这些珍贵、濒危、具有历史、文化、研究价值的非物质文化遗产,保障这项工作开展的必要经费资助,成为政府和社会高度关注的问题。

西安市保护非物质文化遗产专项经费资助始于2004年,经费主要用于被评选出的代表性传承人生活补助。近年来一直采用根据项目等级分层次给"非遗"传承人发放经费补助的办法。

各区县在"非遗"保护经费方面投入不同,经费使用也不一样。蓝田县采取重点资助个别影响较大的"非遗"项目带动当地"非遗"保护方式,如国家级的蓝田水会、西安市的蓝田玉雕工艺等。高陵区在"非遗"保护上一方面是对代表性的"非遗"项目进行经费资助,另一方面是争取经费资助各级代表性"非遗"项目申报及其对老艺人进行生活补助。

(三) 制定出台"非遗"保护政策法规

通过政策法规等立法保护非物质文化遗产是依法保护人民文化生活方面权利的重要内容。从2004年开始,西安市政府下发了《关于加强我市民族民间传统文化保护工作的通知》《关于实施西安市民族民间文化保护工程的通知》《西安市民族民间文化保护工程实施方案》《西安市人民政府关于加强西安市文化遗产保护和利用工作的通知》和《关于保护非物质文化遗产的实施意见》,对西安市民族民间文化保护从经费保障、长远规划及各阶段工作目标进行了明确规定,为保护和传承西安非物质文化遗产提供法律支撑。

(四) 开展"非遗"普查、建立各级"非遗"保护名录

西安非物质文化遗产是当地各族人民世代相承的、与百姓生活密切相关的各种传统文化表现形式和文化空间,它大多散落在民间。开展非物质文化遗产资源普查,全面了解西安传统文化资源情况,是一个功在当代,利在千秋的事业。

从2006年开始,西安市进行了历时三年的深入细致的非物质文化遗产普查工作。通过这次普查,得到非物质文化遗产线索2470多条,保存在民间的非物质文化遗产项目1200多个,在西安市非物质文化遗产陈列馆中存有8000多件相关实物。

西安市"非遗"资源有十大类别，分布于十区三县，其中蓝田普查有305项，正式编册118项；周至普查有502项，县立46项，市级36项；户县普查涉及15类，县立项目38个，调查对象243个；高陵有县级项目12项，市级7项，省级3项，国家级2项；阎良区有100多个项目；雁塔区有77项；新城区普查线索有80多条；临潼区有148项；长安区有16个项目；碑林区有21个项目；未央区有9个项目。通过全市范围内的资源普查，较为全面地掌握了西安"非遗"资源的种类、数量、分布状况、生存环境、保护现状及存在的问题，抢救了一批珍贵的濒危的西安非物质文化遗产。

目前西安市有国家级"非遗"代表项目9项，省级"非遗"代表项目65项，市级"非遗"代表项目150项。西安市"非遗"代表性传承人数字统计处于动态中，故本文不再统计确切数字。

西安市"非遗"经过全面普查后，整理印制了《西安市非物质文化遗产代表作项目名录》和《西安市非物质文化遗产传承人名录》，编制了市属各区县"非遗"目录，形成了完整的西安"非遗"资料。个别"非遗"资源较集中的区县编制了专门"非遗"集。如高陵《高陵曲子汇编》《高陵故事集》《高陵"非遗"产品名录》以及馆藏"非遗"实物目录等；周至"非遗"资源较丰富，编辑成三册"非遗"名录，等等。通过全市"非遗"普查，清楚了"非遗"基本情况，为西安市"非遗"保护的有效开展奠定了重要基础。

（五）西安"非遗"保护现状

西安非物质文化遗产中，针对不同性质的"非遗"，保护有所差异。

社会适应能力强、物化程度高的西安"非遗"保护较好。西安市首批公布的非物质文化遗产代表作名录中，传统技艺类项目占总项目的33%；第二批公布的非物质文化遗产名录中，传统手工技艺类项目占总项目的39%；民俗项目占总项目的19%。与西安饮食风俗、百姓日常生活习惯、民俗习惯融为一体的"非遗"项目，保存得较完整。

有生存空间的"非遗"项目保护较好。能够适应当代市场经济环境的西安非物质文化遗产传承较好，如西安莲湖区六类（民间音乐、民间舞蹈、民间美术、传统手工艺、民俗、传统杂技）"非遗"传承人中，民间美术占了9项，传统手工技艺占了12项，有展示环境的"非遗"项目占到78%，这些"非遗"能够将传统文化和现代生活结合起来，使其生存有一定空间，保护相对较好。西安的一些民俗、节俗等非物质文化遗产由于其存活在民间民俗之中，拥有一定的受众群体，因此，它们有生存的市场与空间，是百姓生活不可或缺的组成部分，在今天仍然能够传承下去。一些有展演平台的、获得生存之路的传统表演艺术也活跃在百姓的文化生活中，能够继续在现代生活中进行演出。

远离当代社会环境的西安"非遗"保护较差。一些西安"非遗"长期缺乏创新，且传承者、拥有者、消费者很少，不能适应今天的市场经济与环境，传承困难。随着有些掌握独门绝技"非遗"的传承人离世，这些"非遗"也就面临着濒危状态。

总之，民间文化保护还需要广大民众的热情参与。近年来，随着西安市"非遗"普查的广泛宣传，民间对"非遗"价值的认识不断提高，自觉参与保护"非遗"的意识不断增强。他们在西安"非遗"普查工作中积极配合普查工作开展，或者给普查人员提供线索，或者担任基层义务普查员，或者帮助"非遗"普查员工作，或者无偿献出自己的"非遗"物品；如今民间艺人对申报各级代表作名录态度积极，对"非遗"价值认知明确。相信在政府、社会广大民众共同努力下，西安有生存价值的"非遗"一定会在历史中传承下去。

二 西安"非遗"保护存在的问题

（一）认识问题

保护工作"上热下冷"问题普遍。西安非物质文化遗产保护也存在"政府热群众冷"、"文化部门热其他部门冷"问题。政府部门和有关专家学者高度重视文化遗产保护，新闻媒体结合节假日也广为宣传"非遗"，但是在西安民众甚至教育机构中，不了解"非遗"的人数不在少数，人们认为"非遗"保护与否无关紧要。如何把保护非物质文化遗产列入政府重要工作日程与当地的经济社会发展规划中，真正使文化遗产在经济发展中扮演重要角色，应引起社会思考。

重申报、轻保护。近年来随着"非遗"保护宣传力度的加大，保护"非遗"项目和传承人的补助经费的增加，西安一些"非遗"项目传承人申报各级非物质文化遗产代表作名录的积极性很高。但从申报的心理与思想情况看，利益驱动、功利色彩较强。有的传承人只重"非遗"申报，但申报成功后，如果不能获得经济回报，或者后续保护经费跟不上，也就对"非遗"保护不再热衷。

申报工作只是一项任务，表面上热热闹闹，实际工作做得非常有限，项目申报成功后往往被束之高阁，没有真正认识到"非遗"保护的重要性及其对当地经济发展的带动作用。如何把保护非物质文化遗产列入政府工作日程与当地经济社会发展规划中，使文化在经济发展中扮演重要角色，是当前西安经济发展中应引起有关方面关注的问题。

重利用、轻管理。西安在非物质文化遗产保护中也存在"重利用、轻管理"的现象，如在对西安"非遗"进行开发利用中急功近利，违背非物质文化遗产保护规律，不利于保护项目的长期发展。西安鼓乐早在2006年进入国家级"非遗"代表作项目，后成为人类非物质文化遗产代表作，但时至今日，鼓乐传承艺人境况并未有实质性好转。现实中，无论是研究者还是旅游开发者关注的都是西安鼓乐的利用价值，并没有深入到西安鼓乐保护的内里。

因此，无论从理论层面到实践层面，从决策层面到基层运作层面，地方"非遗"保护体系都并未真正建立起来，社会对文化遗产的自觉保护意识还不够，缺乏对自身文化的认识和自信，"非遗"保护路程还很艰难。

（二）工作机制问题

西安非物质文化遗产保护的空间和力度可以进一步扩展与加大，尤其是在"非遗"保护机构建设、"非遗"传承人保护长效机制、整体项目的保护等方面采取更加可行的政策和有效的措施。

西安"非遗"保护机构应进一步发挥作用。目前，西安市及其所辖区县绝大多数设立了非物质文化遗产保护机构，但机构实际运行情况并不尽如人意，或有机构牌子，无专职工作人员；或从事"非遗"工作人员没有独立编制；或兼职从事"非遗"工作，等等，西安还没有真正建立起一支比较稳定的专门从事非物质文化遗产保护的工作队伍，不能有效地开展"非遗"保护工作。

（三）经费投入问题

西安"非遗"保护工作面临的主要问题是经费问题。西安市财政每年有固定专项经费用于"非遗"保护，但相对于需要保护的"非遗"项目而言是杯水车薪，不足为继。区县中将"非遗"保护经费纳入财政预算的也极其有限。

经费不足制约了西安"非遗"保护工作开展。如有的基层单位因"非遗"普查工作的仪器设备不到位，使"非遗"资料不能及时保存；有的"非遗"项目地处偏远，工作人员调查"非遗"资源困难；保护"非遗"的宣传场所不足，使"非遗"实物收藏困难；从地方上收集来的"非遗"实物无处放置；有"非遗"展出活动时，只能临时从民间艺人处借用参展实物，展后即还给艺人，等等。"非遗"实物既缺乏专人管理，又没有专门保管场所，安全隐患较大。

经费不足也影响西安"非遗"传承人保护。西安的各级传承人中，绝大多数无固定经济来源。从 2008 年开始，政府对代表性传承人进行经费补助，虽在一定程度上缓解了传承人的生存压力，但不能真正有效地解决传承人保护"非遗"的后顾之忧。

经费不足使西安"非遗"保护处境尴尬。当非物质文化遗产的价值还没有被民间充分认识的时候，传承人都是自愿无偿贡献自己保留的"非遗"实物。但随着"非遗"保护工作的宣传与开展，民间艺人"非遗"价值的经济意识觉醒，搜集遗存在民间的"非遗"实物也较难。

保护已渐行渐远的西安"非遗"需要公共文化经费投入。目前在西安区县由于经济发展程度和对"非遗"重视程度不同而对非物质文化遗产保护经费的投入也不一样。经费问题现在和未来都是制约西安"非遗"保护与传承工作的羁绊。

（四）项目活动与传承问题

项目活动问题。非物质文化遗产传承的较好办法是给"非遗"项目提供展示平台，提供"非遗"保护的活动空间。一些在今天还能继续传承的"非遗"，如西安市灞桥区白鹿原狄寨村的"泥叫叫"（"娃娃哨"）、张氏风筝、关中道情、周至道情以及北张村造纸工艺等，有的是民间儿童喜爱的传统玩具，有的是民间传统宗教音乐，有的是具有重要历史价值的传统技艺等,由于它们"绝大部分失去或减弱了在生产生活中的功用价值"①而缺少产品消费市场,如旧时彩绘粗陶玩具"泥叫叫",尽管该产品制作精美、价格低廉,几毛钱一个,但也极不好卖,被很多人认为"落伍"②;北张村楮皮纸制作技艺,作为汉代灞桥纸的直系遗传,有我国造纸术"活化石"之称,具有重要历史价值。如果有相应的市场机制、展示空间,针对其性质开展传承保护活动,对于改变某些"非遗"的生存状况,避免这些"非遗"陷入生存尴尬,保护中华优秀传统文化,保护"非遗"能够起到积极作用。

项目传承问题。西安非物质文化遗产保护面临的传承问题主要集中在:一是传承人年龄偏大、后继乏人。"非遗"身口相传的传承方式决定,传承人保护尤为重要。西安非物质文化遗产中处于濒危状态的"非遗"项目与没有传承人有密切关系。掌握特殊"非遗"技能者多为民间老艺人。如道口烧鸡,只有掌握该制作技艺的老两口,没有传承人。同时,"非遗"项目传承人的保护、培训机制远未得到有效地建立,一些优秀的非物质文化遗产项目面临失传,甚至濒临灭绝的尴尬境地。二是"非遗"传承途径单一,与愿学者难觅共存。传承人对他们掌握的"独门绝技",一般不外传,导致"非遗"失传;一些"非遗"项目,因本身传习困难,加之市场稀缺,不易获得政府补助经费,依靠这些技能不能养家活口;有的"非遗"传承人子女宁愿打工也不愿意学习父辈的绝技。三是"非遗"保护层次问题。西安历史文化遗产丰富,但"非遗"代表项目却呈金字塔分布,尤其国家级"非遗"项目少,既与它的传承有关,也与它的历史文化地位不相符。加大西安国家级"非遗"项目申报力度,有助于西安"非遗"保护与传承。

(五)"非遗"资源保护问题

随着市场经济的发展、城镇化的推进,"非遗"原有生存环境发生变化,对"非遗"资源保护也产生影响。

一是有的"形象工程"使古老的建筑与历史街区淹没,一些依托这些传统环境生存的"非遗"失去了存在的土壤,使"非遗"资源减少。

---

① 刘慧:《"非遗"技艺大展 让老陕再次触摸童年》,《华商报》2009年6月14日。
② 刘慧、苗波:《狄寨村"泥叫叫"》,《阳光报》2009年8月12日。

二是随着城市建设节奏加快，现代化的某些举措影响了"非遗"资源保护。一些以原生态环境为载体的古老的民间艺术、民间技艺资源随着现代环境的变化，传统历史文化环境改变，已无法生存。

三是对传统文化保护自觉性的缺失以及对"非遗"品牌的价值认识不足，在外来文化、现代文化的强势冲击下，使本地区非物质文化遗产遭到不同程度的破坏，一些依靠口传身授传承的民间传说、民间技艺、民间礼仪以及民间的节庆与游艺等非物质文化遗产正在面临失传的危险。

三 西安市非物质文化遗产持续性保护利用对策

西安市非物质文化遗产可持续性保护应本着"保护为主，抢救第一，合理利用，传承发展"的"非遗"保护基本方针，遵循"政府主导，社会参与，明确职责，形成合力，长远规划，分步实施"的工作原则，不断建立健全西安"非遗"保护的各项工作机制和相关制度，积极推进西安"非遗"保护工作。

（一）加大政府保护力度

完善分级保护制度。保护非物质文化遗产的目的，就是要保护它的文化价值、科学价值和艺术价值，使之更好地传承和弘扬中华优秀传统文化、更好地为当地经济社会发展服务。因此，从政府角度而言，各级政府应从政策、经费等方面加大力度，保护和传承好西安非物质文化遗产。

西安非物质文化遗产是西安历史的活的见证和西安文化的重要载体，它们蕴含着某些特有的精神价值、思维方式、想象力和文化意识，体现着西安民众的生命力和创造力，是今天西安文化建设的重要资源和内容。政府的重视与支持在推进非物质文化遗产保护利用工作中起着很重要的作用。在各级政府健全"非遗"机构的同时，进一步完善分级保护制度，统一协调，切实做好指导保护工作。

加大经费投入与宣传。西安市近年不断加大"非遗"保护力度，随着"非遗"代表性项目的不断增多，在保护经费上可以采取加大政府投入为主、社会捐助为辅的融资办法，多方筹措经费资助"非遗"代表性项目与传承人，加大"非遗"项目与传承人补助力度，调动传承人传承工作的积极性和主动性。

多层面、多形式进行宣传。如借助新媒体开展多种形式的广泛宣传，通过开辟报刊栏目、广播频道和电视、网络等动员西安市民都来关心和参与西安非物质文化遗产保护，营造良好的保护环境和氛围；鼓励有关民间组织团体、高等院校和科研机构的有关专家学者参与，号召社会责任感强的企业家参与，为非物质文化遗产保护提供经费支持等。

实施项目带动策略，发挥西安"非遗"的文化作用。打造西安"非遗"保护品牌项目，展示西安文化魅力。结合西安自身条件和优势，精心策划，集中力量，每年打造出一、两个特色鲜明、影响广泛的非物质文化遗产保护品牌项目，使这些品牌项目能够成为展示西安形象的重要平台和载体，同时使这些"非遗"品牌项目形成合力，扩大非物质文化遗产的知名度，推进西安文化建设，充分展示西安文化魅力。

提供"非遗"展演平台，加大"非遗"活动力度。"非遗"是祖国的宝贵遗产，千百年来，它能够而且一直存在于民间，是因为民间艺人对其的一种执着的热爱。政府牵头，定期组织农村文艺专场汇演和竞技活动，基层各组织定期和不定期地在国家法定假日和民族传统节日上组织活动和异地交流演出，为他们创造和提供可以展示民族民间文化价值和民族风采的机会和场合，开展非物质文化遗产保护交流活动。对列入非物质文化遗产名录的代表性传人，有计划地提供资助，提供必要的传习与活动场所，鼓励、支持他们，在条件许可的情况下开展宣传、展示、研讨等活动，努力促进交流与合作，扩大"非遗"的对外影响，为社会所用，以确保优秀的非物质文化遗产能够得到有效的传承。

（二）加大传承人保护与培养力度

传承人是非物质文化遗产得以传承保护的决定性因素，对传承人的保护，是对非物质文化遗产实施保护的关键环节。因此，西安非物质文化遗产保护一方面要对现有传承人加以积极保护，另一方面还要加快进行新传承人的培养。

对于现有"非遗"传承人，相关政府部门应给予高度重视，加大对"非遗"项目保护力度，提高保护层次，不仅对已进入各级保护名录的传承人要保护，而且对那些未能进入保护名录的项目也给予积极支持，充分调动他们保护祖国历史文化遗产的积极性，做好项目的传承活动，使这些项目在历史文化的长河中延续下去，造福于中华民族的子孙后代。

积极推进对"非遗"新传承人的培养，采取以学校教育、社区教育推进传承人对新人的培养方式。目前，如西安市长安区、高陵、阎良等区县都将"非遗"保护传承与学校教育联系在一起，这应该是行之有效的措施。一是使学生从小对一些民间传统文化即有认识，从而培养更多人对非物质文化保护的自觉意识，同时提高更多人对一些非物质文化的兴趣，为培养传承新人奠定基础，也为非物质文化的生态环境的改进增加有效推进的元素。二是对传承人进行专业培养，以一些专业院校、机构（如音乐、美术等院校研究所）作为培养新传承人的高级平台，通过走出去、请进来，专家与传承人相结合等方式开展非物质文化学习、研究与继承，有效地推进传承新人的培养工作。

同时要注意理顺群体与个体传承人保护的关系。传承人保护至关重要，因为它是某些项目的重要载体和传承者，在"非遗"保护中应注意具体情况，实行整体与个体传承人保护同时进行的原则。

从实地调研情况看，目前，"非遗"传承人保护存在误区，即某些项目传承是集体传承而不是个体传承，如果刻意进行个体的传承人保护，如只评选代表性"非遗"传承人，不考虑"非遗"项目具体传承属性，则势必伤害项目集体传承的其他成员，对一些集体共同传承的"非遗"项目保护则极为不利，也容易产生文化遗产保护的离心力，如明清诵经、曲子、鼓乐等，这些集体传承的"非遗"项目，如果只刻意注重个别传承人保护，缺少项目传承人的集体保护，会在整个项目的今后传承中产生消极影响，会挫伤大部分传承人的保护文化遗产的积极性，不能起到"非遗"保护的作用。因此，有些项目可以保护传承人个体，有些项目则需要进行集体传承人保护。对于一些村社，由于其历史久远，整个村中都是农业时代文化状态的保留，更应该进行整体保护，使其突出保护效果，也就更能进一步落实"非遗"保护宗旨，更有利于新时代农村文化建设。

（三）探索"非遗"保护模式

不同类型的非物质文化遗产项目要实现有效的保护与利用，就应有针对性的采取相应的方法与措施，应避免急功近利、远离非物质文化的本真，唯利是图，使其在过度的商业包装中逐渐扭曲、变形。

对于那些具有观赏性、审美性、互动性、体验性的项目，可有组织、有目的地加以活态化呈现，走进现代乡镇和城市生活。譬如，利用春节、中秋这些传统节庆，对糖人、年画、木刻、泥塑、彩陶、竹编、石雕、木刻、剪纸等民间工艺，可以按需生产、集约经营，并加强策划营销、包装宣传，开拓国内外市场，将其引入市场经济中，如西安灞桥狄寨的"泥叫叫"、狄寨竹篾子灯笼编织、阎良核雕技艺、蓝田玉雕艺术、周至哑柏刺绣等。还可利用现代传媒手段和文化产业的运作方式，对西安非物质文化遗产进行整合和放大，把那些具有表演性、参与性的"非遗"进行创新性保护和合理开发。如通过建立"非遗展示区"的形式，搭建交流平台，既可展示文化遗产的历史文脉和醇厚韵味，也可成为对外开放的文化旅游项目，还可以成为文化产品的交流平台。这类项目应以旅游为载体、政府为主导、专家为指导、传承人及企业家为参与者、广大游客为支持者，形成一个即有政策支持，又有专家、传承人的技术指导与监督，还有企业家的经营与广大游客参与消费的非物质文化遗产的保护式开发模式。西安市目前在大唐芙蓉园中开设的"非物质文化遗产展示基地"引进了部分民间艺术，如"西安鼓乐"，使这个世界级的"非遗"项目有了一个良好的生存空间，同时它也成为吸引游客、开发旅游文化内涵的一个亮点。但是目前西安这样的"非遗"传承基地十分有限。建议在西安的旅游景点多设置一些类似的展示区，使其对"非遗"的保护传承给予有力的支持。

对那些与现代生活有着紧密联系或能服务于人们现代生活的"非遗"，应在政策上加大宣传引导，为他们搭建交流平台，支持他们参与旅游等文化经营服务，鼓励这些项目的传承人在经济运作中保护和传承文化遗产。如高陵韩氏骨外伤正骨和制药技术、腰椎间盘整复手法、同盛祥牛羊肉泡馍、户县秦镇大米面皮等，这些"非遗"项目和现实生活联系非常紧密，如果有效地利用市场经济手段运营、保护这些非物质文化遗产的代表性项目，将能更好地保护与传承这些"非遗"。

进行"非遗"项目的属地化保护。"非遗"项目的属地化保护利用，意即注重"非遗"项目的生长环境和文化环境与文化韵味。这种"非遗"项目保护对象大都为本土的节庆、民俗、民风等，如长安王曲城隍庙祭祀和庙会、长安侯官寨牛老爷、临潼骊山女娲风俗、栎阳马踏青器山社火、户县社火、蒋村正月民俗活动、二曲礼仪等，这类"非遗"项目保护最主要的是要对属地的生态环境加以保护或建设，如政府予以一定的投资，建设属地"文化生态区",有意识地宣传打造民俗活动的节庆,引导人们积极参与此类文化活动,使此类项目得以传承延续。

在民族民间文化形态保存较完整,并具有特殊价值、特色鲜明的民族聚集特定区域,分级建立文化生态保护区,或者在文化管理有关部门建立民族民间文化艺术之乡的申报、审核和命名机制,等等,都是可以完整保存与保护民族民间文化形态的较有利措施。

(四) 打造"非遗"保护环境

合理开发利用"非遗"资源,推动优秀的民族民间文化融入现代生活,将挖掘与创新相结合,保护与传承非物质文化遗产。

创造"非遗"生存环境。"非遗"在当代生存的最好办法是为其创造有利的生存环境。如建专门进行展示西安"非遗"内容的街区,使其享受文化产业运营的优惠政策,侧重社会效益和文化遗产保护。对某些项目实行优惠政策,享受国家给予文化产业的优惠政策。在各种文化市场活动中,提供适当的资金和优惠。政府主要以奖励或补贴形式,鼓励和推行名师带徒制度;实行与学校合作培养技能人才的机制,利用各层面学校根据需求采取形式各异的方法培养传承人。如西安鼓乐在何家营小学建立少年鼓乐团,由何家营鼓乐社社长教授,即不失为培养后继者的一条好的途径。设立专项经费收购"非遗"实物精品充实区县"非遗"展馆,有效保护"非遗"实物。

打造"非遗"文化环境。组织和推动不同形式传统民间文化活动。在城市改造和建设以及新农村建设中,注重整体文化生态环境保护,尽可能保存原有的文化区街和文化村的原生态文化环境,真正做到全民文化生态保护的自觉。从中小学生的基础教育开始下力,培养年轻一代对民族传统文化的认同和自觉。在区、校开设的地方课程和校本课程中,开设西安"非遗"代表项目课程。

培育一批文化品牌、保护生态基地。以西安各级"非遗"代表名录为核心品牌,以街道和社区为非物质文化遗产项目保护生态基地,充分利用"非遗"的文化品牌提升对"非遗"的保护力度。

四 结论

西安市非物质文化遗产保护与利用工作，应从加强西安市地方性"非遗"保护法律法规的完善、各级保护机构的健全、保护人员素质的提高、市民保护意识的普及与强化、相关数据库的建设等方面着手，采取在利用中保护"非遗"、使其传承的原则，加大政府经费投入力度，实现部分"非遗"项目与地方经济"联姻"的市场化运作，避免重申请轻保护，使西安"非遗"能够可持续性保护下去，守护好我们民族最后的"精神家园"，使西安民众不至于在现代化进程中失去"个性"，能够用自己的方式标识自我，并寻找心灵的快乐。

西安宗教非物质文化遗产保护与开发研究

宗教非物质文化遗产是中华文化的重要组成部分。在非物质文化遗产概念不断深入人心的形势下，有关宗教非物质文化遗产保护与开发的重要性也日益凸显。宗教非物质文化遗产对当代社会所起的积极作用，是我们在社会主义经济建设中不能不重视的重要研究课题。

宗教非物质文化遗产中承载了大量的文化因素，其既有有助于人与人和谐相处的伦理道德资源，又包含构建人与自然、社会和谐发展以及化解矛盾、协调关系、丰富人民群众文化生活和精神生活等和谐社会资源，这些资源为我们厘清宗教非物质文化与国家的文化认同及社会建设间的紧密联系、了解民众在日常生活中所涉及的宗教非物质文化遗产的活动及其相关的组织和观念等起了重要作用。

西安宗教非物质文化遗产是中华文化的组成部分，其种类与表现形式具有鲜明的地域特色。长期以来，由于政治因素影响，对其研究，学术界几乎还处于空白状态。在经济现代化中，如何保护西安宗教非物质文化遗产，挖掘其中所蕴含的社会和谐、民族团结、优秀文化传统等社会价值，发挥其在地方经济建设中的积极作用、人际沟通交流的精神作用，具有重要现实意义。

一　西安宗教非物质文化遗产基本情况

（一）概念

"所谓宗教非物质文化遗产是指除了与佛、道、伊、天、基五大教相关的非物质文化遗产外，还包括很多与民间信仰、少数民族信仰相关的各种内容。"① 西安宗教非物质文化遗产是中华文化遗产的重要组成部分，它主要指与宗教相关联的历史时期世代相传的各种传统文化表现形式、相关实物及其文化场所，亦即在宗教领域世代相传承的、以口头或动作方式相传，与宗教生活相关的各种传统文化表现形式（如民俗活动、表演艺术等实践、表演、表现形式）和文化空间（如文化场所等），具有历史积淀和广泛、突出代表性的宗教文化遗产，它和其他非物质文化遗产共同构成了具有浓郁地方特色的西安非物质文化遗产。

（二）范围

西安宗教非物质文化遗产主要包括与佛教、道教等宗教相关的非物质文化遗产以及与民间信仰、少数民族宗教信仰有关的各种文化内容，它也是宗教文化的重要组成部分。

（三）类别与分布

据本人所做西安非物质文化遗产数据库代表项目和调研整理，西安宗教非物质文化遗产如下表所示：

类别	代表项目名称	主要分布区域
民间音乐	西安鼓乐（僧派、道派）	西安
	蓝田普化水会音乐	蓝田县
	长安佛乐	西安
传统戏剧	关中（临潼）道情皮影戏	临潼区
曲艺	关中道情	西安市
	长安道情	长安区
	周至道情	周至县
传统体育与竞技	赵堡太极拳	西安

---

① 陈炜、杨曼华：《宗教非物质文化遗产在和谐社会构建中的积极作用》，《广西青年干部学院学报》2009年第4期，第57页。

续表

类别	代表项目名称	主要分布区域
民俗	西安都城隍庙民俗	西安
	蕴空山庙会	西安
	长安王曲城隍庙祭祀和庙会	长安区
	户县北乡迎祭城隍民俗活动	户县
	侯官寨迎春牛老爷社火	长安区
	栎阳马踏青器山社火	临潼区
	骊山女娲风俗	临潼区
	西安大白杨社火芯子	西安
	户县社火	户县
	青山索圣母庙会	周至县
民间舞蹈	西里和尚斗柳翠	周至县
	周至殿镇八卦锣鼓	周至县
民间文学	长安斗门石婆庙七夕传说	长安区

西安宗教非物质文化遗产包括民间文学、传统音乐、民间舞蹈、传统戏剧、曲艺、杂技与竞技、民俗等类别。在现有西安宗教非物质文化遗产代表项目中，有西安鼓乐（僧派、道派）、蓝田普化水会音乐、周至殿镇八卦锣鼓、长安斗门石婆庙七夕传说、西里和尚斗柳翠、长安王曲城隍庙祭祀和庙会、侯官寨迎春社火牛老爷、骊山女娲风俗、栎阳马踏青器山社火、户县社火、西安大白杨社火芯子、西安都城隍庙民俗、楼观台祭祀老子礼仪、华夏财神故里祭祀活动、户县北乡迎祭城隍民俗活动、关中（临潼）道情皮影戏、关中道情、长安道情、周至道情、赵堡太极拳、红拳等。

西安宗教非物质文化遗产中保留最多的是民俗类项目，这些项目以宗教形式反映了历史时期西安及其周边地区民间精神生活的基本情况。

（四）等级

西安宗教非物质文化遗产代表性项目分为五个等级，即区级、市级、省级、国家级和世界级，其中有入选世界级非物质文化遗产的代表性项目西安鼓乐（僧派、道派），国家级代表性项目蓝田普化水会音乐、长安王曲城隍庙祭祀和庙会、户县北乡迎祭城隍民俗活动、西安都城隍庙民俗等，省级代表性项目仓颉造字台传说、周至剪纸、十面锣鼓、周至牛斗虎等，市级代表项目周至道情、长安道情、周至殿镇八卦锣鼓、西里和尚斗柳翠、关中（临潼）道情皮影戏、青山索圣母庙会等，这些宗教非物质文化遗产代表性项目也是项目来源地区县一级的代表性项目。如果以这些项目为保护宗教非物质文化遗产的龙头，开展西安宗教"非遗"保护工作，将会进一步推动这项工作的开展。

（五）特点

西安宗教非物质文化遗产具有等级规格高、层级多、传统音乐与民俗项目保留较多的特点。

世界级非物质文化遗产项目西安鼓乐的僧派与道派是西安鼓乐的重要组成部分，它在西安鼓乐六家传统乐社（西安城隍庙鼓乐社、大吉昌鼓乐社、东仓鼓乐社、周至集贤西村、东村鼓乐社、何家营鼓乐社，其中前三家为僧派传承鼓乐社）中占据半壁江山。国家级的代表性项目城隍庙民俗等提升了西安宗教"非遗"的层次，奠定了西安宗教"非遗"具有重要保护价值的基础。

西安宗教非物质文化遗产从区级到世界级的代表性项目，彰显了地方层级保护非物质文化遗产的积极意义。通过层级保护文化遗产，达到有效传承文化遗产的目的。

西安宗教非物质文化遗产代表性项目表现了非物质文化遗产急需保护的共性特点，即传统音乐类项目处于濒危状态的居多，与百姓生活密切的民俗项目传承较好，特别是在今天仍然对百姓生活有影响的这些民俗类宗教"非遗"代表性项目，仍然对地方经济建设、社会和谐、文化建设发挥着积极作用。

（六）地位

西安宗教非物质文化遗产是中华文化的重要组成部分，在中华文化史上具有重要的文化地位。宗教文化是中华传统文化整体结构中不可或缺的一部分，在长期的历史发展过程中，两者之间彼此认同、相互吸引、共同发展，共同构成了以儒家文化为核心，包括儒释道等为一体的中华文化，在历史传承中对中华民族产生了重要影响。中华文化是多种文化融合的结果，正是由于"释道"等文化的介入，使中华文化异彩纷呈，绽放出中华民族的文化之花。宗教非物质文化遗产也是宗教界有助于人类和谐与稳定的精神留存，正确处理好宗教"非遗"，有助于全面保护中华文化精神。

宗教非物质文化遗产既是历史文化的体现，又与当地信仰、民俗生活等密切相关，它承载着凝聚中华民族情感、增进民族团结、维护国家统一及社会稳定的重要使命，因此，它具有不容忽视的社会地位。

西安历史文化悠久，宗教非物质文化遗产内容丰富，这些承载当地厚重历史的活的文化传承，为今天研究相关历史、了解地域文化提供了重要依据。随着西安宗教非物质文化遗产入选国家和省级非物质文化遗产代表作名录的不断增加，其历史地位也会越加凸显，保护它的重要性也就更加迫切。

二 西安宗教非物质文化遗产的保护

宗教非物质文化遗产中包含了大量的伦理道德资源，不仅影响人的思维方式、生活习惯和社会风俗，而且影响文学艺术、自然地理、医学等领域。宗教音乐艺术以其平静柔和的旋律、独特的风格荡涤人的心灵，特别是佛教音乐、基督教的圣歌圣乐能给听众带来心灵的宁静，深受听众的喜爱，成为举行宗教仪式和欢庆宗教节日必不可少的内容。历史证明，一个民族的和谐程度与社会文明程度是由这个民族的文化水平和伦理道德程度决定的。这在于传统伦理道德不仅是促进个人和他人和谐共处的平衡器，为社会平稳发展提供基本的保障，而且还是化解矛盾、协调关系的方式和手段。因此，我们在对宗教非物质文化遗产进行保护和传承的过程中，提倡其中与人为善、多做好事、积功累德"八正道"、佛教"八戒"等向善的积极伦理道德内容，保护对今天构建和谐社会能够起到积极促进作用的内容。

产业开发或隐或显地存在伤害文化遗产的可能性，因此，以保护宗教原生态文化环境和非物质文化完整性为首要目标，构建一种包括政府、宗教界、学者以及社会力量为一体的保护模式，实现西安宗教非物质文化遗产的可持续发展。

政府出台政策与加大经费投入，实施政策保护与经济保护并举，发挥地方政府的引导作用。在保护地方宗教"非遗"中，制定宗教非物质文化遗产发展总体规划，明确文化资源优势、重点开发项目、相关保障措施等，有效防止重复建设和破坏生态环境的行为。制定和完善相关政策和法规，杜绝一切不法行为和急功近利的短期行为，保证文化产品的质量和良好的生态环境，使文化资源开发和保护工作有序进行。

发挥宗教界人士的主体作用。立足于宗教非物质文化遗产的继承、保护与发展，通过口传身授，大力培养传承人。在宗教非物质文化遗产保护中，宗教界人士发挥着重要的作用。他们是宗教文化最直接的传承者、保持宗教文化真实性的实践者以及宗教非物质文化遗产开发的修正者。因此，使保护成为文化主体的自我选择，增强宗教文化遗产保护的广度和深度。

加强学者的指导作用。发挥学者对宗教"非遗"保护理论研究作用，为宗教"非遗"保护提供专业知识和理论方法的指导，提升宗教非物质文化遗产的价值观，增强其影响力，为政府制定相关政策提供真实的信息，监督开发实施的过程，引导市场发展的方向，在社会上宣传保护文化遗产的自觉意识等，开展宗教非物质文化遗产文本抢救与整理工作，促进民族文化、生态环境与经济社会的协调发展。

重视社会力量的保护作用。文化企业介入，从宗教"非遗"保护策划、具体实施到形象包装、对外宣传，为宗教"非遗"知名度和影响力进行营销；民间力量介入，如民间艺人学习宗教音乐，传承宗教文化，从和谐社会的角度保护宗教"非遗"。

宗教文化场所保护是宗教"非遗"项目传承的有效手段，只有加强保护宗教"非遗"演示的场所保护，宗教文化遗产才会实现可持续发展。宗教"非遗"项目与其他"非遗"项目不同，它是在特定场所下开展的宗教文化传承，实现传播与扩散，因此，特定环境保护，是其能够生存的重要平台。

宗教非物质文化遗产，既是非物质文化遗产的重要组成部分，又是宗教文化的重要组成部分，因此，对于它的保护要充分考虑到它的文化特殊性。

宗教"非遗"在当代的保护也有知识产权问题，知识产权是一种无形财产权，是一种没有形体的精神财富，是创造性的智力劳动所创造的劳动成果。宗教"非遗"是历史时期传承下来的无形的精神财产，它应该受到国家法律的保护。社会各界都应该有维护宗教"非遗"知识产权的合法权益意识,加强宗教"非遗"知识产权保护,使我们的传统文化精华能为中华民族所用,增强传统文化在当今时代的竞争力。

三 西安宗教非物质文化遗产的开发

宗教非物质文化遗产开发是以保护为目的,实施的是保护式开发,和旅游结合开发。目前,非物质文化遗产开发的最直接、最有效的方式,即是与旅游文化内涵结合,使宗教文化遗产在当地旅游业中彰显独特文化魅力,成为地方具有吸引力的旅游资源,促进旅游业发展,从而实现旅游开发与宗教文化遗产保护传承的和谐统一。

旅游开发分为不同层次,从旅游者而言,可以分为主要是针对外省及国外游客开放式与以本地游客为主较封闭的旅游。从旅游场所而言,可以分为政府着力打造的一些品牌旅游场所和对场地没有限制的场所。

开放式宗教旅游场所,完全可以彰显西安内容丰富、项目众多的宗教非物质文化遗产具有的先天的旅游吸引力,尤其是一些独具特色的宗教音乐,如西安鼓乐(僧派、道派)、蓝田普化水会音乐、长安佛乐等代表西安地域宗教文化特色的宗教非物质文化遗产,这些项目等级高,影响大,也很高雅,是西安开展旅游的重要文化资源。以此为旅游开发,整理相关宗教音乐等表演场所,一方面促进濒危的宗教非物质文化遗产项目恢复和传承,另一方面,为宗教文化遗产创造可持续发展条件,如对宗教民间音乐、民间舞蹈等艺术形式进行深入挖掘、保留和开发,使其成为具有地方文化特色的宗教文化景点、旅游项目。

较封闭的宗教旅游文化场所,主要是针对西安与宗教民俗有关的庙会。旅游者可直接参与,且与居民生活密切相关。如果处理好这些庙会与当地经济、社会稳定和谐的关系,则这些宗教文化遗产就能在旅游开发中为当地带来社会效益与经济效益,并且能够得到当地居民自发的保护。

旅游为宗教文化遗产传承提供了现代发展环境和生存空间,提供了文化传承、经费支持和技艺拓展等方面条件和生态环境。

同时,在旅游中还可以进一步开发宗教非物质文化遗产产品,如旅游纪念品、宗教手工艺品、宗教美术等艺术品等,[①] 将宗教非物质文化遗产转化为资源优势,使非物质文化遗产成为文化旅游资源,以旅游消费产生的效益,推动宗教文化遗产的保护与深层次开发,在旅游开发过程中使宗教"非遗"项目得到有效保护。

宗教非物质文化遗产借助于旅游开发实施保护,既有利于旅游业提高文化品位,实现旅游业的可持续发展,又有利于宗教非物质文化遗产的弘扬与传承,做到以保护带动开发,以开发促进保护,科学合理地开发利用宗教非物质文化遗产,以达到宗教非物质文化遗产保护与旅游开发双赢的目标。

和宗教"非遗"品牌结合开发。西安宗教"非遗"品牌包装、保护与开发是保护地方宗教"非遗"的重要方式。树立宗教"非遗"品牌意识,着力打造有代表性的宗教品牌,如在全国很有影响的佛乐、道情等,完全可以结合自身条件和优势,精心策划,集中力量,每年打造出一两个特色强、影响广的宗教非物质文化遗产保护品牌项目,使这些品牌项目能够成为展示西安宗教"非遗"代表性项目的重要平台和载体,推进西安文化软实力建设与地域文化魅力展示。

和民俗活动结合开发。宗教"非遗"是祖国的宝贵遗产,千百年来,它能够而且一直存于民间,与宗教界和社会百姓对其热爱有重要关系。因此,由政府牵头,定期组织农村文艺专场汇演和竞技活动,基层各级组织定期和不定期地在国家法定假日和民族传统节日上组织活动和异地交流演出,为他们创造和提供可以展示民族民间文化价值和民族风采的机会和场合。如元宵节、青龙节、腊八节等,将其引入现代文化生活中,发展西安的民间艺术活动,丰富群众的精神生活,吸引更多的中外游客来西安观光旅游。

结合大型社会活动。结合大型社会活动保护和开发西安宗教非物质文化遗产也是一种保护与开发方式。大型社会活动,诸如各地的文化艺术节、节庆活动、结合地方特色的经济活动、对外宣传活动、民间仪式、民俗风情展演等是宗教"非遗"展示的良好平台,借助这种活动,将有形遗产和无形遗产相结合,使社会和公众参与文化遗产保护与传承,成为创

---

① 陈炜、陈能幸:《旅游开发对宗教文化遗产保护的影响》,《五台山研究》2011年第3期,第59页。

新与开发的重要方式。

四　西安宗教非物质文化遗产保护与开发关系

西安宗教非物质文化遗产保护与开发应本着我国对"非遗""保护为主，抢救第一，合理利用，传承发展"的基本方针，遵循"政府主导，社会参与，明确职责，形成合力，长远规划，分步实施"的工作原则，在开发利用中使其传承下去。因此，大力弘扬宗教优秀文化，坚持保护利用、普及弘扬并重，进一步挖掘和阐发宗教文化的积极思想价值，维护民族文化基本元素，使宗教优秀文化成为新时代鼓舞人民前进的精神力量，还要处理好如下几方面的关系。

宗教物质文化遗产与宗教非物质文化遗产的关系。西安文化资源种类丰富，不仅包括大量的宗教物质文化遗产，如宗教文物古迹等，还包括丰富多彩的宗教非物质文化遗产，如宗教民俗、宗教音乐等。它们都是不可再生的文化资源，共同生活在西安这块神奇的土地上。一方面宗教非物质文化遗产可以与丰富的人文景观和优美的自然景观共同组成陕西旅游资源总体系。另一方面，将宗教非物质文化遗产融入人文景观和自然景观中，无疑能够产生一种互补作用，使人文景观和自然景观更加生动精彩。只有将两者结合起来，你中有我，我中有你，互为补充、互相促进，西安宗教非物质文化遗产才能得到快速、持续发展。

政府与宗教界的关系。宗教非物质文化遗产保护，需要政府和宗教界人士共同努力。第一，政府对宗教非物质文化遗产的保护起主导作用。在目前社会中，人们对中国宗教文化表现出疏离和陌生，对文化遗产的保护意识淡漠，这种状况给宗教非物质文化遗产的保护工作带来诸多不便。政府制定的保护文化遗产的政策，是对宗教界保护文化遗产的宏观指导。通过引导大家正确认识宗教文化的内涵和价值，充分挖掘宗教文化的精髓，加强宗教界的文化保护意识，以此调动全社会保护文化的积极性。第二，政府对宗教"非遗"项目的经费资助，是对以宗教界为主保护宗教文化遗产的重要财力支持。第三，政府可以发动社会力量保护、研究、收集、整理宗教文化遗产，开展这些工作，有助于全社会宗教非物质文化遗产保护工作的顺利进行，也是政府对宗教界在当代进行经济社会建设的重要支持。

社会效益和经济效益的关系。文化是基石,经济是支柱。社会效益是经济效益实现的前提,经济效益是社会效益实现的保障。宗教非物质文化遗产的开发应在社会利益得到保障的前提下,挖掘内涵、创新产品,不搞恶意开发,实现宗教非物质文化遗产社会效益和经济效益的有机统一。

同时,在有效保护和传承的前提下,把发挥宗教"非遗"的经济功能作为文化产业发展的重要内容,遵循市场经济规律和文化产业发展规律,开发宗教"非遗"的经济效益,充分发挥其在促进文化消费、推动区域经济发展等方面的作用。

宗教文化与现代文化的关系。对宗教"非遗"保护与开发的过程,实际上也是对宗教文化继承和发扬的过程。既要立足于保护,也要应用于开发,保护是一种开发,开发也是一种保护;既要保存宗教文化原有的特色,又要注意与现代文化的交融。与时俱进、用发展的思想理解文化资源的内涵,利用高科技手段展示文化资源的个性,通过对宗教文化产品的创新、市场运作、商业包装等手段,保护与开发宗教"非遗"项目,促进宗教文化遗产在新时代下的保护与传承。

如何既保持宗教"非遗"活力,又不使其流失"真魂",是宗教"非遗"保护开发过程中长期寻求破解的难题。宗教非物质文化遗产涉及佛教、道教、伊斯兰教等多种宗教,深深根植于自然和人文资源之中,对于开发宗教文化遗产旅游有着很大的优势。因此,协调好保护与开发西安宗教非物质文化遗产关系也是保护与传承西安宗教"非遗"值得重视的问题。

西安宗教非物质文化保护与开发的关系,两者既相互联系又相互制约。首先,是从政府、教界、大众等各层面要有保护文化遗产的意识,只有保护住宗教非物质文化遗产的原真性,保护住其内涵,才能谈利用文化遗产带来社会效益与经济效益问题,也才能有开发。其次,开发应顺应时代发展,是保护性开发,这种开发建立在传统的、民族的文化对现代文化的适应能力和消化能力上,因此,宗教非物质文化遗产在保护性开发中在注入新的文化因子的同时,不失去其固有的文化要素,并在适应现代社会中不断获得新的发展,使其在保护中得到发展,在发展中得到保护,实现保护与开发的和谐统一。

五 结语

　　文化越来越成为民族凝聚力和创造力的重要源泉，越来越成为综合国力竞争的重要因素。西安宗教非物质文化遗产是一笔宝贵的地域文化资源，它是当地传统文化的珍贵记忆，是当地群众滋润心灵世界的精神依托。这些无形的宗教文化财富，记载着西安宗教历史的丰富内容与时代变化，是宗教历史文化见证。随着它入选国家和省级非物质文化遗产的代表作名录不断增加，关于它的保护与开发也亟待开展。

　　宗教"非遗"保护是一项系统的、长期的工程，只有将西安宗教"非遗"资源优势在保护前提下，科学合理地转化为地方经济建设服务的优势资源，才能真正实现西安宗教"非遗"的保护。因此，保护与开发西安宗教"非遗"是与推动"非遗"融入当代、融入社会、融入民众、融入生活，为传承中华文脉、推进文化繁荣发展密切相关的。

　　"非物质文化遗产的最大特点就是不脱离民族特殊的生产生活方式，是民族个性、民族审美习惯的'活'的显现。"[1] 西安宗教非物质文化遗产是西安长期形成的特色文化遗产，它的生存依赖一定的环境，如果失去这样的环境，对它的保护也成为空谈。正如联合国教科文组织《人类口头和非物质遗产代表作申报指南》中所指出的"在世界全球化的今天，此种文化遗产的诸多形式受到文化单一化、武装冲突、旅游业、工业化、农业人口外流、移民和环境恶化的威胁，正面临消失的危险"。"非物质文化遗产行将消亡，已是迫在眉睫。"[2] 在今天全球经济文化一体化和现代化进程中，随着现代化、信息化程度的加深，地区的社会结构和价值观念的变化，对宗教非物质文化遗产的冲击势必严重。没有了传承的历史土壤，缺少了原本的生存环境，地域宗教非物质文化遗产传承将非常困难。因此，加强文化生态环境建设是保护与传承宗教优秀非物质文化遗产的重要前提。

　　对宗教非物质文化遗产的保护可借鉴一般非物质文化遗产文化生态保

---

[1] 贾银忠主编：《中国少数民族非物质文化遗产教程》，民族出版社2009年版，第64页。
[2] 联合国教科文组织：《人类口头和非物质遗产代表作申报指南》，文化艺术出版社2005年版，第89页。

护区模式开展保护,即在特定生存环境下对宗教非物质文化遗产设置最安全的保护屏障,能将宗教"非遗"置身于其所曾经生存的环境之中,合理开发利用宗教"非遗"资源,推动优秀的宗教文化融入现代日常生活,将挖掘与创新结合起来,以此加大保护力度。

培育一批包括宗教"非遗"在内的"非遗"文化品牌,在宗教"非遗"特定的保护区域,配合旅游开发宗教"非遗"旅游产品,将文化资源向市场推动,通过市场获取一定的经济效益,以此维护其自身生存。"文化遗产开发的重点是让消费者产生回味无穷的文化体验感受。从利益相关者的角度,可以将质量或服务与遗产开发联系起来,也即是说,消费者所寻求实现的期望与文化体验通过提供优质产品或服务来得到满足。"①

同时,结合西安地方经济文化发展需要,科学地将保护与开发结合起来,使其相互促进,共同受益。

我国《关于加强我国非物质文化遗产保护工作的意见》中明确规定我国非物质文化遗产保护工作的目标和方针是"通过全社会的努力,逐步建立起比较完备的、有中国特色的非物质文化遗产保护制度,使我国珍贵、濒危并具有历史、文化和科学价值的非物质文化遗产得到有效保护,并得以传承和发扬"。"传承是非物质文化遗产的基本特点,只有通过口传心授的方式传承,才能使某种非物质文化遗产的表现形式得以世代相传,不断流、不泯灭、不消亡,在自然淘汰中逐渐形成一种相对稳定的文化传统或文化模式。"② 保护宗教"非遗"的核心首先是保护好宗教"非遗"传人,通过宗教"非遗"传人传承宗教"非遗"的"活态"文化,保护宗教"非遗"。

宗教"非遗"也是中华文化的重要组成部分。长期以来它对人们的思想产生重要影响,宗教"非遗"保护也需要活动场所与展示机会,需要传承展示平台。建议由政府各级组织牵头,定期组织宗教"非遗"项目专场汇演和竞技活动,组织定期和不定期的在国家法定假日和民族传统节日上开展活动和异地交流演出,为宗教"非遗"项目创造和提供可以展示其文化价值和精神价值的机会和场合,开展保护交流活动。

---

① [英]戴伦·J.蒂莫西、蒂芬·W.博伊德:《遗产旅游》,程尽能主译,旅游教育出版社 2007 年版,第 250—251 页。

② 刘锡诚:《传承与传承人》,《河南教育学院学报》2006 年第 5 期,第 51 页。

西安宗教非物质文化遗产具有鲜明的地域特色。在西安经济文化建设中，保护和开发西安宗教非物质文化遗产，有助于传承和保护中华民族优秀的文化遗产，守护中华民族的精神家园，增强民族凝聚力，加强民族团结；增加地域文化认同，维护社会稳定，发挥其在地方经济建设与和谐社会、文化交流中的积极作用，使学术研究服务于社会，为西安地方经济发展作贡献，为实现中华民族的伟大复兴提供精神动力和力量源泉。

　　重视西安宗教非物质文化遗产的保护，真正发挥宗教文化在地方经济建设中的积极作用，提高对宗教非物质文化遗产保护传承的认识，既能增强人们对西安悠久历史文化内涵、底蕴的深刻认知，也有利于促进人们对宗教文化的认识和了解，促进地域和谐稳定、民族团结、经济社会发展。

西安非物质文化遗产的保护利用与经济发展的联动思考

非物质文化遗产在当代如何与经济发展联动，实现市场化条件下传统文化的保护利用，使其获得当今社会生活层面的认同，以至保护传承下去，这不仅是西安非物质文化遗产的重要研究问题，也是西安文化产业研究面临的热点问题，更是在全球经济一体化下民族文化保护适应社会发展应引起高度重视的问题。早在20世纪中叶，联合国教科文组织就通过了《保护世界文化和自然遗产公约》，其目的就是保护、保存文化与自然遗产免受全球工业化与城市化造成的破坏和威胁，为人类长远服务。21世纪初，联合国教科文组织主张，无论是有形文化遗产，还是无形文化遗产，都应该在确保文化遗产不被破坏的前提下，尽可能进入市场，并通过切实可行的市场运作，完成对文化遗产的保护及其潜能的开发，并实现文化保护和经济开发的良性循环互动。文化遗产的保护利用与经济发展的联动是当前世界文化保护亟须探讨的问题。

一 西安非物质文化遗产代表名录特点分析

西安非物质文化遗产内容丰富，涉及门类多，从西安市和莲湖区非物质文化遗产名录分析看，首批西安非物质文化遗产名录中，传统手工技艺占总项目的33%，第二批非物质文化遗产名录中，传统手工技艺占总项目的39%，民俗项目占了总项目的19%；莲湖区六类传承项目中（民间音乐、民间舞蹈、民间美术、传统手工艺、民俗、传统杂技），民间美术占了33%，传统手工技艺占了44%。

从西安市、莲湖区"非遗"代表名录的具体数据分析看，西安市、莲湖区"非遗"代表名录中,登榜的传统手工技艺类项目比例较大,莲湖区传统手工技艺项目占44%,西安市两次分别为33%和39%。

分析特点一,在西安市"非遗"代表名录中,传统艺术类项目与传统手工技艺类项目名录分布呈现"V"字形态势,艺术类项目在国家与省级非物质文化遗产代表项目中较多,而物化程度高、与社会生活关联度密切的传统手工技艺类项目在市区分布较多。

分析特点二,传统艺术类项目在今天生存比较艰难,因为它已经失去了传统生存环境,这类项目如何适应今天的市场化环境保护传承下去,值得认真思考。而传统技艺类项目由于它已经融入本地百姓日常生活,成为当代生活的重要组成部分,因此它的市场化前景较好。

分析特点三,与百姓生活密切相关的饮食风俗、日常生活习惯、民俗习惯等项目能够适应现代社会,本身也能带来经济效益,如各类传统小吃等,已成为西安在全国的品牌,它的生存本身就与经济发展关联密切,能够适应"非遗"项目本身生存环境和消费市场,有展示环境的较好生存空间,这类"非遗"传承较好。

二 西安非物质文化遗产与经济发展的关系

文化在当代的重要作用就是能够充分发挥其为经济建设服务的功能,二者在当今社会中的关系是相辅相成的关系。在当前以文化为基础的智力竞争社会中,西安非物质文化遗产的经济作用不能小视。重视历史文化促进经济发展作用具有重要的现实意义。

(一)非物质文化遗产自身生存离不开经济支持

自身生存指的是非物质文化遗产项目与传承人的生存。非物质文化遗产主要是保存在民间的"活"文化遗产,因为传承人"活"的缘故,所以经济基础是其传承的重要前提。而"非遗"是民族特殊的生活与生产方式,是民族个性、审美习惯活的表现,它依托于传承人口传身授延续,因此,非物质文化遗产是"活"文化中最脆弱的部分,它离不开经济支持,传承人需要物质条件保证生存基本需要,保护非物质文化遗产延续。

"非遗"项目保护的核心是保护作为"特定原生态文化"载体与具有特殊技能的传承人以及与此相关的创造性活动,因此最大程度上发挥传承主体的作用是做好"非遗"抢救和保护工作的根本目的所在。在当前社会中,"非遗"项目传承人生活艰难者为数不少,对其保护堪忧。据统计,西安市各级"非遗"传承人中,除极个别人有微薄退休金外,其他均无固定经济来源。这种状况严重制约了非物质文化遗产保护。

从2008年起,各级政府开始对西安市代表性"非遗"项目传承人进行经费补助,省市补助有一定区别,但基本都是撒胡椒面的资助办法,不能从根本上解决主要是在民间生存、生活环境不好的非物质文化遗产传承人的生活问题,因此,生存的制约,使得这些自觉担负保护民族文化遗产的传承人没有能力全身心守护这些历史文化遗产。现有经费扶助办法还需要进一步完善,同时也应加大历史文化遗产保护经费投入,一方面缓解"非遗"传承人的生存压力,解决他们保护民族文化的后顾之忧;另一方面,加大"非遗"项目推广与传承人培训的力度,从宣传的角度唤起全社会保护文化遗产的意识,并以此带动非物质文化遗产的社会保护,提升"非遗"传承人的社会地位,间接推进"非遗"保护工作。

从社会调研中可以看出,大多数传统艺术类项目由于缺少当代的市场环境,在中国这个有着悠久文明的国度,随着现代化与城市化的推进,先民古老的生存方式与生存环境的日益改变,一些依靠传统社会环境传承的非物质文化遗产项目将越来越多地退出历史舞台,退出当代社会,因此,在经费有限的前提下,抢救一些在中华民族文化传承中具有重要文化价值与历史价值、社会价值的非物质文化遗产急需引起有关方面重视,因为在不久的将来,随着一些非物质文化遗产传承人的离世,这些依附于传承人的"非遗"项目也就很难再看到它们的历史面貌了。

(二)经济对"非遗"保护传承的促进与制约作用

市场化下,非物质文化遗产项目适应时代发展则传承较好,反之,生存极为困难。

1. 经济对"非遗"保护传承的促进作用

有效地保护西安非物质文化遗产。西安非物质文化遗产中那些与人们生活息息相关的部分传统手工技艺类项目,因为有了市场,传承的情况比较好,如"中华老字号"西安饭庄陕菜和陕西风味小吃制作技艺、同盛祥牛羊肉泡馍技艺、德懋恭水晶饼制作技艺、德发长风味饺子技艺、春发生葫芦头泡馍技艺以及阎良核雕技艺、秦镇米皮制作技艺等,此类"非遗"项目基本上不存在生存与后继无人的问题。因为它解决了传承人后顾之忧，而且还代表了西安饮食风格特点，成为西安对外宣传品牌，这些"非遗"项目的存在本身就证明了它的经济价值。所以对这类非物质文化遗产而言，这些已融入西安老百姓日常生活中的"非遗"项目在经济社会中已不存在生计问题，它们能够适应今天的社会变化，经济的发展不仅没有给它们生存带来困境，反倒成为现代社会中人们生活追求个性、新奇的重要表现，带来了更多的经济效益，"非遗"保护与经济发展关系密切。

间接地保护西安非物质文化遗产。加大对"非遗"经费投入力度，在社会上进行媒体、网络等多种形式宣传，也是保护"非遗"的重要途径。

2. 经济对"非遗"保护传承的制约作用

项目保护困难。一些没有经济支持、缺少生存环境的"非遗"项目，传承困难。同时，缺少市场环境，获得政府经费支持不易，不利于"非遗"保护。西安市开展"非遗"普查的具体情况表明，处于濒危状态的"非遗"项目最主要的制约因素就是缺少保护经费。

传承人生存困难。众所周知，经济问题是导致许多非物质文化遗产传承困境的重要因素。在民间，许多非物质文化遗产传承人的生活十分艰苦，如果没有相应的经济支撑，让他们安下心传承非物质文化遗产显然不够现实，对于年老体弱者来说尤其如此。

由于地方及国家经费资助有限的客观条件制约，政府虽不断加大对"非遗"项目传承人的经费扶持力度，但是，如果没有相应市场机制的配合，要保护这些非物质文化遗产依旧存在问题。如传统技艺类的"非遗"项目，竹篾编织，尽管今天社会提倡绿色环保理念，但是毕竟时代已是现代化的时代了，传统的一些手工编织已经不能完全符合今天社会需要，因此，如果这类传统手工技艺不能随着时代变化而发展、创新，只是维持现有状况，也不会走远。再如周至等地保存下来的"道情"等宗教类非物质文化遗产项目，他们是历史的产物，是时代的产物，如何在今天适应时代需要与发展，增加符合为社会发展服务内容，是其要长久存在不能回避的问题。自身的改变与传统的创新，才能使非物质文化遗产适应市场经济的发展，在人类社会中传承下去。因此在当代社会失去或减弱了在生产、生活中功用价值的非物质文化遗产要找回生存的空间，就必须改变自己，主动适应社会，适应市场。

三 市场化下西安非物质文化遗产的保护利用与经济发展的联动思考

"非遗"被誉为历史的"活化石"，是一个民族的"根"，是构成"民族记忆"、获得民族认同的重要资源，也是民族文化、地方文化不可或缺的组成部分。有效地保护传承我们民族的"根"，使其不至于陷入民族文化的同质性，保护她的个性的彰显是今天全球范围内高度重视的问题。作为中国传统文化重要组成部分的西安非物质文化遗产，在市场化形势下与经济发展联动是其生存的根本。

（一）市场化下西安非物质文化遗产的保护利用

今天，在全球化发展中如果我们对西安"非遗"不迅速采取保护对策，加大"原生态"民族文化传承力度很有可能在市场化下失去民族文化中的自我，失去文化中的个性。抢救与保护中华民族的非物质文化遗产，使其能够传承下去，既是维护人类文化生态平衡要求，也是守护中华民族精神家园的要求。

1. 改变文化遗产保护观念

非物质文化遗产的传承需要特定的历史环境、社会环境和文化环境，今天，传统的文化生存环境已不存在，如果仍然以保护文化遗产的态度，而不是和现实融合，则只能是使文化遗产退出历史舞台。市场化下，文化遗产保护必须要接地气，和社会变化相结合，将"非遗"和经济发展相联系，把保护非物质文化遗产列入政府重要工作日程与当地的经济社会发展规划中，让文化成为带动地方经济发展的推动器，为地方经济发展助力。

非物质文化遗产保护是全方位保护。目前在"非遗"保护中有一种偏差，即文化保护就是一种单纯的文化层面的保护，所以，无论是"非遗"传承人还是地方政府相关部门关于文化遗产保护仍然停留在重视申报各级非物质文化遗产代表性项目评审以及由此带来的经费资助等，而不是通过项目评审扩大项目本身影响，使项目在社会上获得良性发展的市场经济立足点方面。因此，保护"非遗"，首先要改变观念，要将文化遗产保护与今天的时代结合，和市场经济结合，使其能够适应社会，长久传承下去。

2. 发掘文化遗产的经济价值

非物质文化遗产的特殊性就在于它不同于其他文化遗产，它是通过人类口传身授保护传承的，它来源于生活，来源于社会，它是历史时期百姓生活的真实写照，因此，在非物质文化遗产分类中，既有精神层面，也有物质层面的内容，这些内容含有重要的经济价值，它们仍然可以为今天市场化下的社会服务，为当地经济发展服务。

就精神层面而言，西安非物质文化遗产是西安历史的一种见证和西安地方文化的一种重要载体，它们蕴含着本地民众传承的某些特有的精神价值、思维方式、想象力和文化意识，体现着本地民众的生命力和创造力，是今天西安文化建设的重要资源和内容。以"非遗"促进当地经济发展，这不仅是西安，也是我国保护非物质文化可持续性发展应重视的内容。

就物质层面而言，西安非物质文化遗产中保留下来的手工技能类项目不仅有较高的文化价值，而且还有重要的经济价值和科学价值。如西安同盛祥牛羊肉泡馍，就是西安的一张文化名片，它既包含了西安民族饮食文化的丰富内涵，向外宣传了西安的地方饮食名吃，同时又带来了可观的收入，产生了经济效益。长安沣峪口老油坊的榨油，把我们民族在日常生活中的聪明才智做了充分展示，其生产的原生态高质量油品既符合今天人们的绿色生活理念，又展示了民间高超的传统榨油技艺，取得了较好的经济效益，等等。重视和保护西安非物质文化遗产，弘扬中华文化优秀传统，重视"非遗"中蕴含的丰富的经济价值在今天仍然有重要意义。

（二）市场化下西安非物质文化遗产的保护利用与经济发展的联动

围绕建设西安文化强市、旅游强市的战略目标，实现部分"非遗"项目与地方经济"联姻"的市场化运作模式，是发展区域经济、解决"非遗"保护经费不足、实现互利双赢的重要手段。将西安"非遗"作为为经济建设服务的重要文化资源，使其带动旅游、会展等无烟行业发展，成为促进经济发展的原创力和推动力，将有助于西安经济繁荣。

1. 寻找"非遗"保护与西安地方经济、文化建设的最佳切入点和契合点

在夯实民俗活动、传统技艺等"非遗"项目的抢救、传承、发展、

创新的基础上，以西安的"非遗"代表性项目充实旅游业的文化内涵，积极打造地域文化特色，推出更具有经济与文化价值的项目。

2. 以文化、旅游为支点，实现西安部分"非遗"项目运作的市场化

在专家的严密论证、政府的周密安排下，引导西安"非遗"项目与文化、旅游企业实现"联姻"，积极而自觉地将本地的非物质文化遗产融入自然风光与人文景观。鼓励企业自主设计展示平台，精心策划活动，让企业在"非遗"的文化推动下，扩大招商引资的规模，实现文化、旅游产业招商的新突破，逐步提升西安市在国内外文化旅游的知名度和美誉度，增强文化的软实力。

3. 着力打造"非遗"文化品牌，实施文化品牌战略

结合自身条件和优势，精心策划，集中力量，每年打造出一、两个特色强、影响广的非物质文化遗产保护品牌项目，使这些品牌项目能够成为展示西安形象的重要平台和载体，并形成合力，扩大非物质文化遗产的知名度，推进西安文化建设，充分展示西安文化魅力。

在西安经济、文化统筹发展的全局意识下，根据区域文化资源的禀赋与市场状况，立足现有本地"非遗"品牌资源优势，打造既体现本地区特色又有市场潜力，在国内、省内有一定影响力，又有一定群众基础的"非遗"文化品牌，打造一批"非遗"文化企业，充分将资源优势转化为市场优势，进一步开拓"非遗"的旅游文化品牌效应，并最终发展成为具有地域特色的文化产业链。

在上述市场化运作过程中，努力平衡"非遗"保护与市场开发的关系。我们提倡对"非遗"项目进行保护，但绝非维持原始状态的消极保护，而是在项目开发前，对其进行全面的调查与审慎的研究，努力避免政府和投资者只注重商业利益，忽视"非遗"保护的短视行为。过于功利的"非遗"开发往往导致"本真"的丧失——特别是其生命力的丧失，而寻找一条既能很好地保护"非遗"项目，又能取得良好经济效益，即必须在"非遗"的开发与保护之间需要取得良好的平衡，因此，务必坚持"保护为主，抢救第一，合理利用，传承发展"的方针，准确界定"非遗"保护与"合理利用"之间的界限，正确区分其可生产与不可生产之间的关系。我们既要注重"非遗"商业价值的开发，又要严加防范并打击借保护之名，行粗制滥造破坏其长远发展之实的行为。当然，"非遗"的商业开发应尊重其独特的地域文化个性，遵循其自身的内在规律，

唯其如此，才能做强西安文化产业，实现由文化大市、旅游大市向文化强市、旅游强市发展的跨越。

四 结语

西安"非遗"的保护工作，任重而道远。西安非物质文化遗产的保护利用如果与经济发展联动起来，以多样化的保护形式回应经济社会发展的挑战，努力实现部分"非遗"项目与地方经济"联姻"的市场化运作，才有可能在"民族记忆的背影"逐渐模糊、先辈们的生产生活方式开始消失在地平线之前，守护好我们民族最后的"精神家园"，使我们民族文化在现代化进程中不断传承下去。

网络环境下西安非物质文化遗产的保护

西安非物质文化遗产是中国传统文化的重要组成部分之一，它是历史上西安地区人民群众通过口传身授、世代相传、以非物质形态存在、与百姓生活密切相关的传统文化表现形式，其形式多样、种类繁多、地域特色鲜明。非物质文化遗产的历史价值与文化价值在中国传统文化中的地位毋庸置疑，但是它在社会高速发展、科技不断进步的今天，能否继续获得广大人民群众的认同，将传统文化与现代文明有机契合，传承、利用、发展好非物质文化遗产，使文化异彩纷呈，呈现多样性，并在不断变化的历史长河中保护传承下去，成为非物质文化遗产亟须研究的问题。

一　西安非物质文化遗产现状

西安非物质文化遗产保护状况并不乐观。在 2009 年西安非物质文化遗产普查中，濒危的非物质文化遗产项目占 86%，严重濒危项目占 2%。传承人中，有 7 个项目有 2 个传承人，占 2%；5 个项目有 3 个传承人，占 2%；1 个项目有 4 个传承人，占 0.3%；1 个项目有 7 个传承人，占 0.3%；38 个项目为集体传人，占 13%。以民间艺术、民俗文化、民间技艺形式存在的非物质文化遗产，随着经济的发展，正在逐渐远离人们的生活，非物质文化遗产如何保护成为西安建设文化强市需关注的问题。

二　西安非物质文化遗产保护存在的主要问题

认识问题。非物质文化遗产不同于主流文化，它主要存在于民间。作为地域文明象征的特色文化，只有真正认识它的价值，重视它的存在，才能对其进行有效地保护。当前，西安非物质文化遗产保护工作无论从理论层面到实践层面，从决策层面到基层运作层面，其保护体系并未真正建立起来，保护路程还较艰难。因此，提高全社会对其认识也是保护非物质文化遗产的重要方面。

经费投入问题。非物质文化遗产是在长期的历史发展过程中形成的，不同的历史环境对它的生存有着直接的影响。市场经济条件下对主要生存于民间的非物质文化遗产提出了挑战，也对政府层面的支持提出了要求。近年来，国家与省市对代表性非物质文化遗产项目保护不断加大经费支持力度，并设有专项经费，各级政府财政也给予一定支持，但就对西安市非物质文化遗产保护而言还是很有限，开展这项工作难度较大，如非物质文化遗产的实物不能及时收藏，保护场所占地面积、室内条件等达不到要求，开展基层非物质文化遗产工作缺少基本设备与交通工具，等等，经费成为制约非物质文化遗产保护利用的关键问题。同时，在各级非物质文化遗产传承人中，除少数人有退休金保证基本生活外，其他人均无固定的经济来源。非物质文化遗产的传承人生存条件也制约着西安非物质文化遗产保护。

项目活动问题。生存于民间的西安非物质文化遗产之所以能够代代相传，与掌握这些文化遗产的传承人业余时间自得其乐、能够在一些传统民俗活动中展示技艺、进行表演的传承环境有密切关系。今天社会传承的客观环境发生变化，非物质文化遗产有些内容已越来越远离现实社会，缺少传统的生存空间，民间传承的非物质文化遗产失去展示平台，可持续保护利用的项目缺少展示活动，特别是潜能较小的非物质文化遗产项目，在失去生存空间、没有经费的情况下，传承极其困难。

认识问题、资金投入问题、项目活动问题是目前包括西安在内非物质文化遗产保护与传承面临的、关乎其生存、急需解决的问题。

三　网络环境下西安非物质文化遗产的保护

在全球化、信息化、商业化经济社会环境下，运用网络等新媒体手段保护保存一些依靠口传身授方式传承的正在不断消失的文化遗产，实现网络信息资源共享，已成为全球保护与开发文化遗产的主要趋势。西安非物质文化遗产的保护与发展，也应与时俱进，通过网络保护与传承，将传统和现代在网络环境下进行契合，使传承与创新并举，达到保护非物质文化遗产的目的。

将西安非物质文化遗产置于互联网中实施保护。在高科技发展的现代社会，随着信息技术革命的到来，网络的使用在全世界飞速发展，网络已成为人们获取各类信息的主要途径。人们通过网络了解世界，认识世界的方式已被大众接受。网络作为新兴媒介，既可以宣传展示西安的非物质文化遗产，也可以通过数字化的技术手段对其实施保护。如西安的一些引起社会关注的非物质文化遗产代表作名录，如世界级的西安鼓乐，在网络上流传有其表演视频、摄像图片、文字资料等，这些网络保护资源尽管有限，但对其资料传承与保护还是起到了积极作用。

利用网络扩大西安非物质文化遗产保护宣传。西安的非物质文化遗产可以充分发挥和利用互联网优势，建立宣传网站，打造网络平台，开展网络宣传活动，扩大西安非物质文化遗产的影响，让更多的人了解西安非物质文化遗产与保护西安非物质文化遗产的重要性。同时，利用西安非物质文化遗产宣传网站，开展各种形式的西安非物质文化遗产大众参与活动，如网上问卷调查、知识介绍、浏览者参与答题等，使其积极参与到西安非物质文化遗产保护的行列中来。

整理流布于网络中的西安非物质文化遗产资料，实施网络资料保护。非物质文化遗产的资料整理是其传承和保护的基础工作，也是从事研究工作的基础。由于它们流传久远、风行民间，文字资料非常缺乏，搜集和整理散落在民间的非物质文化遗产资料就成为保护西安非物质文化遗产的重要内容。目前，搜集、整理西安非物质文化遗产网络资料，将存在于地方网络中零星流布的文字、图片、音频、视频等资料进行梳理、归纳和分类也是保护西安非物质文化遗产非常重要的一件工作，做好这件工作，将更有利于西安非物质文化遗产的保护。

开发保护西安非物质文化遗产网络。互联网技术的普及，信息传播速度的加快，为西安非物质文化遗产网络开发、实施保护奠定了基础。一些非物质民间文化遗产可以通过现代科技手段，以非物质文化遗产门户网站为平台，运用三维动画等多种网络信息表现形式进行传播，为其适应现代社会发展提供开发信息，推进品牌塑造和传播，使之成为与外界交流、交易的信息化平台，对外展示和宣传的主要渠道。同时，将非物质文化遗产开发成为文化产品，通过网络传播和信息共享，使其进入商品流通领域，让更多的人了解并对其感兴趣，以此达到保护西安非物质文化遗产的目的。

进行网络西安非物质文化遗产展示具有受众范围广，传播手段多元化，延续时间长等优势。网络展示平台可以在传统与现代之间搭建起平台，如将民间文学在大众传播媒介的大量复制传播中，得到保护。民间音乐、曲艺、传统戏剧，通过录音机等音频设备被记录下来，既是从事学术研究的资料，又是获得民族认同的桥梁。民间舞蹈、传统体育与竞技被照相机、摄像机、DV等拍摄下来，这些现代化科技载体、手段展示的具体的、物质化的视频中所呈现的中华民族传统的非物质文化遗产会得到较好保存。

以网络经济作为标志的信息化革命催生出的文化遗产数据库保护模式的变革深刻而急迫，建设区域非物质文化遗产数据库也是目前世界经济一体化和经济全球化趋势的要求。网络环境下实施西安非物质文化遗产保护，有利于促进西安与国内外的合作和交流，有利于西安向国际化大都市迈进，更好地保存一些可能消失或正在消失的非物质文化遗产，让中华文化永久传承下去。

西安非物质文化遗产资源网络化保护

一 引言

非物质文化遗产是人类世代相承、与生活密切相关的各种传统文化的表现形式和文化空间。西安是一座举世公认的具有厚重历史文化积淀的城市，周秦汉唐的历史构成其文化基石。追溯华夏历史，无数的辉煌篇章均聚焦于此。除了曾经拥有过的浑厚历史诗篇外，西安也蕴含着丰富的特色鲜明的传统文化。

西安非物质文化遗产资源保护、传承与开发是《关中—天水经济区发展规划》中的一个重要研究问题，也是西安文化产业研究中的一个热点问题。在信息技术快速发展的知识经济时代，数字化越来越成为全球文化事业的发展趋势。运用数字化科学技术手段保护、保存一些依靠口传身授方式传承的正在不断消失的文化遗产，实现网络信息资源共享，已成为全球保护与开发文化遗产的主要趋势。同时，文化遗产的非物质性则肯定了非物质文化的信息属性，即非物质文化遗产是一种信息形式，是以某种特定形式组织起来的信息体。非物质文化遗产的存在脱离了物质载体，或者其价值远大于承载它的物质载体。因此，在市场经济下，西安历史文化遗产特别是非物质文化遗产的保护、开发与产业化研究显得尤为迫切，通过现代化手段进行保护与传承成为大势所趋。

20世纪初，一些发达国家竞相将本国文化遗产大规模转换成数字形态，为未来的"文化内容"市场竞争奠定了新的基础。如2002年，欧盟将文化遗产数字化作为2006年第六次框架项目中的最优先项目，投入7000万欧元为图书馆、博物馆、档案馆搭建共享平台，以达到保护非物质文化遗产的作用。① 近几年，我国许多图书馆也在不同程度上探索和实践非物质文化遗产数字化工作。如 2007 年，中国非物质文化遗产数据库在互联网试启动；② 2008 年，成都图书馆、浙江省图书馆、北京图书馆等先后完成本地非物质文化遗产网络服务平台和数据库的建设，③ 等等。

国内外数字化、网络化保护文化遗产的尝试与实践，尽管起步时间晚，但却为文化遗产的现代保护与传承探索出新的路子，具有积极的意义。

二 西安非物质文化遗产资源数字化研究的重点

非物质文化遗产简称"非遗"，其数字化建设的关键是要建立一个好的资料信息管理系统。此系统主要由四大功能模块构成：一是信息录入模块。该模块的功能主要包括接收登记各科研部门将要向资料室移交的电子资料和电子目录，接收登记西安市所属各区县相关"非遗"项目，通过调用后台数据库模块，使数据分门别类存入系统。二是管理存储系统。该系统功能包括资料著录标引、"非遗"资料动态管理、"非遗"资料数字化管理。三是信息查询系统。该系统功能包括"非遗"相关资料登记、借阅、检索、资料信息加工、编排等，最终实现通过网络查阅利用资料信息的目的。四是后台管理系统。主要是系统管理员操作，完成整个系统的日常维护调整、目录归并、数据库备份等工作。

上述四大模块在西安"非遗"数字化转换中相辅相成，构成完整的系统。

（一）研究流程的规范化与标准化

西安非物质文化遗产资料信息管理系统研究流程的规范化是选择西安市 2009 年全市非物质文化遗产普查名录为项目内容，以该名录的文本资源作为数据库建设的核心内容，包括不同的资源类型和资源载体（如图、

---

① 张红灵：《数字图书馆建设中的非物质文化遗产数字化保护》，《四川大学学报（哲学社会科学版）》2008 年第 1 期。

② 同上。

③ 张红灵：《数字图书馆建设中的非物质文化遗产数字化保护》，《四川大学学报（哲学社会科学版）》2008 年第 1 期；湛强：《非物质文化遗产保护工作探讨数据库建设问题》，《光明日报》2008 年 12 月 5 日；关于"非物质文化遗产保护"的调研报告 [EB/OL]，www.21Gwy.com。

文、声、像等多媒体资料)。① 西安非物质文化遗产资料信息管理系统研究流程的标准化是按照2006年国务院批准并正式公布的《第一批国家级非物质文化遗产名录》② 所设置的十大类作为一级目录建库标准数据采录系统，包括民间文学、民间音乐、民间舞蹈、传统戏剧、曲艺、杂技与竞技、民间美术、传统手工技艺、传统医药、民俗等。

(二) 数据管理系统软件平台

西安非物质文化遗产资源的数据管理系统是以 VC +6.0 为开发平台，运行环境为 Windows，实现对非物质文化遗产资源数字化管理。功能包括对文本、图像、声音和影像多媒体数据存储、查询、编辑修改等基本操作管理，并且为了实现不同数据管理软件之间的数据交流，方便以后管理数据，本软件添加了不同数据格式转换的功能。

主界面如图1所示。

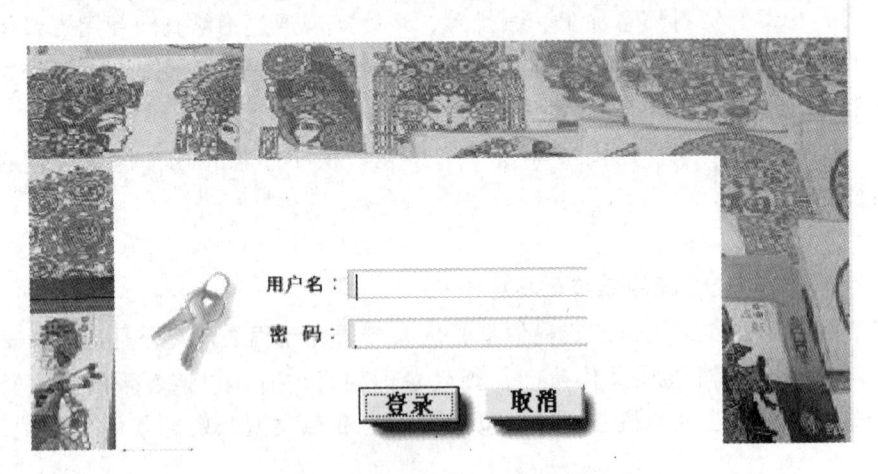

图1 西安非物质文化遗产数据管理系统

---

① 王晓如：《西安鼓乐在宋代的民间传承研究》，《西安文理学院学报》2009年第6期；张微：《文化遗产保护须合理利用数字技术》，《中国社会科学院报》2008年第12期。

② 张红灵：《数字图书馆建设中的非物质文化遗产数字化保护》，《四川大学学报（哲学社会科学版）》2008年第1期。

（三）非物质文化数据管理系统

1. 数据构建系统。按照中国非物质文化遗产名录数据库规范标准和《中国非物质文化遗产普查手册》，将非物质文化遗产划分成文化、图像、声音和影像等数据信息。其界面如图2所示。

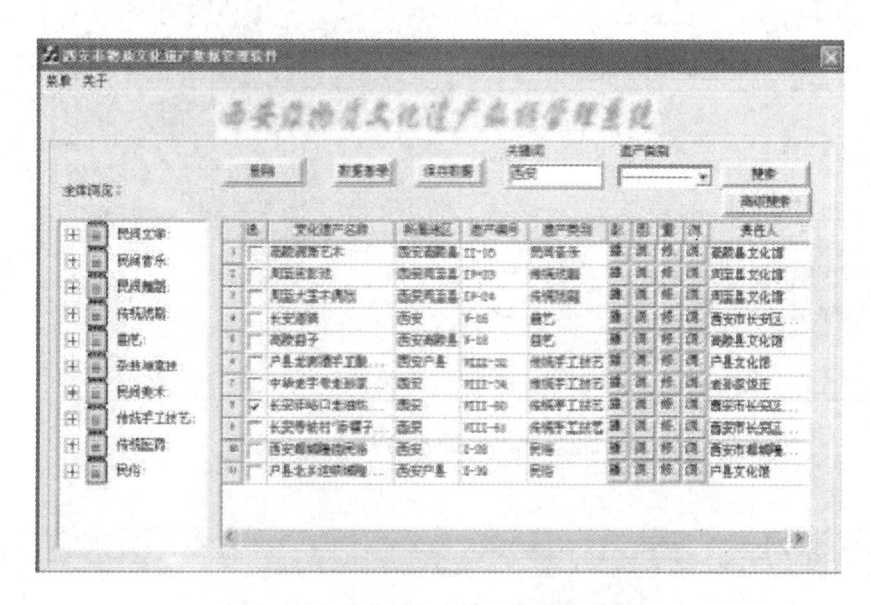

图2 西安非物质文化遗产数据信息划分

2. 数据存储系统。将非物质文化遗产信息按中国非物质文化遗产名录规范标准，以电子文档、图片、音像和影像等形式贮存。每个遗产按照其属性进行区别分类，其属性包含遗产编号、所在地区、遗产类别和责任人等。

3. 数据著录系统。将收集到的非物质文化遗产的文体、图片、影音等多媒体信息按照标准格式著录。其界面如图3所示。

4. 数据检索系统。按照关键字，运用运算符来进行非物质文化遗产数据的检索功能。其界面如图4所示。

5. 数据导入与导出。非物质文化遗产数据形式多种多样，为了更好地利用各个系统间的数据，程序设置了数据格式转换功能，以实现不同系统数据之间的相互交流。

图3　西安非物质文化遗产数据添加窗口

图4　西安非物质文化遗产数据检索窗口

三 西安非物质文化遗产资源网络化保护研究的意义

众所周知,西安是举世闻名的历史文化名城,有着悠久的历史和灿烂的文明。自公元前11世纪西周建都丰镐算起,西安已有3000余年的城市发展史。周、秦、汉、唐等13个王朝在此建都,历时1100余年。西安延绵不绝的历史,赋予了西安极为丰厚的文化积淀,蕴藏着各种各样的文化遗存,使西安享有"天然历史博物馆"的美誉,与开罗、雅典、罗马并称世界四大文明古都。通过建设西安非物质文化遗产资源数据库,搭建西安历史文化遗产数字化宣传展示平台,加大互联网传播力度,为地方经济建设服务。同时,通过西安非物质文化遗产资源数据库建设,更好地保护古都西安的历史文化遗产。

(本文与西安文理学院教师王淑娟合作)

诗歌与牛郎织女传说及其影响

西安的国家级非物质文化遗产代表作牛郎织女传说的实物原型——石婆、石爷现存于长安博物馆。在我国各地有多种关于牛郎织女传说起源地的版本，学术界牛郎织女"陕西长安说"的实物依据就是石婆、石爷。研究牛郎织女传说的文字资料，有助于认识非物质文化遗产的文化价值与历史影响。

近年来，随着我国市场经济的发展和对外交流的加强，西方文化在我国迅速传播。外来文化不仅对我国经济社会发展产生了深刻影响，而且也对国人的思想观念带来了巨大冲击，尤其是对青年一代的影响更为明显。有鉴于此，重视民族文化的继承与弘扬，使民族文化的精髓为今天社会建设所用已成为当务之急。

诗歌是我国传统文化绽放的一朵美丽花朵，在我国文学史上具有重要地位，享有极高的声誉，它记录了中华民族的文明历史，记载了古往今来中华儿女的美好向往与憧憬，丰富了中华文化的文字史料，也成为探究我国非物质文化遗产代表项目——牛郎织女传说的重要资料。

一 《诗经》与牛郎织女传说起源地

《诗经》是我国西周至春秋中叶的一部诗歌总集，也是我国最早的一部诗歌集总汇。我国古典四大爱情悲剧之一的牛郎织女爱情传说起源地在学界的争议即与《诗经》[①] 有关。

《诗经·小雅·大东》篇第五、六章中"维天有汉，监亦有光。跂彼

---

① 王守民：《诗经二雅选评》，陕西师范大学出版社1989年版，第289—290页。

织女,终日七襄。""虽则七襄,不成报章。睆彼牵牛,不以服箱"①记载,是目前以诗歌形式记载牛郎与织女的最早文献记载。

　　由于牛郎织女传说在我国影响大,因此,关于牛郎织女传说源于何地,一直以来有争议,其中比较集中的有山东沂源说、河南南阳说、河北邢台说、山西和顺说、陕西长安说、陕西兴平说、湖北襄樊说等等。据研究者考证,《诗经·小雅·大东》诗是周代谭国的一位官员所写。历史时期谭国的地理方位在周王室京畿之东,而且还是比较远的"远东",因此名《大东》。该诗记载了周代东方诸侯小国怨恨西周王室诛求无已、劳役不息的事实。而就作者本意言则是借天象来揭露、控诉统治者的罪恶,发泄其怨愤之情。因此,从第五章后四句起,作者以勤奋的织女和牵牛等形象来比喻、象征西周剥削者的贪婪无度。从诗内容看,有咏政赋烦重、人民劳苦之意。就上面的分析言,可以肯定,《诗经·大东》所讲牛郎、织女,不是神话故事,而是以牛郎、织女这两个朴实的形象来反映周残暴统治的史实。

　　秦统一后,有关牛郎织女的神话传说逐渐由天空转到地面,由神话落到真实,尤其汉代以后,民间广为流传的牛郎织女爱情传说将天上牵牛星和织女星由天上演绎到地面实物,在人间找到了它的落脚地。

　　1956年被列为陕西省级第一批重点保护文物,现存陕西长安斗门镇的两尊大型古代石刻像,也是中国现存年代最早的一对大型石刻,被当地群众称为"石爷"、"石婆"的石刻成为牛郎织女传说的实物佐证。该石像用整块花岗岩雕刻,造型简洁、风格古朴,一个是原存陕西省长安县常家庄的牵牛石像,一个是斗门镇内的织女石像,两者东西相隔约3公里。据《汉书·武帝纪》记载,昆明池开凿于汉武帝元狩三年(公元前120年),是在上林苑"发谪吏穿昆明池"。而在昆明池旁置牵牛与织女,见于班固《西都赋》:"临乎昆明之池,左牵牛而右织女,似云汉之无涯。"和李善注引《汉宫阙疏》:"昆明池有二石人,牵牛织女像。"②因其按左牵牛、右织女的格式,设置在昆明池东西两岸,故而又称其为汉昆明池石刻。仅以神话传说的实物来看,以这两座石像的存在年份定牛郎织女的最早传说地应该更加准确。牛郎织女从天上的星象演变为地上的人间传说,

---

① (清)阮元校刻《十三经注疏·毛诗正义》,中华书局1980年版,第461页。
② (梁)萧统编,(唐)李善注:《文选》卷1,上海古籍出版社1986年版,第21页。

最早源于陕西西安长安,从现存实物讲应较符合实际。

二 诗歌与牛郎织女传说记载

牛郎织女爱情传说演绎成凡间故事后,历代诗歌中关于牛郎织女不幸婚姻生活的许多咏叹,对后世影响很大。其中,就诗歌而言,分为几类:

一是以牵牛织女为主题的诗歌。或者以两星象作比喻,叙述底层生产者终日劳作,"札札弄机杼"、"泣涕零如雨"的社会真实。如最早见于诗歌的是汉代佚名作者《古诗十九首》中《迢迢牵牛星》:"迢迢牵牛星,皎皎河汉女。纤纤擢素手,札札弄机杼;终日不成章,泣涕零如雨。河汉清且浅,相去复几许?盈盈一水间,脉脉不得语。"① 或者借牵牛织女抒发自己情感。如三国时魏曹丕《燕歌行》:"明月皎皎照我床,星汉西流夜未央。牵牛织女遥相望,尔独何辜限河梁。"② 或者以织女牵牛感叹人间。如唐代杜甫《牵牛织女》:"牵牛出河西,织女处其东。万古永相望,七夕谁见同。"③ 南宋范成大在《宿东寺二首》诗中写织女隔着银河思念牵牛的愁苦,感叹:"织女无言千古恨,素娥有意十分春。"④ 曹唐《织女怀牛郎》诗中咏叹:"北斗佳人双泪流,眼穿肠断为牵牛。"⑤

二是以"七夕"为题的诗歌。在《全唐诗》中就有68首,这些诗或写对古今人间情感的感慨,如白居易《七夕》:"烟霄微月澹长空,银汉秋期万古同。几许欢情与离恨,年年并在此宵中。"⑥ 权德舆《七夕》:"今日云骈渡鹊桥,应非脉脉与迢迢。家人竞喜开妆镜,月下穿针拜九霄。"⑦ 或写人间离恨哀怨,如徐凝《七夕》:"一道鹊桥横渺渺,千声玉佩过玲玲。别离还有经年客,怅望不如河鼓星。"⑧ 或写这一习俗对人们

---

① 陈宏天、赵福海、陈复兴注:《昭明文选》卷3,吉林文史出版社1988年版,第372页。
② (宋)郭茂倩辑:《乐府诗集》卷32,中华书局1979年版,第469页。
③ (宋)蒲积中著,徐敏霞校点:《古今岁时杂咏》,辽宁教育出版社1998年版,第281页。
④ (宋)范成大:《石湖诗集》卷3,上海古籍出版社2006年版,第32页。
⑤ (宋)李昉:《文苑英华》卷225,中华书局1982年版,第1128页。
⑥ 《白居易全集》,上海古籍出版社1999年版,第999页。
⑦ (明)赵宧光、黄习远编定,刘卓英校点:《万首唐人绝句》卷26,书目文献出版社1983年版,第583页。
⑧ 《万首唐人绝句》卷22,第477页。

的影响，如和凝《宫词》："阑珊星斗缀珠光，七夕宫嫔乞巧忙。"① 后唐杨璞《七夕》："未会牵牛意若何，须邀织女弄金梭。年年乞与人间巧，不道人间巧已多。"② 传说"七夕"时将天阴落雨，故而张耒《七夕》诗云："空将泪作雨滂沱，泪痕有尽愁无歇。"③ 等等。

　　三是以"乞巧"为题的诗歌。唐代诗人林杰在《乞巧》诗中写道："七夕今宵看碧霄，牛郎织女渡河桥。家家乞巧望秋月，穿尽红丝几百条。"④ 民间还有七夕乞巧的《乞巧歌》："乞手巧，乞容貌；乞心通，乞颜容；乞我爹娘千百岁，乞我姊妹千万年。"在内容中含有"七夕"、"乞巧"字样的诗歌也不在少数，足见牛郎织女传说影响之大，范围之广。

　　宋代词人秦观为"七夕"所作的《鹊桥仙》中有"纤云弄巧，飞星传恨，银汉迢迢暗度。金风玉露一相逢，便胜却人间无数。　柔情似水，佳期如梦，忍顾鹊桥归路！两情若是久长时，又岂在朝朝暮暮！"⑤ 这首词被千古传诵，它记述了发生在牛郎织女之间凄美的爱情故事，赞美了牛郎织女对爱情的忠贞不渝，至今仍是青年男女互致爱慕之情的常用词句，成为有情人互表心迹的誓言。刘克庄记载广州过七巧节的热闹，"瓜果跽拳祝，睺罗扑卖声。粤人重巧夕，灯火到天明"。⑥ 也是非常形象的。

　　清朝时，上至皇帝，下至士人，如乾隆皇帝七月七以诗记织女牛郎、举人潘名江《珠村七夕吟》、姚燮《韩庄闸舟中七夕》，等等，从汉至清，诗歌记录了许多与牛郎织女有关的诗句，保留了大量相关历史记录。

三　诗歌与牛郎织女传说民俗

　　大量咏"七夕"诗歌的出现，又推动了各地以七夕为主要内容的民俗活动。据五代后周王仁裕《开元天宝遗事》载：唐太宗与妃子每逢七夕在清宫夜宴，宫女们各自乞巧，这一习俗在民间也经久不衰，代代延续。唐朝皇帝李隆基与贵妃杨玉环，每到七月初七深夜，还在长生殿庭院

---

① 《全唐诗》卷735，上海古籍出版社1986年版，第1839页。
② （清）厉鹗：《宋诗纪事》卷5，上海古籍出版社2008年版，第134页。
③ （宋）赵令畤：《侯鲭录》卷3，中华书局2002年版，第79页。
④ （清）郑方坤：《全闽诗话》卷1，王云五主编：《四库全书珍本十集》，台北：台湾商务印书馆1972年版，第22页。
⑤ 徐培均：《淮海居士长短句笺注》卷中，上海古籍出版社2008年版，第74页。
⑥ （清）吴之振等选，管庭芬、蒋光煦补：《宋诗钞》，中华书局1986年版，第2578页。

里陈设香案瓜果等祭品，指着满天繁星，观看牛郎织女银河相会，一边讲着牛郎织女的故事，一边在发出各自的爱情誓言。白居易在《长恨歌》最后一段咏叹道："七月七日长生殿，夜半无人私语时。在天愿作比翼鸟，在地愿为连理枝。天长地久有时尽，此恨绵绵无绝期。"①

乞巧节民间形成的习俗，在诗人笔下也表现得淋漓尽致，如唐代诗人林杰《乞巧》诗中道："家家乞巧望秋月，穿尽红丝几百条。"② 权德舆《七夕》："家人竞喜开妆镜，月下穿针拜九霄。"③ 乞巧望月、月下穿针在诗歌中都很形象地表现出来。

宋元之际，七夕乞巧相当隆重，京城中还设有专卖乞巧物品的市场——乞巧市。人们从七月初一就开始办置乞巧物品，乞巧市上车水马龙、人流如潮，到了临近七夕的时日、乞巧市上简直成了人的海洋，车马难行，观其风情，似乎不亚于最盛大的节日——春节，说明乞巧节是古人最为喜欢的节日之一。《东京梦华录》中记载就更为热闹了，什么"水上浮"、"花瓜"、"乞巧楼"、"乞巧"、"得巧"，等等。④ 每到七夕前后，宋朝街市格外热闹，不仅是"妇女望月穿针"，而且老老少少都参与其中，七夕成为百姓节日。

明代时七夕各地乞巧风俗又有不同，"七月七日之午，丢巧针，妇女曝盎水日中，顷之，水膜生面，绣针投之则浮。则看水底针影，有成云物、花头鸟、兽影者，有成鞋及剪刀、水茄影者，谓之乞得巧"。⑤ 济南则是在七月七日这天，当地妇人陈瓜果于庭中，结彩楼，穿针乞巧，如果有喜（蜘蛛）网于瓜上则为得巧。

清时，不仅宫廷中有七夕穿针看影乞巧活动，而且还流传下来许多与七夕有关的诗。如《七夕》《乞巧吟》《七夕感事六首》《七夕雨》《七夕漫作》等等，这些诗生动描述了当时的乞巧活动。乾隆皇帝《七夕》中的"空庭设席陈瓜果，别院抛针列绮罗。讵用奇文夸乞巧，倚栏长咏哂银河。"与举人潘名江（《珠村七夕吟》），"珠村大祠堂，要摆大七娘。

---

① （元）陶宗仪等编：《说郛三种》之《说郛》卷111，上海古籍出版社1988年版，第5146页。
② （宋）孟元老：《东京梦华录》卷8，中国商业出版社1982年版，第54页。
③ 《万首唐人绝句》卷26，第583页。
④ （宋）孟元老：《东京梦华录》卷8，第54页。
⑤ （明）刘侗、于奕正著，孙小力校注：《帝京景物略》卷2，上海古籍出版社2001年版，第104页。

小女勤乞巧，勤乞巧，男儿换靓装"，生动地记录了当时宫廷内外与牛郎织女有关的乞巧节情况。诗歌等作品对牛郎织女故事的传播，为我们今天研究有关内容保留了大量资料。

四　牛郎织女传说的影响

今天，牛郎织女传说已成为家喻户晓的著名爱情故事，有人甚至提出将这一美好的爱情故事打造成中国的情人节，足见这一故事影响之大。有些地方已经透过这一传说看到了蕴含在传说后面的无限商机，虽然各地民俗活动不同，但是通过民俗活动纪念等方式带来的文化活动的经济效益是不能低估的，这些活动对丰富各地蓬蓬勃勃发展起来的旅游文化也是非常重要的。

各地七夕节最普遍的习俗，就是妇女们在七月初七的夜晚进行的各种乞巧活动以及女红比赛。乞巧的方式大多是姑娘们穿针引线验巧，做些小物品赛巧，摆些瓜果乞巧，各个地区的乞巧方式虽与女性做手工比赛、做吃食有关，但也不尽相同。在我国北方和南方尽管各地在七夕这天都要开展乞巧活动，但由于传承习俗的地域与环境差异，还是有略微差异。如在我国黄河下游的沿海省份山东各地，其乞巧活动与北方大部分地区基本相同，即乞巧形式较简单，只是在家中庭院陈列瓜果，以此乞巧。但这个过程有说法，如在乞巧过程中，有喜蛛结网于瓜果之上，就意味着乞得巧了；有的地方则是吃乞巧饭，即由七个要好的姑娘集粮集菜包饺子，在制作过程中，将一枚铜钱、一根针和一个红枣分别包到三个水饺里。待乞巧活动结束以后，姑娘们聚在一起吃水饺，如有姑娘吃到上述三种东西，或有福，或手巧，或早婚，等等。

在江浙一带，有的地方是在乞巧这天用面粉制作各种小型物状，用油煎炸后称为"巧果"，晚上时在庭院内陈列巧果、莲蓬、白藕、红菱等自己制作和当地所产之物，然后由女孩对月穿针，祈求天上织女能赐以巧技；或者捕蜘蛛一只，放在盒中，如在第二天开盒时，已结网，则称为得巧，等等，各地民俗不尽相同。

在珠江三角洲一带，如广东广州的乞巧节则较为复杂，从整个过程来看，文化内涵更为丰富，对女性的展示也更充分。其整个乞巧过程分为三个阶段：七夕前，有两道准备程序，一是做乞巧的小物件。由姑娘们预先备好要用的彩纸、通草、线绳等，编制成要用的各种乞巧的小物件；二是种"拜仙禾"和"拜神菜"。即将谷种和绿豆放入小盒里，用水浸泡发芽，待芽长到二寸多长时作为拜神之用，并将其称之为"拜仙禾"和"拜神菜"。七夕中，从乞巧前一天至乞巧当天的两个晚上，姑娘们都是穿新衣服，戴新首饰，待一切都安排妥当之后，则焚香点烛，跪拜星空，称为"迎仙"，自三更至五更，要连拜七次。拜仙之后，姑娘们手执彩线对着灯影将线穿过针孔，如一口气能穿七枚针孔者则得巧，被称为巧手，穿不到七个针孔的谓输巧；七夕后，姑娘们将所制作的小工艺品、玩具互相赠送，以示友情。

在我国东海之滨的福建，七夕节时煞是热闹。首先，搭桌子，给天上的织女准备瓜果与其他供品。瓜果之意，即祈求织女保佑来年瓜果丰收。而在供品中，则把女性的一些美好愿望全部表现在里面了，如五子（桂圆、红枣、榛子、花生、瓜子），寄托了女性对家庭的希望，鲜花和花粉，则展示了女性对美的追求和向往。其次，斋戒沐浴，洁净身体。然后，在供桌前焚香祭拜，默祷心愿。女性的祈祷包括了与自身有关的方方面面，乞巧只是其中一项内容，还有乞子、乞寿、乞美和乞爱情的，等等，不一而足。最后，大家在一起，边吃水果，饮茶聊天，边玩乞巧游戏，用卜具问自己是巧是笨的"卜巧"与穿针引线的女性赛巧，如果在赛巧中输了，则称"输巧"，一旦"输巧"，就要将事先准备好的小礼物送给得巧者。

如今，各地利用乞巧节搞文化活动，如"乞巧文化节"，做一些与七夕有关的民俗手工作品进行交易等传统民俗活动。同时，以民俗的穿针引线、蒸巧馍馍、烙巧果子、生巧芽以及用面塑、剪纸、彩绣等形式做成的装饰品用在交易市场上，通过开展七夕、乞巧活动，一方面传播中国的传统文化，如在西安首次七夕活动中，乞巧会还原古代七夕节场景，仿照汉代形式，女性穿汉服，拜香案上香祭酒，穿乞巧针比赛女红，放运船，摆放萝卜雕花和五彩面花供品，妙龄女子将五彩"健绳"甩上房顶等，寄托自己身体康健希望。诸如此类文化活动，在今天的社会发展中成为带动各地经济的重要方式。

今天我们研究牛郎织女传说不仅是看重它带来的经济效益，更重要的是透过这些神话故事传说传承中华传统文化精髓，发扬中华文化优秀传统所起的积极作用。

总之，诗歌在牛郎织女传说中起了重要作用。无论是从初始记载天上星宿到后来演变成人间故事，诗歌都与这一神话传说有密切关系。它不仅对牛郎织女传说起源地有影响，而且对牛郎织女传说本身也有影响，它用诗歌这种文学形式记载了历代牛郎织女传说，记录了各地相关民俗的丰富内容。牛郎织女传说虽离我们很遥远，但由于这一传说而形成的传统习俗对今天仍然产生着影响。因此，研究诗歌的历史作用，借鉴这一文学形式对祖国文化的大量记载，对于我们今天研究和继承中华历史文化仍然有着深远的意义。

周至的庙会及其文化价值

庙会是一种独具特色的民俗文化现象，它的起源、形成都与远古时代我国民间信仰有关，特别是"在漫长的岁月中渐渐完成了从单一世俗化向世俗化与宗教并存的多元化的转变"，[①] 形成了"以寺庙为最初依托，以宗教活动为最初动因，以集市活动为表现形式，融艺术、游乐、经贸等活动为一体的社会文化现象"，[②] 即庙会文化。庙会历史源远流长，它在传承中华文化、稳定基层社会、促进经济发展中有着重要作用。陕西周至庙会以其举办数量多、活动规模大、影响范围广、传承历史长等特点而成为关中地区庙会文化的代表。

一 周至的庙会

陕西周至南依秦岭，北临渭水，历史悠久，文化积淀深厚，民俗传统古老。民俗中闻名遐迩的庙会文化独具特色，在传承中华传统文化、稳定乡村社会、促进经济发展等方面发挥着重要作用。

周至寺庙遍布全县，以寺庙为依托而兴起的庙会也特别多。据《陕西省志·民俗志》记载，在20世纪80年代末，"周至一县就有782个村办过庙会，其中中型古会、庙会有100多个，有万人以上赶会的大型庙会有29个"。[③] 到目前为止，全县仍然举办的大小庙会有114个，每年举办大型活动的庙会有40多个，其中比较著名的有楼观台祭祀老子庙会、集贤镇赵大村华夏财神庙会、哑柏镇玉皇圣诞会、哑柏镇二月二庙会、广济

[①] 高有鹏：《庙会与中国文化》，人民出版社2008年版，第31页。
[②] 高占祥：《论庙会文化》，文化艺术出版社1992年版，第1页。
[③] 陕西地方志编纂委员会：《陕西省志·民俗志》，三秦出版社2000年版，第65页。

镇牛马王庙会、终南镇十三村老王庙会、终南镇豆村四月八庙会、九峰乡观音山庙会、翠峰山索娘娘庙会等等。

周至庙会的组织者，一般或由本村主办，如终南豆村四月八庙会、集贤庙会等由本村独立主办。或由多村联办，其中少则三五村，多则数十村，如翠峰山索娘娘庙会，主办的有哑柏镇、翠峰乡、竹峪乡的32个村，它们组成12社，每年轮流办会；终南十三村老王庙会涉及甘沟、北千、南千、梁村、徐家村、解村、千家湾、韩家湾、南圪塔、北圪塔、中湾、南湾、西湾等十三个行政村。

周至的庙会多集中于农历正月到十月之间，尤其在正月到四月的春季和八月到十月的秋冬之交这两个时段。正月到四月，是农耕的时代，广大群众利用农闲，广泛参与庙会活动，带有为春耕做准备、祭祖、祈愿农事丰收、满足农事需要的性质。反映了农业大国中，农耕在人民生活中占有的重要地位和庙会民俗为农耕服务、为生存服务的现实意义。八月到十月，是准备收获和为来年生活做准备的阶段，庙会的主要目的是为秋收之后进行农畜产品交易做准备，为未来生活做准备。可以看出，庙会的目的已经不是单纯意义上的群众娱乐等精神生活，它已延伸扩展至群众的物质需求，成为老百姓生活不可或缺的重要集贸活动。

庙会自古以来就在我国农村地区广泛存在。据有关记载与研究看，唐代以来，庙会与庙市结合，使庙会成为农村进行生产生活物质交易的重要平台。庙会期间，人们除了通过祭祀祈求五谷丰登、六畜兴旺、风调雨顺外，还在庙会市场上获得农耕所需的生产工具和生产资料等与生活有关的物质。因此，每到庙会时，乡民们蜂拥而至，为着各自的需求奔走在庙会上，使得庙会热闹异常。庙会的存在也具有不容忽视的现实作用，成为农村生活不可或缺的民俗活动。如周至尚村乡临川寺三月十八庙会、广济镇桑园村三月二十三牛马王会、终南镇豆村四月八庙会，楼观镇焦镇四月十日城隍庙会，这些庙会主要是为春耕做准备，以交易春耕夏忙前的生产工具和牲畜为主。而马召乡马召村十月十会，骆峪乡骆峪村十月十五会，则主要是为山区农民交易山货土特产和药材，购买入冬生活用品服务。

周至由于各地举办的庙会多，时间又相对集中，因此，周至的庙会也有一日数会的情况。如司竹乡阿岔石佛寺庙会和广济镇北留村关帝庙会，就同时在正月十一同天举办；哑柏镇七曲报恩寺会和广济乡暖泉寺会则同时在正月二十三同天举办。也有同庙数会的时候。如在正月二十八日这天，东岳庙会就有西东岳庙会和东东岳庙会两场。周至的庙会，特别是一些规模较大的庙会，在当地影响很大，已成为当地民俗生活的重要组成内容。

二 周至庙会的类型

早在汉魏之际，受宗教影响，民间庙会就完成了从单一神信仰向多神多宗教信仰的转变，后经唐宋元明清历代的发展，庙会文化渐趋成熟，分类也日臻完善。据不完全统计，目前周至影响较大、资料较完整、列入西安非物质文化遗产普查资源的大小庙会有114个，这些庙会按祭祀性质的不同可分为：以祭祖为主的庙会，以悼殇为主的庙会，以祭祀佛道诸神为主的庙会，以祭祀传说人物、历史人物为主的庙会等。

（一）以祭祖为主的庙会

庙会的形成与远古时代的宗庙社郊制度密不可分。先秦时期，由于生产力水平低下，人们的认识能力有限，他们相信所谓的"灵魂不灭"观念，相信通过宗庙祭祀的方式可以实现与祖先的沟通，得到祖先的庇佑，所以宗庙在当时地位重要。在家族中，宗庙是宗族议事的重要场所，是神圣之地；在国家中，宗庙与社稷并重，是维系人心、稳定社稷的政治活动场所。宗庙随着时间的推移，其在现实生活中发挥的政治作用、家族作用也世代延续，并成为庙会文化的重要内容之一。在今天的周至庙会中，这类以血缘关系为纽带专为祭祖而设的庙会依然存在，较大的宗族每年在家庙举行祭祖大会。由族长带领全族12岁以上的男性，入庙堂举行隆重的献祭仪式。礼毕，演戏、续家谱。如竹峪乡兰梅原村王氏宗族，广济镇南留村惠氏家族等，都会在清明节于家庙举行庄严肃穆的祭祖会。

（二）以悼殇为主的庙会

这一类型的庙会主要是为纪念死于战乱或灾难的亡灵而设的悼念会。比较典型的有终南镇十三村老王庙会、临川冬至会、集贤皇会。终南十三村老王庙会由甘沟村司际虞首创，据说是为纪念镇守睢阳的张巡和许远两位将领。唐安史之乱时，张巡、许远为镇守睢阳，在兵无粮，马无草，罗雀逮鼠充饥的情况下，杀了爱妾和书童以飨士，有"烹童杀妻"之传。正是由于二人死守睢阳，才有力地阻止了叛军的南下，为战争的胜利奠定了基础。为表彰二人，天子下诏为二人立庙祭祀。同治五年（1866年），国家面临严重的外患，出于爱国之心，司际虞号召人们效仿张巡、许远爱国忠君，联合十三个村子自发修建了老王庙以纪念爱国将领。庙会定在每年正月初六，会期三天，上会人数达10万人，在周至地区影响非常大。临川寺冬至会，是为悼念同治年间遇乱而亡的村民而设。相传，同治年间，临川寺村遭乱军突袭，亡3000人，绝600户，为追悼亡灵，皇帝御题《旌表节义词》，村建祖祠名"忠烈祠"年年祭祀。冬至前四日起会，会期共10天。集贤皇会位于集贤镇西村，"其来历存有两说，一说，因村民与一卖艺班子发生打斗引发惨祸；另一说，因婚姻纷争引发杀戮，村民亡者甚多。为祭奠亡灵，朝廷颁发圣旨，钦定悼念日，每年农历二月二十三日至二十九日过会（当地习俗将庙会称为过会），会期七天，主要为祭奠亡灵而设"。①

（三）以祭祀佛道诸神为主的庙会

这类庙会是庙会举办的主要形式。"庙会亦称庙市，中国的市集形式之一。在寺庙或规定日期举行，一般设在寺庙内或其附近。"②

庙会以寺庙为依托兴起，它的活动也与宗教活动关联。中国古代的宗教以儒释道三教为主，儒教从产生之日起便一直为上层社会所拥有，其所推崇的仁义礼智信对普通百姓来说晦涩难懂，虽然其阐述的道理符合治国理政，但其为人处世之道，却与百姓极易接受的民间文化难以相融，因此，在民间很少能看到与儒教活动有关的庙会。相比于儒教，佛道二教则更容易被百姓接受，受百姓推崇。道教是中国土生土长的宗教，它产生、形成于民间，其教义中宣扬的修身养性，延年益寿，得道成仙等观念在民间影响极大，也极易被广大百姓接受。佛教作为外来宗教，由于其在传承的过程中，不断地和中国本土文化结合，特别是其因果轮回教义在传播中

---

① 李国方、花琳：《豆村大蜡自唐朝而来的艳丽烛火》，《西安晚报》2012年11月2日第九版。

② 陕西省文化厅、陕西非物质文化遗产保护中心：《陕西省非物质文化遗产保护高峰论坛论文集》，三秦出版社2008年版，第155页。

逐渐被中国百姓接受。因此，佛道二教的寺庙、道观林立于民间各地，这就为庙会的兴起提供了场所。

在周至众多庙会中，以祭祀佛道诸神为主的庙会很多，如：哑柏镇玉皇圣诞会、九峰乡观音山庙会、广济镇清泉观老君圣诞会、终南镇豆村三财宫庙会、司竹乡阿岔石佛寺庙会、终南镇东林寺庙会等等，其中最有名的当属集贤镇赵大村的华夏财神庙会，集贤镇赵大村是华夏财神赵公明故里，每年正月十五的求财节，三月十五赵公明诞辰日，六月初六赵公明忌日，村中都要举行盛大的祭祀活动，以求财神赐福。

为了满足自己的需求，人们通过祭拜不同的神灵祈求庇佑与赐福，以实现他们祈求风调雨顺、五谷丰登、多子多福、婚姻美满、财源滚滚的美好愿望。

（四）以祭祀人物为主的庙会

周至以祭祀人物为主的庙会包括传说人物与历史人物。民间传说是民间文化的重要组成部分，传说人物的某些事迹或品质常被人们传颂和称赞。为纪念和颂扬这些人物的功德和事迹，人们便为其立庙祭祀。如翠峰山索娘娘庙会便是为纪念索姑而立的庙会。传说唐贞观年间，扶风索村一索姓的姑娘因抗婚逃至翠峰山，过着自食其力的隐居生活，唐太宗李世民打猎到翠峰山，因马惊迷途，闯入索姑娘住地，索姑娘以自己平时的主食饦饦相待，李世民食后赞不绝口，唐太宗深感其恩，于是敕封索姑娘为"全贞娘娘"，并下旨保护其地。索姑娘去世后立庙奉祭，庙会由唐沿袭至今，兴盛不衰。其后，款待唐太宗的翠峰饦饦也成为宫廷的御宴之品，在西北地区广为流传。

周至庙会中以纪念历史人物为主的祭祀活动也相当多。其中比较著名的有楼观台祭祀老子庙会、广济镇北留村关帝庙会、终南镇豆村四月八庙会、哑柏镇仰天村二月二庙会等。楼观台祭祀老子庙会是周至县规模最大的庙会，我国大思想家老子在这里留下了享誉海内外的哲学巨著《道德经》，使楼观台成为中国道文化的发祥地。为了纪念老子，每年二月初十老子诞辰日和二月十五老子升仙日，在东、西楼观都会举办大型的祭老活动。广济镇北留村关帝庙会和终南镇豆村四月八庙会都是为祭祀关羽而立，凝聚在关羽身上的忠义精神体现了中国传统的道德文化，因此作为民间道德理想的典型形象，关羽受到了人们的顶礼膜拜。广济镇北留村关帝庙始建于明万历年间，庙内供奉关羽、关平、周仓神像，每年正月十一过会，香火兴盛，至今延续不断。哑柏镇仰天村二月二庙会是为纪念药王孙思邈而设。相传唐朝名医孙思邈在太白山采药时，路过哑柏为民治病，又在哑柏授徒传医，哑柏百姓深受其惠，感恩戴德，后唐太宗封孙思邈为药王。当地百姓设药王庙，以每年二月二药王生日这天为祭祀药王的正会日，会期三天，参与人数达两万余人。

三　周至庙会的文化价值

庙会起源于民间信仰中的宗庙祭祀活动。随着社会的发展，庙会和世俗的百姓生活联系越来越紧密，成为融宗教信仰、商业贸易、文化娱乐于一体的综合性民俗文化，并在世代传播中产生出历史文化、艺术、经济、社会等多元价值，成为具有多重文化内涵的民俗活动，在今天仍在发挥着积极的社会作用。

（一）历史文化价值

庙会本身即是历史文化的载体，在其漫长的发展过程中，它吸收了远古时代的神灵崇拜，汉魏隋唐之际的佛道文化，宋元明清时期的经济文化等，使其内容不断丰富，成为承载深厚文化积淀、凝聚丰富文化内涵、担负传承历史文化使命的庙会文化。且一些有利于社会和谐、百姓生活幸福的积极因素在演变中不断得以弘扬和传承，以至于在百姓生活中具有极大的吸引力，成为百姓生活的组成部分。

周至的楼观台被奉为"道教祖庭圣地"、"道文化发祥地"。两千多年前，我国伟大的思想家老子在这里完成了道家经典《道德经》，形成了至今都对我国哲学、宗教等方面产生重要影响的道文化。几千年来，基于《道德经》的重大影响，历史上先后有60余位帝王来楼观祭祀老子，"秦始皇建清庙，汉武帝筑望仙宫。东汉末，张道陵创立道教，尊老子为道主，祭祀老子活动进一步发展；魏晋南北朝，楼观祭祀老子活动方兴未艾；隋朝大规模修葺楼观，祭老活动更加隆重；唐朝建立后，将楼观作为唐朝皇家祖庙，楼观进入鼎盛时期，每年举行老子的祭祀活动，使得祭祀活动达到了有皇家参与的至高境界"。① 时至今日，楼观的祭老活动依然长盛不衰，每年官方举办的"楼观台老子文化周活动"以及阴历二月初十和二月十五举办的民间祭老活动，都吸引着来自全国各地的信众和游客，规模之大，影响之远，不仅成为周至最大的庙会，而且在全国也享有盛誉。从汉魏至今，楼观台祭老活动已历经千余年，它的延续与发展对于宣扬道家思想，传承道家文化有着重要的历史价值和文化价值。

（二）民间艺术价值

庙会虽然以敬神、祭神为主，但为了更好的表达对祖先神灵的敬意，以获得他们的庇佑，人们往往通过各种艺术活动借以娱神、酬神。随着庙会文化的不断发展，越来越多的民间艺术形式融入庙会活动之中，使庙会成为各种民间艺术表演的大舞台。

庙会为周至各种特色的民间艺术提供了展示的平台。上阳化锣鼓、渭旗锣鼓、殿镇八卦锣鼓、集贤古乐为庙会营造喜庆热闹气氛。竹马舞、马角舞、牛斗虎、旱船、秧歌、高跷、皮影，还有极具浓郁西北特色的秦腔戏曲表演配合锣鼓表演助兴。上阳化社火、芯子历史悠久，规模宏大。哑柏镇仰天村二月二庙会，芯子奇巧悬妙，悬而不坠，马社火队整齐庞大，脸谱复杂多变，焰光明镜闪耀，光耀冲天，令人叹为观止。庙会除了是音乐、舞蹈、戏曲、社火的表演舞台外，也为各种民间手工技艺提供了展示的平台，为供奉神灵做的各式各样的面花，造型奇特，异常精美。大型庙会都要送纸火，各村纸塑艺人用竹苇做骨架，用纸塑出亭台楼阁，山水花草，饰以戏剧人物，浓墨重彩，形象逼真。终南豆村四月八蜡塑艺术堪称一绝，"高1米左右，直径0.7米，重32.5公斤的蜡体周围全是精雕细刻的飞禽走兽，蜡体周围又用五色彩线缠绕，寓意吉祥、福瑞"，② 具有很高的艺术价值。

庙会是民间艺术齐聚的盛大节日，来自民间的音乐、舞蹈、戏曲、社火、工艺在这里展示和表演，丰富多彩的内容和形式吸引着四面八方的民众参与其中，为庙会营造了喜庆热闹的气氛，同时，这些独特的民间艺术

---

① 杨军海：《浅议民俗文化空间》，《陕西省非物质文化遗产保护高峰论坛论文集》，三秦出版社2008年版，第23页。

② 李国方、花琳：《豆村大蜡自唐朝而来的艳丽烛火》，《西安晚报》2012年11月2日第九版。

形式也借庙会这块肥沃的土壤得以保护、传承与延续。

（三）经济贸易价值

早在唐代，庙会即与庙市结合，成为我国集市形式之一。庙会吸引四方民众来此烧香拜佛、还愿祈福，于是一些为信众服务的商贩就逐渐出现在庙会上，各种食品、百货的买卖随即出现。随着宋元明清农业、手工业和商业的高度发展，庙会的经济功能更加凸显，各种农产品、手工制品等生产、生活用品的出现，使庙会成为本地区重要的物资交流大会和产品输出渠道，满足了百姓日常的生活需要，发展了地方经济。

经济职能在当代庙会中依然表现突出。周至的百余个庙会几乎都有物资交流与商业贸易的内容，有的甚至直接演变为物资交流大会。周至庙会的商业经营主要以饮食、百货、农畜产品交易为主，庙会期间，人们根据所需购买或出售各种生产、生活用品。近年来，随着经济的发展和生活水平的提高，商品交易的种类也日渐丰富，小到针头线脑，大到家用电器应有尽有。还有各种极具地方特色的饮食服务也带动了地方经济的发展，"集贤庙会日上市饮食摊点600余个。司竹乡火神娘娘庙会饮食服务的收入约4.8万。楼观台二月初十会，东楼观村80%的农户从事饮食服务业"，[①] 这些色香味美的特色小吃不仅满足了参会民众的需要，而且也增加了当地百姓的收入。此外，还出现了许多专以交易为主的庙会，如：广济镇桑园村三月二十三牛马王会、终南镇豆村四月八庙会，主要交易春耕夏忙前的生产工具和牲畜。马召乡马召村十月十会、骆峪乡骆峪村十月十五会，则主要是山区农民交易山货土特产和药材，购买入冬生活用品服务。这些物资交流大会和商贸活动的举办，有力地促进了周至地方经济的发展。

庙会的经济职能除了体现在商贸活动上外，还间接的体现在由庙会带动的旅游业所带来的经济收益上。周至的楼观台是中华道文化的发祥地，为了传扬中华道文化，每年在楼观台都会举办大型的祭祀老子的活动，届时，来自全国各地的信众和游客齐聚楼观，他们祭祀、旅游、消费，有效地带动了周至当地经济的发展。

---

① 源自周至县人民政府网，2018年12月28日。

(四) 和谐基层价值

庙会除了发挥传承民俗文化，促进地方经济发展的重要职能外，还在维护基层社会稳定中扮演着重要角色。

庙会是一种集体行为，体现的是人们共同的信仰。原始氏族部落时代，人们根据共同的祖先、图腾信仰组成了具有强大凝聚力的氏族部落，同样，共同的信仰基础也使庙会形成了强大的地域民众凝聚力和向心力。周至庙会少则涉及三五村，多则涉及数十村，百姓参与的热情非常高。庙会期间各主办村之间相互沟通，为了办好庙会，各村民众发扬同心同德、群策群力的协作精神，一呼百应，自愿出钱出力。共同组织、共同参与使具有共同信仰的这一群体成员之间建立起深厚的感情，形成了强大的团结凝聚力，从而有助于维护基层社会的稳定。

庙会热闹欢乐的气氛使民众得到了精神上的慰藉，获得了心理上的满足，有利于社会的稳定。在现实生活中，人们往往会遇到各种困惑，遭受到种种不公平待遇，而庙会则为人们提供了宣泄情感的空间，通过神灵祭拜，使人们获得了心灵上的抚慰，现实中的不平等也在神灵面前得到补偿，获得了心理上的平衡。同时各种丰富多彩的文艺表演也为平日单调的生活增添了色彩，使劳作的疲惫得到消除，压抑的情绪得到纾解，实现了身心的愉悦与放松。借助庙会的娱神活动，人们使自己的身心得到娱乐，这就为社会的和谐稳定提供了保证。

庙会在满足广大群众物质和精神需要的同时，还进行了一次潜移默化的道德教育。任何宗教活动都有劝善的内容，"庙会戒规传说使该神灵所在的村庄成为一个集体信仰者，这个集体信仰者胁迫着村落的所有个体不得采取有害于集体的言论或行为"。[1] 所以，无论祭拜的是神灵还是历史人物，它所进行的都是以善为本的道德教育。翠峰山索娘娘庙会体现的是索娘娘正直善良、助人为乐的美德，关帝庙会则宣扬的是关羽忠诚、信义、仁智、勇武的道德品质。在对这些神灵或历史人物的祭祀中，他们的精神与品质得到颂扬，而人们也在潜移默化中按照这些传统道德的要求调整自己的行为，从而使这些优秀的道德品质得以传延，促进了社会的稳定与和谐。

---

[1] 邓英英：《陕北庙会的特点及其社会功能》，《传承》2011 年第 27 期，第 60 页。

庙会历史久远，在几千年的延续中，它在保持祭祀祈愿的精神寄托的同时，随着社会变化又不断加入与百姓生活密切相关的商业贸易等物质活动和民俗娱乐等精神活动，使源于民间的庙会文化内涵不断丰富，进而从宗教色彩浓郁的精神活动演变成世俗的百姓广为参与的一种社会活动，且成为今天积淀深厚的非物质文化遗产。周至庙会文化作为非物质文化遗产的一部分，是植根、传衍于民间的民俗文化，它传承着悠久的历史文化，凝聚着丰富的艺术精华，具有较高的历史价值和文化价值，是极其宝贵的文化资源，特别是在和谐人际关系，稳定基层社会方面作用不能低估。因此，加强对周至庙会文化精华的保护，合理开发和利用庙会的现实作用，使其更好的发挥各种职能为社会服务有积极的现实意义。

（本文与陕西师范大学历史文化学院研究生段曙霞合作）

从《秦王破阵乐》看唐宫廷音乐兴衰的政治取向

在中国古代礼乐一体的政治统治架构中，音乐与政治关系密切。统治者对音乐的重视，是音乐兴盛与否的晴雨表，政治变化直接影响了音乐的发展。唐代是我国古代音乐文化发展的重要时期，其代表大曲《秦王破阵乐》即突出反映了唐代宫廷音乐兴衰受政治影响情况。

一 《秦王破阵乐》的概况

西安鼓乐的著名曲目《秦王破阵乐》是唐宫廷乐舞中著名的歌舞大曲，它主要歌颂在唐统一战争中立有战功的秦王李世民。在长期的历史演变中，该曲又被称为《破阵乐》《七德之舞》《神功破阵乐》《破阵子》等。原流传于民间，"人间歌谣《秦王破阵乐》之曲"。[1] 李世民取得政权后，随着歌功李世民的政治需要而成为唐初宫廷音乐的重要曲目之一，"及即位，使吕才协音律，李百药、虞世南、褚亮、魏徵等制歌辞，百二十人披甲持戟，甲以银饰之。发扬蹈厉，声韵慷慨，享宴奏之"。[2] 后随唐代政治衰落又重新流落到民间，在民间传承，并成为今天人类非物质文化遗产代表作《西安鼓乐》保留曲目之一。

关于《秦王破阵乐》，学术界探讨由来已久，[3] 但仍然有许多问题有待于进一步探讨，如其在唐代演变情况，其在唐代的兴衰情况，唐代政治

---

[1] 《旧唐书》卷28《音乐志》，中华书局1975年版，第1059页。
[2] 同上书，第1059—1060页。
[3] 柏红秀：《唐代宫廷音乐文艺研究》，南京大学出版社2010年版，第244页。

变化对宫廷音乐产生的影响等。《秦王破阵乐》在唐代随着统治者喜好与重视程度、政治需要与否而变化，突出反映了唐代宫廷音乐受政治影响情况。

二 《秦王破阵乐》的兴衰与政治统治关系

在中国古代礼乐一体的政治统治架构中，统治者对音乐的重视程度，是音乐兴盛与否的晴雨表，政治环境直接影响音乐的发展。宫廷音乐作为统治者的政治工具，也从侧面反映了受政治影响变化情况。

当政治稳定，统治者重视，则音乐也受到重视，得到发展，被极力追捧；反之，政治动荡，统治者对此不感兴趣，则音乐也随之衰落。

有唐一代，宫廷音乐的兴盛与唐政治稳定与否、统治者喜好有密切关系。唐初太宗"贞观之治"、高宗"永徽之治"、玄宗"开元盛世"时，唐代政治稳定、经济发展，对外文化交流活跃，《秦王破阵乐》也受到重视，不断完善，不断变化，发展成象征唐代盛世音乐文化的大曲。后在政治动荡时期，特别是安史之乱后，随着统治者政治生活的变化，《秦王破阵乐》也退出政治舞台，重回民间。

（一）随政治需要而兴衰

《秦王破阵乐》受政治影响表现最突出的是在唐初太宗时期、中宗时期和唐走向盛世的开元年间。

唐初时，刚取得政权的李世民为稳固统治，维护封建等级秩序，将重建以礼为主要内容的乐文化，作为巩固新生政权的重要内容。如何突出李世民在统一战争中的重要作用和稳固他的政治地位，成为新生政权面对的急需解决的问题。《秦王破阵乐》作为歌颂当朝统治者的音乐作品，成为迎合政治统治需要、加强思想统治的工具而受到追捧，盛极一时。

《秦王破阵乐》产生于民间，原属于俗乐范畴，但到"贞观元年，宴群臣，始奏《秦王破阵乐》之曲。太宗谓侍臣曰：'朕昔在藩，屡有征伐，世间遂有此乐。岂意今日登于雅乐。'"[①]《天平御览》记载的更为详

[①]《旧唐书》卷28《音乐志一》，第1045页。

细，将该曲演奏时间明确为"贞观元年正月三日"。① 这两段材料非常明显地说明《秦王破阵乐》受到重视的原因，一是为李世民"玄武门之变"，非正常登上唐代统治地位作舆论宣传，"岂意今日登于雅乐"；二是李世民将其演奏时间明确为其登上政治舞台、初改年号的时间上，说明在李世民统治时期，《秦王破阵乐》是唐代宫廷音乐的重要曲目之一。

唐太宗李世民在位期间非常重视《秦王破阵乐》，将其作为为其歌功颂德的政治作品，不断完善。贞观七年正月七日，"上制破阵乐舞图"。②据《旧唐书》记载："七年，太宗制破阵舞图：左圆右方，先偏后伍，鱼丽鹅贯，箕张翼舒，交错屈伸，首位回互，以象战阵之形。"③ 在贞观七年正月七日，太宗亲自制作破阵乐舞图，以象征战事的宏伟，使《秦王破阵乐》成为具备了歌、舞、乐的大曲，也是唐代第一部大曲。④ 李世民在登基七年后，仍然重视《秦王破阵乐》，可见，《秦王破阵乐》不单纯是繁荣音乐文化的需要，更多的是与其统治的政治需要有密切关系。

在曲、舞图完备的基础上，太宗令吕才"依图教乐工"，并且改制歌词，更名《七德之舞》。《唐会要》记载："起居郎吕才依图教乐工一百二十人，披甲执戟而习之，凡为三变，每变为四阵，有往来疾徐击刺之象，以应歌节，数日而就。其后令魏徵、虞世南、褚亮、李百药改制歌词，更名七德之舞。"⑤ 至此《秦王破阵乐》更名为《七德之舞》。在改制歌词时，乐曲演奏的规模也在扩大，"增舞者至百二十人，被甲执戟，以象战阵之法焉"。⑥ 以至"观者见其抑扬蹈厉，莫不扼腕踊跃，凛然震悚。武臣列将咸上寿云：此舞皆是陛下百战百胜之形容。群臣咸称万岁"。⑦《秦王破阵乐》的演奏使观看者肃然起敬，"凛然震悚"，《秦王破阵乐》改名为《七德之舞》，正说明了《秦王破阵乐》的政治功能。

贞观时期，《秦王破阵乐》发展成为一部集歌、舞、器于一体的大型乐舞，完成了其由民间的"俗"变为宫廷的"雅"过程，也成为唐代宫

---

① （宋）李昉等：《太平御览》卷566，上海古籍出版社2008年版，第291页。
② （宋）王溥：《唐会要》，中华书局1998年版，第612页。
③ 《旧唐书》卷28《音乐志一》，第1046页。
④ 李石根：《唐代大曲第一部——秦王破阵乐》，《交响：西安音乐学院学报》1997年第1期。
⑤ （宋）王溥：《唐会要》，第612页。
⑥ 《旧唐书》卷28《音乐志一》，第1045页。
⑦ 同上书，第1046页。

廷音乐中的第一部大曲，为唐代在中国古代音乐史上占有重要地位奠定了基础。

中宗时，曾亲自"作《小破阵乐》，舞者被甲胄"，[①]并且"分乐为二部：堂下立奏，谓之立部伎；堂上坐奏，谓之坐部伎……立部伎有八：一安舞，二太平乐，三破阵乐，四庆善乐，五大定乐，六上元乐，七圣寿乐，八光圣乐。……坐部伎六：一曰燕乐，二长寿乐，三天授乐，四鸟歌万岁乐，五龙池乐，六小破阵乐"。[②]中宗时，唐代宫廷音乐有了重要分工，出现了"坐部伎"、"立部伎"，无论"坐部伎"也好，"立部伎"也罢，《破阵乐》都名列其中，表明中宗朝时是非常重视《秦王破阵乐》的。中宗朝的这种情况与当时政治上李武争夺政权，维护李氏正统有密切关系。

玄宗开元时期，《破阵乐》随李隆基登上政治舞台，重新稳固李氏政权的政治需要，在原名基础上重新创作。

开元时期，国家太平，经济繁荣，为制礼作乐奠定基础。玄宗亲自践行，制作《破阵乐》。《旧唐书》载："破阵乐，玄宗所造也。生于立部伎破阵乐，舞四人，金甲胄。"[③]并且令人在宫廷中演奏。玄宗"令宫女数百人自帷出击雷鼓，为破阵乐、太平乐、上元乐，虽太常积习，皆不如其妙"。[④]这时的演奏加入了"宫女"，这部分人没有像掌管宫廷音乐的太常寺中太乐署人那样经过严格训练，大多来自民间，但却出现"虽太常积习，皆不如其妙"的局面，因此，太常寺重新改进与创作《破阵乐》。此时，《破阵乐》的曲名不变，但在内容上又增添了许多乐舞，进一步烘托出了该曲的气势。

太宗时期、中宗时期和玄宗开元年间是《秦王破阵乐》在统治者重视情况下，走向高潮时期。

（二）因统治者喜好而兴衰

"永徽之治"时，由于高宗见到先父遗曲《秦王破阵乐》时，思父之

[①]《新唐书》卷22《礼乐志十二》，中华书局1975年版，第475页。
[②] 同上。
[③]《旧唐书》卷29《音乐志二》，第1062页。
[④] 同上书，卷28《音乐志一》，第1051页。

情加上政治使命的双重压力，使之"情不忍观"，① 此曲遂暂停演奏，但并未废除。高宗统治的整个时期，从永徽二年（651年）到仪凤二年（677年），此曲处于曲折发展阶段。

《旧唐书》载："永徽二年十一月，高宗亲祀南郊，黄门侍郎宇文节奏言：'依仪，明日朝群臣，除乐悬，请奏九部乐。'上因曰：'破阵乐舞者，情不忍观，所司更不宜设。'言毕，惨怆久之。"② 在《唐会要》和《通典》里有同样记载。高宗初即位时，在政治压力和思父之情双重作用下，暂时中断了《秦王破阵乐》在宫廷的演奏，受此影响，《秦王破阵乐》被"踢出"雅乐。"自奉勅以来，为《庆善乐》不可降神，《神功破阵乐》未入雅乐，虽改用器服，其舞犹依旧，迄今不改。"③ 由于高宗的原因，《秦王破阵乐》在宫廷音乐中的地位受到影响，虽在宫廷雅乐中并未真正退出，但显庆元年正月被"改《破阵乐》为《神功破阵乐》"，④ 规模与太宗时期《秦王破阵乐》已无法相比。（大唐）麟德二年十月，诏："国家平定天下，革命创制，纪功旌德，久被乐章。今郊祀四悬，犹用干戚之舞，先朝作乐，韫而未伸。其郊庙享宴等所奏宫悬，文舞宜用《功成庆善》之乐，皆著履执拂，依旧服袴褶、童子冠；其武舞宜用《神功破阵》之乐，皆衣甲持戟，其执纛之人亦著金甲。人数并依八佾，仍量加箫、笛、歌、鼓等，于悬南列坐，若舞即与宫悬合奏。其宴乐内二色舞者，仍依旧别设。"⑤ 其规模的缩小一目了然。其中，也能看到麟德二年皇帝下的这道诏书也是《破阵乐》重新走上殿堂，再次步入雅乐的预兆。

从仪凤年间开始到高宗朝结束，《破阵乐》重新列入宫廷音乐曲目，成为雅乐演奏内容。"仪凤二年，太常卿韦万石奏：'请作上元舞，兼奏破阵、庆善二舞。而破阵乐五十二遍，著于雅乐者二遍……'"⑥ 经太常卿韦万石晓之以理、动之以情的上奏，最终在仪凤二年《破阵乐》重新登入雅乐之堂。此时的《破阵乐》虽再次入雅乐，但已不是集歌舞

---

① 《旧唐书》卷28《音乐志一》，第1046页。
② 同上。
③ 同上书，第1048页。
④ 同上书，第1046页。
⑤ （唐）杜佑：《通典》卷147，中华书局2003年版，第3745页。
⑥ 《新唐书》卷21《礼乐志十一》，第469页。

乐于一体的《秦王破阵乐》，而是成为以炫耀武功为主的武舞，且更名为《神功破阵乐》，并且只收录两遍，规模缩小。高宗朝，伴随最高统治者对《秦王破阵乐》的态度，使其或不入宫廷音乐，或缩小其规模，或受到重视。（高宗）"后幸九成宫，置酒，韦万石曰：'破阵乐舞，所以宣扬祖宗盛烈，以示后世，自陛下即位，寝而不作者久矣。礼，天子亲总干戚，以舞先祖之乐。今破阵乐久废，群下无所称述，非所以发孝思也。'帝复令奏之，舞毕，叹曰：'不见此乐垂三十年，追思王业勤劳若此，朕安可忘武功耶！'"① 此曲得到高宗的认可，便为其发展奠定了政治基础。仪凤三年以后，见于史料的关于该曲不断被讨论改革的记载内容增多，如裴守真关于"天子在奏此曲时无需起立"的讨论便是最好的证明。以前奏《功成庆善乐》和《神功破阵乐》时，"天子必避位"，永淳元年二月，太常博士裴守真议曰："窃唯二舞肇兴，讴吟攸属……义均韶夏，用兼宾祭，皆祖宗盛德，而子孙享之。详览传记，未有皇王立观之礼。况升中大事，华夷异集，九服仰垂拱之安，百蛮怀率舞之庆。甄陶化育，莫非神功，岂于乐舞，别申严敬。臣等详议，奏二舞时，天皇不合起立。"② 由此可见，仪凤二年后《破阵乐》再次受到重视，并登入雅乐行列，尽管其规模变小，但其在唐代受统治者对其态度影响可见一斑。

武则天称帝后，因其统治的政治需要，废除李唐王朝的一切乐曲，《破阵乐》也随之名存实亡。"武后毁唐太庙，七德、九功之舞皆亡，唯其名存。自后复用隋文舞、武舞而已。"③ 武后时期，《破阵乐》遭到了毁灭性重创。

（三）随政治衰落而衰落

安史之乱是唐由盛转衰的转折点，政治统治的衰落，也导致宫廷音乐文化随之走向衰落，失去了其赖以生存的环境。据史料记载，《秦王破阵乐》在中唐以后只有德宗贞元年间、宪宗元和年间和懿宗咸通年间有零星记载，在唐宫廷音乐发展史上已逐渐退出。至德宗贞元年间，

---

① 《新唐书》卷21《礼乐志十一》，第469页。
② 《旧唐书》卷188，第4925页。
③ 《新唐书》卷21《礼乐志十一》，第469页。

（贞元十四年）"二月壬子朔。戊午，上御麟德殿，宴文武百僚，初奏《破阵乐》，遍奏九部乐，及宫中歌舞伎十数人列于庭"。① 这是动乱之后演出的第一次记载，演奏时"十数人列于庭"。懿宗咸通年间，"诸王多习音声、倡优杂戏，天子幸其院，则迎驾奏乐。是时，藩镇稍复舞《破阵乐》，然舞者衣画甲，执旗旆，才十人而已。盖唐之盛时，乐曲所传，至其末年，往往亡缺"。② 衰败表象已非常明显。政治对其影响不可忽视。

中唐以后，史料记载曾有三次演出，但从其规模和时间上已无法与贞观年间相比，"盖唐之盛时，乐曲所传，至其末年，往往亡缺"，《破阵乐》逐渐走向衰落。此时，《破阵乐》在民间流传中由于传承途径不同，且传承方式主要是通过口头传承，所以在流传过程中发生变化。如崔令钦《教坊记》中收入乐曲曲名约565首，其中出现的《破阵子》《小秦王》等，很有可能就是《破阵乐》曲目流传过程中变化的结果。《教坊记》大致完成于天宝年间，所收录的曲目都是天宝年间广为流传的，《破阵子》《小秦王》收录其中，足见其在天宝时安史之乱后在民间流传情况。而之前的史料中并未见《破阵子》和《小秦王》的记载，因此，在《教坊记》中的《破阵子》、《小秦王》可能都是《破阵乐》在民间流传的一种形式。

至宪宗元和年间，"七德舞，七德歌，传自武德至元和。元和小臣白居易，观舞听歌知乐意"。③ 元和年间《七德舞》仍有表演，但只在民间，且对其演奏规模、方式、曲调已无从考证了。

三 研究《秦王破阵乐》的现实意义

《破阵乐》是一部集歌舞乐于一体的大型乐舞，气势磅礴，催人奋进，具有很强的感召力，它在当时国内外都产生了重要影响。中宗景龙四年（710年），金城公主入藏时，"杂伎诸工悉从，给龟兹乐"。④ 至长庆二年（822年）"唐使者至，给事中论悉答热来议盟，大享于牙右，饭举

---

① 《旧唐书》卷13《德宗本纪下》，第387页。
② 《新唐书》卷22《礼乐志十二》，第478页。
③ （唐）白居易：《新乐府·七德舞》，《白居易集》卷3，中华书局1979年版，第54页。
④ 《新唐书》卷216上《吐蕃上》，第6081页。

酒行，与华制略等，乐始奏《秦王破阵乐》曲，又奏《凉州》《胡渭》《录要》、杂曲，百伎皆中国人"。① 《秦王破阵乐》成为吐蕃宫廷燕乐之一，受到重视。

玄奘拜见古印度戒日王时，戒日王曰："尝闻摩诃至那国有秦王天子，少而灵鉴，长而神武。昔先代丧乱，率土分崩，兵戈竞起，群生荼毒，而秦王天子早怀远略，兴大慈悲，拯济含识，平定海内，风教遐被，德泽远洽，殊方异域，慕化称臣。氓庶荷其亭育，咸歌《秦王破阵乐》。"② "拘摩罗王曰：'……今印度诸国多有歌颂摩诃至那国《秦王破阵乐》者，闻之久矣，岂大德之乡国耶？'"③ 《秦王破阵乐》在印度诸国备受推崇，流传甚广。

《秦王破阵乐》也由一位叫栗田道的日本遣唐使传至日本。在日本，据考证，至今已有相关九种传谱：五弦琵琶谱《五弦琵琶·秦王破阵乐》《三五要录·散手破阵乐》；琵琶谱《三五要录·秦王破阵乐》《三五要录·皇帝破阵乐》《三五要录·散手破阵乐》；笙谱《凤笙谱吕卷·秦王破阵乐》；筚篥谱《中原芦声抄·秦皇（王）》；笛谱《龙笛要录·秦王破阵乐》；琵琶谱《三五中录·秦王破阵乐》。④

纵观有唐一代，作为唐宫廷音乐代表的《秦王破阵乐》随唐代政治变化而变化，随统治者态度而大起大落，它有过辉煌灿烂的时候，也有过跌宕起伏的经历，无论怎样，终究从宫廷传至民间，而且一直在今天还能看到它的存在。如人类非物质文化遗产代表作西安鼓乐中《秦王破阵乐》和山西汾阳秧歌中《秦王破阵乐》等的广泛流传，便是它顽强生命力的写照。

《秦王破阵乐》作为中华优秀文化的一个缩影，对于其研究有助于保护和传承中华优秀音乐文化，弘扬中华文化，特别是探究人类非物质文化遗产西安鼓乐留存曲目《秦王破阵子》的历史演变，有利于保护和传承祖国非物质文化遗产，展示中华文化魅力，建设文化强国。

---

① 《新唐书》卷216下《吐蕃下》，第6103页。
② （唐）玄奘等著，季羡林等校注：《大唐西域记校注》，中华书局1985年版，第436—437页。
③ 同上书，第797页。
④ 何昌林：《关于秦王破阵乐》，《山东歌声》1984年第6期。

总之,《秦王破阵乐》等大量非物质文化遗产还有很大研究空间,值得我们深入挖掘和研究,以免这些珍贵的文化遗产淹没在历史发展的长河之中。

(本文与陕西师范大学历史文化学院研究生吕建康合作)

西安鼓乐名称溯源

西安鼓乐于2006年被列入国家非物质文化遗产名录，2009年申报成功人类非物质文化遗产代表作名录。西安鼓乐是指历史上在西安及其周边地区盛行、传播的，脱胎于汉唐宫廷燕乐，并多方面继承我国音乐传统，在发展中不断吸收历代音乐艺术及各地民间音乐精华，至今仍存活在西安地区民间，被誉为"中国古代交响乐"的传统音乐。西安鼓乐采用古代文字谱的记谱形式，是吹奏乐器、弹弦乐器以及击奏乐器有机结合的大型器乐合奏乐，是最具中国古代音乐特质的古老音乐，也因此被称为中国古代音乐史上的"活化石"。

长期以来，无论是在报刊还是在研究者的论著中，知名度颇高的西安鼓乐，或者被称为西安鼓乐、长安古乐，或者被称为长安鼓乐、西安古乐、细乐以及香会、水会等，也有将西安鼓乐和长安古乐同时并列。

一个国家级、世界级的非物质文化遗产代表名录，称谓众多，极易对其认识产生歧义，也会对其保护传承带来不利影响。因此，研究西安鼓乐，首先应了解西安鼓乐的名称。

一　西安鼓乐名称来龙去脉

西安鼓乐自古以来流传于西安民间，是一种城市市民、乡村农民业余生活自娱自乐的音乐形式。在民间流行时，没有固定的称谓，有称"古乐"、"细乐"、"鼓乐"的，也有称"香会"、"水会"等，它在什么环境表演，名称就带有该表演环境特点。如西安周至集贤西村叫"香会"，老一辈农民艺人这样叫，集贤西村鼓乐社整理鼓乐历史时也这样写。从其整理的资料看，集贤西村的"香会"，主要是在庙会、社火上进行的器乐演奏活动。再如叫"水会"的，则与民间古老的取水形式有关，它是人们在天旱时，向上天祈雨祭祀时的演奏活动。

综述各种称谓，可以肯定的是，它们在音乐构成中有很多共同的地方，如演奏形式都是坐乐与行乐，演奏乐器都与历史时期考古发现有关联，演奏乐谱使用的都是文字谱，都有到终南山北麓朝庙赛乐活动，等等。即使名称，也与历史时期的某些遗传有关。如民间有一种叫"细乐"的称谓，仅从"细乐"名称而言，其历史可以上溯到宋代。陈元靓《事林广记》中有过"细乐"记载。宋代的"细乐"，是"以箫、管、笙、筝、方响、笙、笛，用小提鼓之类合动，小乐器只一二人合动。清乐比马后乐，加方响、笙、笛，用小提鼓"。[①] 但是，此"细乐"是否是今天的"细乐"，已不得而知。因为今天西安鼓乐乐器种类由于传承条件的制约、乐器制作的困难与学习条件的限制，使用的多是耐用、坚固的金属乐器，如铜铙、铜锣等，及民间易于制作的鼓类、管类等乐器。在实地调研中，民间艺人也谈到乐器传承受限的因素，有主观的，也有客观的。因此，和历史时期的乐器相比，西安鼓乐保留下来的乐器种类就有限了。

西安鼓乐引起政府有关方面重视，与中国音乐史学研究者杨荫浏先生有关。

1953年，杨荫浏先生与中央音乐研究所有关专家两次来到陕西，并同陕西本地音乐研究者共同调查我国的民族民间音乐在地方的存留情况。在调研中，流传于西安地区的西安鼓乐引起有关专家、学者的注意。西安鼓乐中，"它所使用的多种不同形状、不同音质、不同技巧的鼓"，[②] 诸如用于坐乐表演的大鼓、坐鼓、战鼓、乐（又名四）鼓、独鼓和用于行乐表演的单面（又名铜鼓）鼓、高把鼓等，而产生的独特风格，"在全国其他地区民间音乐中，确属少见的"。[③] 因此，研究者在以后谈到这种音乐形式时，即以其发现地陕西和表演时使用的特色乐器，以"陕西鼓乐"为名，[④] 将这种音乐形式推向了全国，并受到音乐界研究者的广泛关注。[⑤]

---

① （元）陶宗仪：《说郛》卷68，上海古籍出版社1988年版，第3160页。
② 李石根：《一种特异的鼓谱——西安鼓乐中的"鼓扎子"》，《交响：西安音乐学院学报》1987年第1期。
③ 同上。
④ 杨荫浏：《中国古代音乐史稿》，人民音乐出版社2004年版，第988页。
⑤ 杨荫浏：《中国古代音乐史稿》；叶栋：《民族器乐的体裁与形式》，上海音乐出版社1999年版。

此后，西安鼓乐逐渐被世人认识，并被学界全方位研究与探讨。

随着西安鼓乐研究的不断深入，学者们提出了西安鼓乐命名问题。目前，尽管西安鼓乐已成为人类非物质文化遗产代表作名录，但是，西安鼓乐命名研究并未终止。因此，了解西安鼓乐名称演变也将有助于西安鼓乐研究。

二　西安鼓乐名称演变过程

20世纪50年代至今，西安鼓乐研究已走过了半个多世纪。"就其研究来说，从五十年代至今，据中央音乐学院有关学者的初步统计，有关鼓乐或与鼓乐有关的文章、著作，印刷、发表、出版的已有187篇（部），作者65人（单位），这个数字可谓不小了，特别是从1978年至今的二十年间，对鼓乐的研究。已形成了一个高潮，取得了成就。"[①] 西安鼓乐就是在这样的学术环境下开展命名研究的。

西安鼓乐名称演变经历了四个阶段：初期认识阶段、引起重视阶段、深入探讨阶段、再被研究阶段。

1. 初期认识阶段

西安鼓乐初期认识阶段是在20世纪50年代。新中国成立前，西安鼓乐流行于终南山北麓的西安及周边地区的民间，其曲目量大，内容丰富，曲式结构复杂、调式各异，民间对此称谓不一，有称"古乐"、"细乐"，有称"香会音乐"、"水会音乐"等，由于表演环境不同，称谓上也就五花八门。后来经过研究者考证认为，西安及周边地区民间存在的这种原生态音乐，尽管叫法不同，但是其音乐演奏形式、内容基本都一样，属于历史上流传下来的一脉相承的古老音乐，同支分流。

西安鼓乐分布地域主要以西安市为中心，东至蓝田县的楸树庙村和全家岭村，西至周至县的南集贤村，南至长安县的何家营村和皇甫村，北至西安市城区内的广仁寺、西仓、香米园、风火洞、显密寺、南院门、城隍庙、大吉昌、东仓、北池头等社区，自古以来就是以自娱自乐的方式在民间流传。因此，各地称谓不同。

[①] 李石根：《西安鼓乐还必须深入研究》，《民族音乐研究》1996年第1期。

西安鼓乐命名研究，令我们有喜有忧。喜的是，"它一直处于比较封闭的陕西地区，未受到其他音乐形态的侵蚀"。① 因为封闭保守，使西安鼓乐各自独立的乐社保存下来相对完整的西安鼓乐与它的发展史，这种情形对于今天研究西安鼓乐具有很大的参考价值。同时，由于"传承关系的比较保守，各流派乐社一般都不愿把技艺与乐曲传授他人"。② 因此，在表演上或多或少存在差异，这也是不同称谓的西安鼓乐被研究者们认为"基本一致"的原因所在，西安鼓乐不同流派形成的历史原因之一，蓝田水会与西安鼓乐能同时申报国家级非物质文化遗产名录的原因所在。

忧的是，这种历史上可能相同的古老音乐，由于长期流传于民间，没有文字记录。掌握乐器表演的城市手工工人和农村农民，受其文化层次限制，没有史料意识。我在调研时，有的民间艺人就说得很直白，理论研究与否，与他们无关。"就（当时）现状看来，令我们引起四点感想：（一）看到它们在群众中间流行的普遍性，我们觉得应当予以注意。（二）看到群众对它们的爱好，我们觉得应当予以注意。（三）他们的活动，若予以积极的领导，使之配合新社会广大人民的要求，而逐渐摆脱旧时代所遗留的迷信关系，则可在音乐活动中间成为几支有用的、强有力的、拥有相当技术基础的生力军。（四）工人兄弟们对文娱的要求，正随着社会经济情况的突飞猛进而逐渐加高；在音乐方面，已由对歌唱的爱好，逐渐导向对乐器的要求。农民兄弟所拥有的丰富音乐遗产，正是工人兄弟们所可以接受而由此加工发展的最好基础。"③ 没有史料，就没有依据，就无法说明它的来龙去脉。因此，早期开展的调研活动，只是使研究者对西安鼓乐有了初步认识。

2. 引起重视阶段

20世纪50年代末至70年代是西安鼓乐被发掘、引起重视的阶段。此时西安鼓乐的开发来自两个层面的力量，一个是政府的大力号召，另一个是来自音乐界学者的重视，包括北京的音乐学者与陕西本土的音乐学者，他们做了大量调研、挖掘工作，为西安鼓乐横空出世做出了极大

---

① 李石根：《西安鼓乐还必须深入研究》，《民族音乐研究》1996年第1期，第1页。
② 同上。
③ 中央音乐学院民族音乐研究所编：《陕西的鼓乐社与铜器社》，中央音乐学院民族音乐研究所古代音乐研究室采访记录第25号油印本，1954年，第7页。

努力。

　　新中国成立后，随着国家对非物质文化遗产保护的重视，开展大规模的民族民间音乐文化的摸底、调查，西安鼓乐也受到来自政府文化部门、音乐研究者等各层面的关注。1952年，西北音协（即中国音乐家协会陕西分会）会同中央音乐学院民间音乐研究所（即现在的中国艺术研究院音乐研究所）与西北艺术学院组成了"西北民间音乐采集研究队"，开始了对西安鼓乐的采集与研究工作。西北民间音乐采集研究队是一个临时性组织，它的成员主要有西北音协的李石根、樊昭明，中央音乐学院的苏琴、孟杰，西北艺术学院的石莹西、包志清、冯秦等。他们深入到城隍庙、东仓、东羊市等几个乐器社和铜器社进行调查研究。这次调研，只是初入庐山，还不识庐山真面目，对古乐中的古老文字记谱法由于它不同于现代西洋传过来的简谱与五线谱，因此，搞不清它的来龙去脉。但也是因为这次调研，为后来的西安鼓乐扬名，引起世界震惊，被世人逐渐认识奠定了基础。

　　1953年，我国著名的音乐学家杨荫浏先生带领中央音乐学院的简其华等人，亲自率队来西安，开始了第二次对西安鼓乐的考察研究活动。这次考察历时半月，期间京、陕专家学者们考察了何家营、西仓、南集贤、东仓、显密寺、南院门、香米园、城隍庙、迎祥观等乐器社，访问了二三十名艺人。此时西安鼓乐还没有正式命名，只是被称为西安的音乐。这次调研考察后于1954年形成了由中央音乐学院的杨荫浏、简其华、苏琴、孟杰，西北音协的李石根、樊昭明，陕西文教厅的何钧，西北艺术学院石莹西、包志清、冯秦署名采访，杨荫浏、苏琴、孟杰编写的《陕西的鼓乐社与铜器社》油印本。这本深入西安古乐社实地调研形成的资料为后来研究西安鼓乐奠定了重要基础，功不可没。

　　20世纪50年代末至70年代，对西安鼓乐研究进入初期探讨阶段，首次有了西安鼓乐的乐种名称。20世纪60、70年代以前，西安市有几十家乐社，除地（街）名不同外，社旗上都标记有"古乐社"，如长安县何家营村的古乐社社旗上标记为"何家营古乐社"、西安市有"大吉昌古乐社"、"东仓古乐社"等，后来也有称某某鼓乐社的。传承的主力军民间乐社"古""鼓"不分，也是导致西安鼓乐命名争议的原因之一。

　　1962年，杨荫浏先生在其著述《中国古代音乐史稿》第三十四章"明、清的乐器和器乐"中，将陕西鼓乐作为器乐合奏的一个独立内容列入其中。在这部音乐史专著中，正文里杨先生用的是陕西"鼓乐"，二者在标点符号的使用上是有区别的。从行文中可以看到，由于对这一乐种了解掌握得不是很准确，加之其历史又特别久远，因此，在书稿中的措辞非常客观，带有很大的可探讨余地。比如，在定义时，谓"陕西《鼓乐》流行于陕西周至县、何家营、西安等地"。[①] 杨先生并没有确切叫什么名字，只是称其为陕西的一种鼓乐而已，这在20世纪50年代中央音乐研究所调研后整理的油印稿中有清楚的说明，所以后来有学者称西安鼓乐为陕西鼓乐，应该与此有关。在以后再谈及西安鼓乐时，就误传为是杨荫浏先生取名"陕西鼓乐"了。

3. 深入探讨阶段

20世纪80—90年代，西安鼓乐进入定名产生分歧的研究探讨阶段，代表人物有西安鼓乐研究的奠基人李石根先生与西安古乐的提出者李健正先生。

1980年西安鼓乐研究的奠基人李石根先生在他的论著《西安鼓乐艺术传统浅识》（油印本）"第一章　鼓乐的历史渊源"中追述了"鼓乐"名称的起源，谈到"鼓乐"民间原无此名，只以"细乐"或"乐器"称之，后来由于各种鼓在这一乐种中起着主要作用，他们便在1952年给它定了一个名称叫"鼓乐，以后就沿用下来了"。[②] 这样说来，西安鼓乐一名倒是由李石根先生命名的。在以后的论述中，李石根先生均是以西安鼓乐来做文章的。可以这样说，西安鼓乐首先在古城西安发现，又由于首先接触的是鼓乐社，所以后来演绎成西安鼓乐这一比较合乎地域与调查实际的较有一定代表性的统一的名称，也是合情合理的。

从1983年起，李健正先生与余铸先生合作发表研究西安鼓乐的论文，文章篇名在此时用的都是"西安古乐"，诸如《西安古乐今昔谈》《西安古乐谱概述》《西安古乐的演奏形式》等，提出了"西安古乐"名称。作者提出："西安古乐产生于唐代贞元（785—804年）年间。它的特点是'祈雨'、'斗乐'。依据是《乐府杂录》'琵琶条'关于'天门街斗乐'

[①] 杨荫浏：《中国古代音乐史稿》，第988页。
[②] 李健正：《西安古乐研究的过去、现在和未来》，陕西省艺术研究所油印稿，1992年，第14页。

的记载。据记载,当时长安——这座世界上最大的都市(人口100万)——及其郊区遭遇旱灾,中国皇帝诏令长安最大的两个社区:东市和西市进行群众性的'祈雨'活动。群众便选择了音乐比赛(斗乐)这种方式。当时还没有乐社,仓促中,他们请来了国家的琵琶演奏大师康昆仑和民间琵琶演奏高手段善本在天门街进行了首次比赛。今天,我们可以从朱雀门向北一直走到莲湖公园的承天阁,这就是唐代的天门街(承天门大街),西安古乐就产生在这里。它的开山祖师就是康昆仑、段善本。"① 从后来李健正先生发表的论著来看,当时之所以叫西安古乐,可能也与杨荫浏先生初称陕西"鼓乐"相近,知道是西安地区的古代音乐,历史很悠久,但是不知确切名称,后来,由于研究逐渐深入,追踪溯源,认为与唐代的社会活动有密切关系,又在西安古乐的基础上,以西安的历史古都名称命名叫成了西安古乐,这样定名的寓意在于可以更加明确西安鼓乐的悠久历史。1992年李健正先生在由陕西省艺术研究所打印的油印稿《西安古乐研究的过去、现在和未来》一文中旗帜鲜明地使用了"西安古乐"名称。可以说,在西安鼓乐的研究探讨过程中,乐种定名之争也是研究者百家争鸣、各抒己见的过程。学术之争有利于西安鼓乐深入研究与探讨。

1987年,吕洪静在《西安鼓乐名称记实与思考》中,谈了关于西安鼓乐命名争议的各家之言,文中谈到,西安鼓乐目前的称谓很乱,争论也较大。上海辞书出版社出版的《辞海》称"西安鼓乐";杨荫浏先生在他的《中国古代音乐史稿》中,以"陕西鼓乐"为名;吕洪静用的"西安鼓吹乐",就有三种之多。这些人为的,而不是民间固有的称谓,用在同一种乐种身上,可见其称谓紊乱的程度。这不仅使当代人生疑,对以后学者研究造成的混乱更不难想象。②

吕洪静对西安鼓乐定义是长期流传在以西安地区为中心的一种大型鼓吹合奏乐。她认为民间原有"鼓乐"或"鼓吹乐"之称。为了能与同时流传在这一地区的纯打击乐的"铜器社"(亦称"打呱社")和以唢呐为主奏乐器的"吹鼓"班区别开来,当地群众和各乐社之间,很少用"细乐社"或"乐器社"称西安鼓乐。她在调研时,与这些"细乐社"和"乐器社"的艺师们交谈时感受颇深,认为艺师们讲述的就是"乐器社"

---

① 李健正:《西安"古乐"今昔谈》,《交响:西安音乐学院学报》1983年第3期。
② 吕洪静:《西安鼓乐名称记实与思考》,《中国音乐》1987年第2期。

的历史,"乐器社"的兴衰与轶闻趣事。

关于"西安鼓乐"与"陕西鼓乐"这两个名称,吕洪静认为是60年代初杨荫浏先生来西安考察时的结果,当时杨先生发现这个乐种不仅使用五种不同样式的鼓,而且发现,鼓的种类多,且在乐队中作用突出,于是就定名"陕西鼓乐"或"西安鼓乐"。这就是见于报刊、杂志、辞典的较常用的书写名称。[①] 这个古老乐种原无"鼓乐"或"古乐"之称,用民间原有的"细乐"或"乐器",泛名,……基于以上意见,吕洪静提出"西安鼓吹乐"名称,吕洪静认为"我认为规范在以笙、管、笛(有时加云锣)为旋律乐器,以各类鼓和锣、铙、钹、铰等为主要打击乐器的'鼓吹乐'系统内较为合适。这既可与以鼓为主的'鼓乐'或'锣鼓乐'分开,又可与以唢呐类乐器为主奏乐器的民间叫'吹鼓乐'的乐种有所区别,也充分体现了'鼓吹乐'这个乐种的乐器编配特点"。提出了"西安鼓吹乐"称谓。

20世纪80—90年代,是西安鼓乐命名争议最激烈、称谓最混乱的时候。关于西安鼓乐这支古老的艺术瑰宝,其称谓在四至五种,既有主流的西安鼓乐和长安古乐两种名称,也有其他不同称谓以及网上不明就里的一些名称,诸如长安鼓乐、陕西鼓乐等。以李健正先生等为代表的"西安古乐"一派,则是根据西安鼓乐的艺术特点、组织形式和历史渊源,以及现今西安地区各乐社保留的传统名称认为西安鼓乐定名为"长安古乐"更为合适,因为"长安古乐"的"古"正如周至南集贤村古乐社艺人说得很明白一样:"这是古时候传下来的么!""这是俺老先人那时候给俺们教的。""这是俺老先人的先人留下的古时候的东西。"他们对乐种传承和称谓共同认可,约定俗成称之为"古乐",认为"古乐"更侧重于其历史的悠久,强调音乐产生时间之"早"、流传时期之"长"。李健正先生在《长安古乐乐种说》[②] 中谈到,1952年7至8月,诞生不久的中华人民共和国政府有关部门,派出了由中央音乐学院和西北音协联合组成的"西北民间音乐采集研究队",首次在西安市区以内,对长安古乐进行了采集与研究。从此,揭开了长安古乐历史上新的一页。这次调查研究的结果,中央来人的记录暂未发表,陕西当地的,用1952年10月3日《西安市鼓

---

① 吕洪静:《西安鼓乐名称记实与思考》,《中国音乐》1987年第2期。
② 李健正:《长安古乐乐种说》,《交响:西安音乐学院学报》1990年第1期。

乐社乐谱》油印本（以下简称1952年资料）的形式记载下来，其中除载有若干曲谱外，尚有短文两篇，一篇是《西安市古乐概况》，一篇是《西安市古铜器社唱词及打击乐谱说明》。这两篇短文比较客观地反映了西安鼓乐存在于西安市内的情况。其中关于乐种属性者有如下记载：在1954年资料和《中国古代音乐史稿》中，杨荫浏均称西安鼓乐为"陕西鼓乐"，这是因为他1953年采访时已走出了西安市的范围，西安市属于陕西省，故此称为陕西鼓乐。李健正先生认为是不合理的。以西安鼓乐专家李石根先生为代表的一派研究者依据民间古乐表演中乐器使用特色，称其为"西安鼓乐"，意即"鼓"在整个乐队中处于指挥地位，（司鼓之人一般为乐社社长、乐队总指挥，其地位非常特殊）是乐队的核心和灵魂；"鼓乐"则更侧重于音乐角度，强调"鼓"在乐队中的指挥身份、在乐曲演奏时的核心地位。实际上，二者称呼虽异，但它的实体、曲目、形态特征等，多是相同的。因此，无论怎样，学术争鸣与理论研究，应朝着更有利于市场化下传承与保护这一世界级别的非物质文化遗产代表名录才是目的所在。

西安鼓乐申报成功国家非物质文化遗产代表项目名录后，西安鼓乐这一名称在陕西省外已被研究者采用。如袁静芳在《中国传统音乐概论》中讲道："如在西安一带兴起的鼓乐，宋以后逐渐兴盛，到了明清，得到了高度发展，成为人民庆丰收、举行各种乡会、庙会时所必须应用的主要音乐形式。明清时期，与民俗活动密切相联的各种器乐演奏形式，类别繁多，遍布全国。"[①] 在论述乐器"笛"时，袁静芳再次谈到"清以后笛在大量的民间音乐形式中被应用，如西安鼓乐等"，并将西安鼓乐列入吹打乐类乐种介绍中。

20世纪90年代，陕西省文化厅创办的长安县古乐陈列馆曾将"长安县何家营鼓乐社"和"长安县何家营古乐社"的两面社旗同时悬挂在馆内正厅的正、侧两面。这正说明了社旗上的"古"或"鼓"指的是同一个乐种。20世纪70年代，李石根先生说过："西安鼓乐"这个名称是他50年代初起的。这可能就是20世纪50年代初我国音乐史学家杨荫浏先生一行来西安调查鼓乐和铜器社后和陕西的部分专家当时共同研究确定的名称。

---

① 袁静芳：《中国传统音乐概论》，上海音乐出版社2000年版，第296页。

4. 再被研究阶段

21世纪初，西安鼓乐命名硝烟又起。2008年初随着《华商报》推出的一篇报道《定名西安鼓乐，可保住世界级音乐品牌》，使国家级非物质文化遗产代表名录的西安鼓乐又展开了新一轮的关于"鼓乐"的命名之争。鼓乐命名之争再起，一时在陕西本土的研究者与民间艺人中显得好不热闹。为此，《华商报》又发表了系列文章与采访报道。

2008年1月13日《华商报》推出《西安鼓乐？长安古乐？名称关乎唐代音乐在西安是否遗存》报道，记者对当时争议比较激烈的两个名称赞成者进行了跟踪采访报道。这篇报道可谓一石激起千层浪，在西安的学术界和音乐界中激起强烈反响，一些学者和专家致电《华商报》，纷纷发表看法，希望早日解决鼓乐的名称之争。

在《华商报》《"鼓乐"质疑"古乐"》报道中谈到称"西安鼓乐"的六家传统乐社的社长，质疑"长安古乐"名称存在的必要性。他们认为，西安鼓乐和长安古乐所指称的，都是一个对象，这一乐种需要的不是无休止的争论，而是切实的保护措施，希望政府能够伸出援手，保护这一原生态的乐种，让它留存下去最为重要。"叫鼓乐点出了乐种的特点。"西安鼓乐六家乐社的社长、陕西省文史馆馆员专家谈道："西安鼓乐和长安古乐的关系，是猫和咪的关系，不是矛与盾的关系，大家的解说词都是一样的，争论可以淡化，保护更为迫切。"他说："过去西安城里许多街道里都有庙宇，每年阴历的六月十七至十九三天，几十家乐社一起奏响鼓乐，为神进香，在南五台还有城里乐社的72座汤坊，每年六月一日乐社会去朝台进香，'文革'前，在西安城里有20多家乐社，他们分为僧、道、俗三派。为什么要叫鼓乐，因为鼓是中国的魂，鼓在这一乐种中占据着主导作用，它起着旗手的作用，在叫'鼓乐'的六家乐社中，仅鼓段就有几十种，鼓的作用说明了这一东方古代交响乐与西方交响乐的不同，'鼓乐'是打击乐，它有别于西方的管弦乐。而叫'长安古乐'，则没有把乐种的特点说出来。定名西安鼓乐，也不存在矮化历史的问题，它只是说明这一乐种的现存状态而已。"东仓鼓乐社的副社长说，乐种的名称之争其实暴露出体制的问题，陕西省文化厅成立了西安鼓乐保护研究中心，并把西安鼓乐成功申报为国家级非物质文化遗产代表项目，而西安市政府却成立了长安古乐保护开发领导小组，省文化厅与西安市政府意见的分歧也造成了乐种名称的定名纷争，机构的重复和不一致，应是纷争的根源，省市相关单位能否首先解决分歧，共同来为这一乐种的保护做些实质性的工作呢？他认为，既然音乐史家杨荫浏、李石根已经在20世纪50年代定名为西安鼓乐，约定俗成，《中国音乐辞典》等书籍也称"西安鼓乐"，那就让这个名称继续延续下去吧。[①]

在西安鼓乐定名争议的情况下，陕西省文化厅副厅长表示，"西安鼓乐和长安古乐这两个名字都可以叫，既然大家的学术观点有差别，那么就从各自的角度出发，共同发扬传承这一民族音乐的瑰宝，为陕西文化的繁荣做出贡献"。作为政府部门的发言，态度很明确，抛弃学术之争，保护传承为当务之急。至此，新一轮的西安鼓乐命名之争暂告一段落。

西安鼓乐这一急需保护的国家非物质文化遗产，由于其在民间传承过程中的渠道不同，特别是乐种的名称争议也引起目前在学者的研究、通俗读物的介绍、民间艺人的认可、对外文化交流宣传等方面的不统一，也不利于这一乐种的保护、传承。西安鼓乐已在国家非物质文化遗产代表名录与人类非物质文化遗产代表项目榜上有名，因此，以国家和世界榜上名录为依据，做好西安鼓乐的保护工作，解决西安鼓乐在市场化环境下面临的保护传承问题，使其能够延续下去是目前研究的当务之急。

[①] 《"鼓乐"质疑"古乐"》，《华商报》2008年1月19日。

西安鼓乐生存的音乐环境探析

西安鼓乐是至今仍存活在我国民间的以成套乐器再现千年古乐曲的传统音乐形式。它曲目丰富，调式风格多变，是吹奏乐器、弹弦乐器以及击奏乐器有机结合的大型合奏乐。西安鼓乐生存的音乐环境对其乐器使用、表演队列都有重要影响。

一　西安与音乐有关的历史较早

西安地处关中平原，南依秦岭，北临渭河，四季分明，雨量适宜，自然条件优越。中华先民很久以前就在这里繁衍生息，辛勤劳动。早在旧石器时代，这里已有人类活动的遗迹。1963年，在地处渭河流域的今西安蓝田县发现了生活在距今五六十万年前的旧石器时代的"蓝田猿人"。[①]一些新石器时代重要的考古学文化遗存中发现的与音乐有关的实物，为西安鼓乐孕育、形成的音乐环境提供了重要的实物佐证。

距今6000年左右的半坡遗址出土了远古的陶埙和摇响器。西安东郊半坡遗址是我国黄河流域母系氏族公社村落遗址的典型代表，从1954年秋至1957年夏，经过多次科学发掘，在半坡遗址获得了母系氏族生活中丰富的物质文化资料，"半坡人在长期的生产和生活实践中，创造了具有文字性质的刻划符号和绘画、雕塑、装饰品等艺术作品。……雕塑品多是陶器的盖纽，主要有人头、鸟头、兽头和陶哨"。[②] 半坡遗址出土的我国远古时期的乐器——陶埙与摇响器，特别是埙的出土，被后世称为"中国魔笛"，被认为是中国最古老的吹奏乐器。

---

① 陕西省文物管理委员会编：《陕西名胜古迹》，陕西人民出版社1986年版，第77页。
② 同上书，第6页。

1972—1979 年，在西安临潼姜寨新石器时代遗址也出土有陶埙和摇响器。西安鼓乐的吹奏乐器与远古时代的吹奏乐器应有着乐器原理的内在联系。

二　西安发现的乐器实物种类较多

从西安出土的乐器实物看，西安鼓乐活动区域的史前乐器已有打击乐器和吹奏乐器，如陶铙、大鼓、钟等。

中国古代乐器有政治与音乐的属性。1955 年在西安长安客省庄龙山文化遗址出土的陶铙，距今约 4000 多年。陶铙本是原始社会末期象征氏族贵族权力的礼乐器，用陶土制成。它与西安鼓乐铙，在名称上，两者发音一样。形制上，陶铙呈长方体、中空、实柄，立体感表现很强，凸起部分较高；西安鼓乐的铙呈圆形轮廓、中空，手柄处辅之以装饰作用的红绸缎之类柔软布料，且相对低矮，表现较平，两者有所不同。使用材质上，前者为土制，后者则为金制。从乐器保存来看，今天的铜铙更易保存，使用也更加方便。铙是西安鼓乐的伴奏乐器。可以说，陶铙与西安鼓乐用铙有内在的历史联系与延续性，西安鼓乐历史悠久。

考古发现的原始时代的大鼓与西安鼓乐用大鼓颇相似，如鼓腔用木制成，外施彩绘，鼓面蒙有鼍皮，又称鼍鼓。[1] 西安蓝田红星公社曾出土应侯钟。[2] 在临潼、西安等地也出土了甬钟等。[3] 1975 年在秦始皇陵发现错金银青铜乐府编钟 1 枚，上面刻有"乐府"两个字，该乐府钟制作精致，之前还发现了秦代刻有"乐府丞印"的封泥。在汉长安城中出土的秦封泥中也发现了秦的"乐府"和管理乐府的"乐府丞印"。1976 年在始皇陵附近还出土了大型音乐表演中使用的 1 件铜质铭刻篆书"乐府"二字的秦代乐器——错金银钮钟。形制承自秦代的汉代钮钟，它与西安范南村汉墓出土的陶制明器钮钟，体腔外张，呈鼓腹状，与秦乐府钟属于同一类型。[4] 这些音乐实物的出土证明西安鼓乐能够传承至今与西安悠久音乐文

---

[1]　佚名：《中国音乐史书》，人民音乐出版社 1996 年版，第 9 页。
[2]　韧松、樊维岳：《记陕西蓝田县新出土的应侯钟》，《文物》1975 年第 10 期；韧松：《记陕西蓝田县新出土的应侯钟》一文补正，《文物》1977 年第 8 期。
[3]　韧松、樊维岳：《记陕西蓝田县新出土的应侯钟》，《文物》1975 年第 10 期。
[4]　方建军：《陕西音乐文物综述》，《中国音乐学》1997 年第 2 期。

化传统有密切关系。

  铙是西安鼓乐重要的伴奏乐器，它在汉代已与其他乐器组合进行演奏，如在汉乐府中与短箫、鼓、鼓角等乐器组合，使乐器表现多样化。汉代时打击乐器鼓和管乐器排箫、横笛、笳、角等融为一体合奏音乐，有时也伴有歌唱。特别是在军乐表演中，箫、铙成为主要乐器，郭茂倩《乐府诗集·鼓吹曲辞一》曰："鼓吹曲，一曰短箫铙歌。……蔡邕《礼乐志》曰：'汉乐四品，其四曰短箫铙歌，军乐也。'"① 西安鼓乐乐器与我国古代乐器有着天然的联系，前者是在后者的基础上演变发展而来，是对音乐乐器历史继承、创新的结果；后者是今天西安鼓乐能够成为中国古代音乐"活"的历史的重要前提与基础。

三　西安古代乐队表演对西安鼓乐的影响

  汉代定都在长安。在汉代时乐队表演就有坐乐与行乐之说，所谓"列殿廷"，"供卤簿"，与西安鼓乐表演中的坐乐与行乐在表现形式上基本一致，如"鼓吹的音乐形式，汉初已在民间游牧的队伍中应用。汉代的统治者把它用作军乐；也用作一般的行进音乐，徒步行走时奏的，和骑在马上行走时奏的都有；……鼓吹乐又可以站定或坐定了演奏，在举行宴会的时候，在殿庭中应用。在同时候，鼓吹也已经成了一种娱乐的音乐，并且已有女性参加演奏"。② 这种表演方式从其诞生以后一直在历史上有着深远的影响。

  唐代壁画中就形象地记载了唐代坐乐与行乐演奏形式。今西安鼓乐器乐表演中仍然保留了我国古代坐乐与行乐演奏的传统形式，这不是偶然，应该是二者之间有着某种密切的联系。

  西安鼓乐的演奏形式分"坐乐"与"行乐"两种。"坐乐"即在室内进行，表演时，演奏人员围坐在长条桌案的四周演奏，听众便围在演奏台的周围聆听；"行乐"顾名思义，即在行进途中进行演奏，或是在室内外立式演奏。演奏曲目为古乐散曲、打击乐曲"鼓札子"和唱呗、歌章、赞词。演奏乐器分为两类，即旋律乐器和打击乐器。旋律乐器有筝、阮、

---

① （宋）郭茂倩：《乐府诗集》卷16，中华书局1979年版，第223页。
② 杨荫浏：《中国古代音乐史稿》，人民音乐出版社2004年版，第113页。

琵琶、篌筱等弹拨乐器和笛、管、笙等吹奏乐器以及敲击的铜制双云锣；打击乐器有座鼓、战鼓、乐鼓、独鼓、铜鼓（单面鼓）、高把鼓、木梆子、大锣、马锣、贡锣、吊锣、海口子（引锣）、方匣子（七星锣）、铙、钹、铰子等，还有一种称"壳子"的乐器已失传不用。

今天，人类非物质文化遗产代表作西安鼓乐在世界文化中的地位毋庸置疑。探讨西安鼓乐生存的音乐环境，研究市场经济下西安鼓乐面临的保护与传承的现实问题，对于西安鼓乐的可持续发展有着积极的意义。

庙会与西安鼓乐传承

庙会鼓乐活动是西安鼓乐不可忽视的传承途径。源远流长的庙会文化活动，为西安鼓乐增添了传承的活力，增加了鼓乐艺人习乐的动力。庙会也成为源于民间的西安鼓乐主要表演场所、各鼓乐社交往活动的媒介。庙会表演促进了西安鼓乐艺人技艺提高，为鼓乐艺人展示才艺、助兴表演提供了机会。据西安鼓乐传统乐社的代表乐社——周至南集贤西村香会整理的资料看，庙会文化活动对西安鼓乐传承起了重要作用。从民俗历史的视域来研究庙会对西安鼓乐传承的积极意义以及非物质文化遗产传承问题，对探讨西安鼓乐获得生存和继续传承的活力，推进西安鼓乐的研究，有着重要的理论价值和现实意义。

一 庙会文化的源远流长

西安鼓乐代表性传统鼓乐社有两家主要活动在周至南集贤一带。[①] 周至民风淳朴，历史文化积淀厚重，当地以庙会形式保留的传统文化，给后人留下了许多宝贵的精神财富。

庙会历史久长。周至的许多庙宇历史上千年，庙会历史起源也较早，如终南镇东林寺庙会，唐时有东林寺庙名；火神庙建于唐朝贞观六年等。周至有各类不同性质的庙会，其中被称为古会的，多以历史久远著称，在当地百姓中影响也很大。如东楼观古会传说起源唐初，[②] 延续至今，规模宏大，游人众多。青山索圣母庙会是为纪念青山索仙姑举办的。青山索仙

[①] 西安市文化局、西安市非物质文化遗产保护中心编：《西安市非物质文化遗产普查资料汇编》，内部资料，2012年，第880页。

[②] 同上书，第882页。

姑的传说在关中民间广为流传。传说索姑出生在扶风县段家乡青龙庙村，至翠峰山坐化，并广行善举，为民医病造福四方。后人为之立庙，居人神位，人称索仙姑、索圣母。唐太宗李世民游览翠峰山时册封索姑为青山女神——全贞娘娘，并于贞观二十二年（627年）在车峪口修建道观——遇仙宫，在翠峰山之巅——盖顶修建索圣母祠和梳妆楼，现车峪口大庙、煎茶坪、梳妆楼、索圣母祠、系马桩、上马石等为索仙姑遗迹。每年农历三月初六至初十日为上山会；三月十二日至十五日为下山会，庙会期间，周围四里八乡登山朝拜的百姓，高峰期每天可多达10余万人。自唐代立会以来，年年如此、经久不衰。一年一度的祭神庙会，实为群众性的大规模登山旅游活动。王母宫古庙会，传说是在王母寿诞日，纪念结会，起于宋朝末年，一直流传至今。在今天的民俗实物中还保留有鼓、磬、木鱼、钟等庙会活动的实物。西楼观古会是为祭祀老子诞辰日（农历二月十五）举办的，始于秦汉，兴于大唐，沿袭至今。过会习俗有社火、竹马等民俗表演，留有鼓、钟、磬、木鱼、铃等乐器。

阿岔石佛寺庙会始于唐武德年间（618—625年），终南十三村老王庙会据说始于唐代，关帝庙古会，称"豆村四月八"古庙会。据村里老人说，关帝庙始建于明万历年间，九峰乡观音山庙会建于清道光二十五年（1845年），九峰乡虎头山庙会虎头山庙会建于清嘉庆二十三年（1818年），等等。周至大部分庙会都有上千年历史。

庙会数量众多。陕西周至的庙会很多，全县有近千个村庄办过庙会，作为一种非物质文化遗产，庙会已成为当地百姓诵经祈佛、祈求平安、生活娱乐、经济贸易的重要场所，成为当地民俗生活文化的重要组成部分，在当地百姓生活中产生重要影响，集中体现了当地民众的心意信仰与生活文化样态。

周至的庙会，据统计，主要集中在哑柏镇、终南镇、楼观镇、广济镇、二曲镇、集贤镇、侯家村乡、四屯乡、竹峪乡、司竹乡、九峰乡、富仁乡等地。大大小小的庙会有110多个。这些庙会在当地百姓农闲时间消遣生活、安定社会起着一定的积极作用。[①]

[①] 西安市文化局、西安市非物质文化遗产保护中心编：《西安市非物质文化遗产普查资料汇编》卷3，内部资料，2012年。

二　庙会——西安鼓乐主要表演场所

周至庙会多，给西安鼓乐生存提供了良好的环境。西安鼓乐本是扎根于民间、自娱自乐的民间艺术活动，因此，能否有人欣赏并给艺人提供表演机会，使其传承下去，是否有表演场所就显得格外重要了。

南集贤西村的西安鼓乐社在当地最早称为西村香会，据鼓乐社前辈回忆，老一辈鼓乐表演最远东到南五台，西到黑水峪，北到咸阳，并且多次到县城和西安进行演出。西村香会习乐活动主要在农闲和业余时间，即在一冬三个月及下雨天。每年有固定演奏时间，如正月初一、正月十五、三月二十四、八月十五等。这些演奏时间基本都与庙、庙会有关。正月初一，是中华民族传统节日春节，这一天，香会成员吃过早饭后，大家聚集在香会平时练习鼓乐的地点门口，点上事先准备好的祭神灯笼，抬上祈福食笼，到各庙去送钱粮香火，边行走、边奏乐，一路上在西安鼓乐行乐曲伴奏下到达目的地。[①]

正月十五，是南千户村社火活动时间，据当地老人讲，南千户村社火从明朝开始延续至今，在远近都很有名气，南千户村社火活动时间是正月十五左右，活动场所遍及全县，甚至整个西安地区。逢年过节、庙会都有社火活动。华夏财神庙会以祭祀活动为主，以正月十五日的求财节、三月十五日的神诞节、六月初六的古庙会为主要时日，分为敬神、求签、还神、送财气、财神舞等议程。每逢庙会日，财神故里都要举行盛大祭祀礼仪活动，并有集贤鼓乐、大戏马角、社火助兴。庙宇还保留有演奏乐器等民俗实物。[②]

据周至县南集贤东村鼓乐社艺人们自己所说，他们只知道从他们的远祖时代起乐社就参加庙会、社火这类活动，但是他们说不出最初开始的确切时间。他们过去的活动，主要是在庙会、社火及一年中不务农的季节开展。如华夏财神赵公明庙会（农历三月十五日）（2001年4月8日），庙会组委会特邀集贤东村鼓乐社前往助兴，回大陆观光赵公明庙的台湾同胞

---

① 王晓如：《陕西活的历史——西安鼓乐史的整理与研究》，三秦出版社2010年版，第153页。

② 西安市文化局、西安市非物质文化遗产保护中心编：《西安市非物质文化遗产普查资料汇编》，内部资料，2012年，第830页。

摄录了西村香会的整个演出过程，使其声名远播海峡彼岸。通过这种活动，对宣传中华传统文化，增进两岸人民的友谊和相互了解有积极意义。集贤十贤士庙过会（农历七月七日）（2001年8月25日）时，西村香会全体会员被邀前往演出。当时演奏了《鼓拍》《十板头》《坐帐》《接圣旨》《将军令》《打棍》《耍社虎》《大尾声》《水龙峪》《柳生芽》《见公》《刮地风》《粉红莲》《九条龙赞》《扑灯蛾》等，过会的人很多，影响非常大，西村香会赢得了大家的赞赏。

在庙会活动中演奏的曲目越多，乐社艺人练习该曲目的时间就越长。因此，这种活动对于保存与传承祖宗留下来的曲目有很重要的作用。

三 庙会——西安鼓乐技艺提高动力

西安鼓乐的传承，与民间的朝山进香活动有关。相传唐太宗时定下"朝山进香"的规矩，久而久之简化成为"朝台"，西安地区终南山南五台和西五台从唐代起就逐渐成为长安地区佛教文化圣地，加之山清水秀，神奇变化的魅力使"朝香"和"观景"成为民间音乐传承的一种交流渠道。如今西安城内民间古乐社和古铜乐社能够坚持演练，代代相传，与这种历史传承下来的天然动力有直接关系。[①]

西安鼓乐传承与每年的农历六月初一至初三终南山南五台古会和农历六月十七至十九的今西安城内西五台古会密切相关。历史上，逢此两个古会各鼓乐社必出社，且代代相传，形成传统，每逢农历六月古会，西安鼓乐各社甚为热闹，胜于过年。农历六月初一，是终南山南五台的盛会，也是各路鼓乐社团大会合的日期。这些鼓乐社为了南五台的庙会，以终南山南五台传统古会的天然动力来坚持演练、年年朝台。每年到这个时候，鼓乐艺人们都不辞辛苦，步行前往。一路上有几十个庙，他们逢庙就要演奏，断断续续走三四天才到南五台。到达目的地后，一连三天，鼓乐队来往络绎不绝，昼夜演奏，笙管齐鸣，盛况空前。

"六月的'朝山进香'分为两个阶段，初一、二、三朝南五台，也叫朝大台；十七、十八、十九朝西五台，也叫朝小五台，民间统称'朝台'。除定初一正日的'朝台'之外，有些寺庙宫观还另安排了自己的会

---

① 吕洪静：《西安鼓乐名称记实与思考》，《中国音乐》1987年第2期。

期,给自己熟悉热爱的乐器社、铜器社下了请帖,可以说整个六月西安市是'倾城巡寺',节日的欢乐气氛与礼佛敬神的庄严气氛交相辉映、此起彼伏、热闹非凡。"① 各乐社不仅注重表演水平,而且讲究仪表队容,出社人数都在20多人,有的大社超过30人。他们个个头戴凤翔片草帽,身穿清一色黑纺绸,配上威风的坐纛旗,五彩的仪仗队,更有四五十名乐手的队伍,声势浩大,甚为壮观,前攘后接蜿蜒于终南山古道盘山路上,鼓乐喧响不绝于耳。

据西安鼓乐界老祖辈传说:从隋、唐、宋、元、明、清至民国历史沿袭来看,西安鼓乐始终与终南山南五台、今西安城内西五台两个传统古会有着天然的联系,息息相关,每年农历五月为朝台,各乐社即"敲社"。"会乐演练"开始排练。每天,一面利用夏夜乘凉,一面趁机聚会习谱,各乐社都是根据自己的实际情况,先温习基本的保留节目,即兄弟乐社都会的"通赞"、"通曲"、"通词"等,熟练后,再练本乐社拿手的"新赞"、"新曲"、"新词"。大约紧张演练一个月后就开始朝南五台进香。此时终南山南五台山上70多个西安城内各街巷设在终南山的专供"朝山进香"时本乐社艺人们临时休息的"汤房"就忙活起来,在过会演练时应接不暇。

按老传统,城内各社先要到城内城隍庙告脚程,然后第一站到南门的瓮城关老爷庙报到,随后开始徒步前行,一路演奏着古乐曲经南稍门、观音堂、韦曲、申店桥、皇甫村、王曲,到终南山口留村,沿途各村镇因过庙会插旗敬神。村民远接近迎,热情接待。凡经过村庄依旧例,乐社都要进行演奏,因急于赶路,一般都敲奏、吹奏短的古曲和锣鼓乐的"鼓札子",念词是《望南瞧》《终南山》等,俗称"啃桃胡儿"。随后从土地祠、弥陀寺进山。经流水石、兴宝泉、白衣堂、大意寺、甘露堂,到竹林寺五马石。再沿山道而上途经朝天门、一天门、二天门、三天门、石佛寺、紫竹林、十八盘、四天门到大台(岱顶)。返回下山时有的古乐社下大茅棚,有的古乐社上送灯台或下塔寺沟出山。为期三天的朝山观景,紧张而饶有乐趣。朝南五台,对各古乐社来说,数月间近百次的演练就是为参加今日的朝山后及随后举行的西安城内西五台通城古会,为了进

---

① 王晓如、李铠:《丝绸之路上的活文物——唐传西安鼓乐在西安地区的传承与分布》,《文博》2008年第1期。

行高质量的演奏，各民间古乐社之间互相观摩，为表演和"斗乐"打好基础。

西安鼓乐每年都要参加古会活动。每年的农历五月下旬，各古乐社的排练就开始了，五月的最后一天，各古乐社都登上西安城南的终南山南五台，晚上就歇息在山上自家的'汤房'（小庙）里。六月初一，大家轮流在终南山岱顶观音台国光寺（隋代修建）祈雨奏乐，之后便纷纷下山返城。返城后，各古乐社便在大街小巷无固定地点，不定时地演奏。此时，长安城里飘扬着美妙的乐声。到了六月十七、十八、十九这三天，西安鼓乐的演奏则达到了又一个高潮。这个高潮，就是在城内的西五台（唐代掖庭宫南城墙遗迹）集中轮番演奏，称为"烧回炉香"。此后，西安鼓乐的演奏便完全停息，等待来年活动周期的到来。①

同时，在周至众多的庙会中，楼观台庙会以其道教传承的特殊地位，每年庙会也异常热闹。在每年的楼观台庙会中，又是南集贤鼓乐社切磋技艺的绝佳机会。每逢农历初一、十五，上香信徒摩肩接踵；每年农历四月初八庙会，人们从四面八方赶来，将庙里庙外堵得水泄不通。每逢这时，庙里青烟袅袅，鼓乐铿锵，人声鼎沸。最令人津津乐道的是城隍庙里的道人，他们身怀绝技，精通各种乐器，尤以鼓乐最为著名。庙内还曾藏有古时流传下来的各种乐器，以及许多古典曲调和乐谱抄本。庙会期间，西安鼓乐城隍庙鼓乐社也来登台演出。不仅在庙会，即使平时楼观台搞一些大的活动也邀请集贤东、西村鼓乐社参加，鼓乐的气势更增加了楼观台的古老与肃穆气氛。如2001年9月8日，国际老子文化艺术节在楼观台开幕，西村香会和东村香会被邀请参加开幕式。两社分别在新落成的老子塑像两侧演奏古乐。两村鼓乐社经常在庙会等场合同时参加活动，也增加了双方相互切磋演奏技艺的机会，并在相互学习的过程中共同进步。

正是因为参加庙会活动，才使鼓乐有了被百姓欣赏的表演场所，使农民艺人有了展示的机会，有了积极习艺的动力，使西安鼓乐得以在民间保存传承下来。

---

① 吕洪静：《朝山进香与伏腊华风》，《交响：西安音乐学院学报》1996年第3期。

四　庙会——西安鼓乐交往活动的媒介

　　庙会日，往往是民间鼓乐社最活跃的时候。鼓乐社参加各种形式的庙会活动，对提升鼓乐的知名度、扩大鼓乐的影响、引起社会各界重视、增进参加者活动友谊等方面都有积极意义。如西安城内的农历六月十七日至十九日三天称作"通城古会"。其时，60余家各类乐社遍布全城，乐社们都在各自的街坊巷中社社搭棚插旗，家家聚亲过会，乐社之间互拜互访，礼仪交流你吹我奏极为热烈。古城的这三天，西安鼓乐此起彼伏，悠扬回荡，热闹无比。世人将此"西安鼓乐的音乐盛会"赞誉为"东方的维也纳音乐节"，此壮观被市民们视作"西安鼓乐的节日"。这一切文化与文明传承的荣耀皆归功于西安鼓乐，归功于西安城内的民间各类古乐社。[①]

　　再如，集贤商业街硬化道路，牌坊落成剪彩仪式就选在皇会日〔2001年3月17日（农历二月二十三日皇会）〕。当天，集贤东西两鼓乐香会对阵表演，热火朝天。户县连丰村专门选了农历三月三日（2001年3月27日）过会日，邀请集贤西村香会前往户县为农贸市场开业典礼助兴。西村香会的行曲、鼓拍、坐乐相继演出，场面宏大，围观群众达数万人之多，人人为鼓乐表演拍手称绝。这种借皇会表演的举动收到了良好的社会宣传效应。

　　集贤西村香会与邻县、邻村在历史时期通过庙会鼓乐活动进行交往已成为佳话，如西安城隍庙每年在农历春节期间都邀请传统乐社为到庙会参观、游玩的百姓表演鼓乐，鼓乐表演增加了百姓游赏情趣，活跃了庙会气氛，也宣传了传统文化，同时在表演的相互促进中，使鼓乐水平有了进一步提高。再如农历三月十五日户县南街村城隍庙会（2001年4月16日），邀请集贤西村香会前往友情演出，当时，行乐环绕县城一周，沿途所到之处鞭炮齐鸣，巨响隆隆。坐乐、鼓拍场面更为壮观，使观赏群众大饱眼福，一致拍手叫好。

　　[①] 王晓如、李铠：《丝绸之路上的活文物——唐传西安鼓乐在西安地区的传承与分布》，《文博》2008年第1期。

五　庙会——西安鼓乐助兴表演的地方

　　周至的庙会，根据庙会性质，开展的祭祀祈福活动也有不同，有的以烧香、拜佛、诵经为主；有的传统庙会以热闹为主。但庙会的一大特点即是在烧香、拜佛、诵经等活动的同时，还要开展一些民间音乐活动、社火助兴活动等，这类音乐活动为来自民间的西安鼓乐提供了表演的机会，使农民艺人有了在农闲时间练习鼓乐的精神动力。如桑园牛马王庙会多是唱大戏，要热闹，祈求太平安乐的生活，开展娱乐、买卖、进香祈福等活动。华夏财神庙会时，每逢正月十五日求财节，三月十五日的神诞节，六月初六的古庙会等庙会日，财神故里都要举行盛大祭祀礼仪活动，并有集贤鼓乐、大戏马角、社火等助兴表演。玉皇圣诞会还有大戏、社火、芯子、彩车、竹马、龙灯、地游子、旱船、高跷、青器焰光、物资交流等活动。白衣楼古会在进行烧香拜菩萨和念经活动的同时，还要唱小戏，或自乐班表演进行助兴。长印童子庙会则有社火、锣鼓、自乐班、唱大戏等各种文艺活动。在童子庙内还留有法器磬、木鱼、鱼鼓、饺子、小锣、小鼓、铛子等西安鼓乐常用乐器。豆村四月八古庙会时，戏剧、杂耍等都要前来助兴，一般会期三天，在村中将豆村灌制的大蜡抬游后放入关帝庙供奉，抬游大蜡时声势浩大，是庙会的高潮，伴随庙会活动，还有伐马角、念经、游行、管乐弦乐锣鼓、敬献贡品等活动，热闹异常。

　　各村、各镇在过庙会时，往往邀请鼓乐社进行助兴表演，吸引民众，这种举动也为鼓乐扩大影响起了积极作用，并有助于吸引观看者学习鼓乐，参加鼓乐社活动，有利于鼓乐传承。

　　西安鼓乐，博大精深，挖掘整理，任重道远。保护与传承西安鼓乐，弘扬中华民族优秀文化，使西安鼓乐伴随着人类文化的江河长流不断延续下去，是历史赋予我们的神圣使命。

西安鼓乐的民间传承形式研究

一 西安鼓乐简述

西安鼓乐是指汉唐以来就在长安及周边地区盛行、流传至今的，被誉为"中国古代交响乐"的民间音乐。研究西安鼓乐在民间传承情况，对今天保护与传承西安鼓乐有积极的现实意义。

关于西安鼓乐名称，目前学术界比较有代表性的几种观点是：一是"西安鼓乐"。以我国音乐史家杨荫浏先生与西安鼓乐专家李石根先生为代表的，依其乐器使用特色命名的"鼓乐"（西安鼓乐），[①]即"鼓"在整个乐队中处于指挥地位（司鼓之人一般为乐社社长、乐队总指挥，其地位在整个乐队中极其重要），是核心灵魂的部分。二是"长安古乐"。以古乐研究者李健正、余铸等先生为代表，根据其艺术特点、组织形式和历史渊源，以及现今西安地区各乐社保留的传统名称定名为"古乐"，如周至南集贤村古乐社艺人说得很明白："这是古时候传下来的么！""这是俺老先人那时候给俺们教的。""这是俺老先人的先人留下的古时候的东西。"他们对乐种传承和称谓共同认可，约定俗成称之为"古乐"。三是其他名称。也有研究者称其为"水会"、"香会"等。

实际上，在"古乐"与"鼓乐"命名之争中，虽名称各异，但它的实体、曲目、形态特征等，多是相同的。只是"古乐"更侧重于历史角度，强调音乐产生时间之"早"、流传时期之"长"；而"鼓乐"则更侧重于音乐角度，强调"鼓"在乐队中的指挥身份、在乐曲演奏时的核心地位。西安鼓乐在很大程度上更多反映的是历史文化内涵，更能体现出传

[①] 吕洪静：《西安鼓乐名称记实与思考》，《中国音乐》1987年第2期。

统音乐的深厚雄浑的气质。

在我国古代中世纪以后，西安鼓乐成为脱胎于唐代燕乐并多方面继承唐宋音乐传统，在发展中不断吸收元明清历代音乐艺术及各地民间音乐精华基础上形成的，至今仍存活在我国民间的传统音乐形式。它采用我国古代文字谱记谱形式，曲目丰富，内容广泛，调式各异，风格多变，曲式结构庞大复杂，是吹奏乐器、弹弦乐器以及击奏乐器有机结合的大型合奏乐，是最具中国古代音乐特质的古老乐种，被称为中国古代音乐史上的"活化石"。

西安鼓乐传播范围主要以西安终南山以北，渭水以南，以周、秦、汉、唐古长安（今西安）为中心的关中平原一带，尤以今西安城区为主，并散布于相邻的郊县农村，其流传地域范围主要指以西安市区及其南郊，东到蓝田普化的楸树庙，经长安、户县，西至周至的集贤等地。

二 西安鼓乐民间传承主要途径

西安鼓乐的传承，有其历史的连续性。"安史之乱"后，由于唐长安城破，帝王将相流离失所，宫廷乐师隐匿民间，因此，使过去在唐代宫廷演奏的音乐散至民间，历经艺人口传身授，使其在民间以各种音乐活动方式传承下来。

历史上真正鲜活地保留下来我国古代优秀音乐文化主渠道的是各种民间音乐活动。宋代以后由于社会环境的改变，音乐文化的重心发生变化，音乐由以往只有皇宫贵族等上流社会享受的精神生活转向了处于社会下层的民间平民百姓，扩大了音乐活动范围，民间音乐活动也随着时代的变化以各种形式登上了历史音乐舞台，成为音乐传承的主要方面。

一是民间斗乐活动。民间斗乐活动是今西安鼓乐民间传承的主要方式。通过斗乐、赛乐，古乐队你一曲我一段进行音乐比赛，看谁演的曲目多，演得好，这种民间斗乐形式极有利于民间音乐活动开展，既提高了音乐表演水平，又在社会上形成了良好的音乐活动氛围，吸引民众参与。今天西安周至集贤西村、东村能出现两个国家级非物质文化遗传古乐传人，就与斗乐传承民间音乐有密切关系。早在唐代时长安城中民间就有斗乐的习俗。段安节《乐府杂录》就记载有唐都城中东、西两市进行音乐比赛的盛大场面。① 唐代的斗乐活动一直传至今天。今天西安城内的"通城古会"就是这种习俗的具体表现，即每年农历六月十七日至十九日这三天时，遍布西安城区的各类乐社都在各自的街坊巷中搭棚插旗，聚亲过会，场面热烈。世人将此赞誉为"东方的维也纳音乐节"。②

斗乐不仅仅是民间的娱乐活动，它还用于民间祈求天雨等活动。贞元中（785—805年）"始遇长安大旱，诏移两市祈雨，及至天门街，市人广较胜负及斗声乐"。③ 今天国家非物质文化遗产的蓝田水会能够保存下来，与这种民间音乐活动关系极为密切。

二是民间乐人进宫表演。宋代宫廷音乐衰落，教坊艺人缺乏，举办各种大型音乐活动经常要从民间调集艺人串场、演奏，为皇宫服务，众多民间艺人常被各级官府所用。《朝野类要》记载："近年衙前乐已无教坊旧人，多是市井歧路之辈。"④ 所谓市井歧路之辈，是指那些没有固定演出场所、在各地流动演出的艺人，也称"路歧"或"歧路"，这些流动艺人艺术水平不高。因此，民间勾栏艺人常常被邀请进入宫廷，参加各种重要演出，如宋春秋圣节三大宴的演出节目中，就有民间艺人表演的杂剧。

三是谋生手段。我国古代发展到宋代时，由于商品经济迅速发展，坊市制崩溃，大中城镇日趋繁荣，音乐活动也受到这种环境的影响。艺人们的演出活动大多以赢利为目的，音乐表演也带有明显的商业化性质，如百姓去民间表演场所如勾栏等表演场地欣赏音乐就是消费商品，需要付费；音乐表演者、创作者和组织者表演、创作、组织音乐就是生产与销售商品，他们需以此谋生。追求利润的动力和由此带来的商业竞争氛围，刺激了民间音乐活动的开展。民间音乐活动有了固定场所——"勾栏"，艺人以演出作为谋生手段，有的甚至成为职业艺人，如孔三多。同时，艺人们以专业之分组织起自己的行会团体——"社会"，如南宋的遏云、清音、绯绿社等。

西安鼓乐在宋代民间也不再单纯作为一种自娱手段，更主要的是艺人谋生的一种职业。

---

① （唐）段安节：《乐府杂录》，辽宁教育出版社1998年版，第9页。
② 王晓如、李铠：《丝绸之路上的活文物——唐传长安古乐在西安地区的传承与分布》，《文博》2008年第1期。
③ （唐）段安节：《乐府杂录》，第9页。
④ （宋）赵升：《朝野类要》卷1，中华书局2007年版，第31页。

四是朝山进香。西安鼓乐的传承，与民间的朝山进香活动也有关联。相传唐朝唐太宗时定下"朝山进香"的规矩，久而久之就简化为"朝台"，西安地区终南山南五台和西五台从唐代起就成为长安地区佛教文化圣地，加之山清水秀，神奇之区的魅力使"朝香"和"观景"成为民间音乐传承的一种交流渠道。如今西安城内民间古乐社和古铜乐社能够坚持演练，代代相传，与这种历史传承下来的天然动力有直接关系。

五是民间古乐社活动。西安鼓乐植根于民间乐社，其传承与每年的农历六月初一至初三终南山南五台古会和农历六月十七至十九的今西安城内西五台古会密切相关。历史上，逢此两个古会，各古乐社必出社活动，且代代相传，形成传统，正如长安民间的传说："隋末菩萨降火龙为民除害，唐初太宗定古会进香朝山。"从历史上讲，可以说早在唐朝初期，唐朝的宫廷音乐就通过朝山进香的形式开始流传至民间。宫廷音乐和民间音乐从此有了紧密的联系，互为依存，并传承了历代古典音乐和宫廷音乐，也培育锻炼了民间乐手和艺人，为民间西安鼓乐活动的存在提供了基础。

为期三天的朝山观景，紧张而饶有乐趣。朝南五台，对长安地区各古乐社来说，数月间近百次的演练，就是为参加此时的朝山鼓乐表演活动。朝山进香提高了民间演奏质量、促进了民间古乐社技艺水平提高。

三 民间音乐活动普及

我国古代有优良的音乐文化传统。宋代《宣和遗事》中就曾记载了这样一段故事：北宋宣和年间，上元节灯会时，有一个女子想窃取金杯被卫士发现，就将她押到皇帝面前。只见那女子不慌不忙，信口唱了一首《鹧鸪天》，将其想要得到皇家金杯的心事现场歌唱出来，其中就有"贪观鹤降笙箫举"之句，将笙箫等乐器即兴演唱出来。[1]《碧鸡漫志》也载有另一段趣事："嘉祐间，汴都三岁小儿，在母怀饮乳，闻曲皆捻手指作拍，应之不差。"[2] 一个并没有受过专业训练的普通民间女子能即兴创作演唱歌曲，一个三岁的吃奶小儿听曲能打出准确的节拍，足见音乐在宋代民间的普及程度。这样的音乐环境对民间音乐的传承产生了积极的影响。

---

[1] （清）孙毓修：《新刊大宋宣和遗事》，中国古典文学出版社1954年版，第75页。
[2] （宋）王灼：《碧鸡漫志》卷1，辽宁教育出版社1998年版，第6页。

民间音乐活动形式多样。我国民间音乐活动形式众多。广大城镇乡村民间随着社会的进步，经济的发展，出现了各种不受表演场地限制的音乐活动，有助于传统音乐的民间传承。

在街市进行表演。表演者用鼓、拍板等乐器伴奏，"乐人三五为队，擎一二女童舞旋，唱小词，专沿街赶趁……或于酒楼，或花衢柳巷妓馆家祇应，但犒钱不多，谓之'荒鼓板'"。[①] 在体育活动中进行表演。如宋末元初陈元靓在其著述中，记载有一幅与蹴球绘在一起的唱赚图。该图还配有诗："鼓板清音按乐星，那堪打拍更精神。三条犀架垂丝络，两支仙枝击月轮。笛韵浑如丹凤叫，板声有若静鞭鸣。几回月下吹新曲，引得嫦娥侧耳听。"[②] 诗中将体育活动与各种乐器融为一体，可见宋代民间音乐活动的广泛。

在各种节气活动中进行表演。在各种节气活动中进行表演是我国古代民间音乐活动较常见的一种形式。今天虽还没有发现历史上在西安地区有关活动的直接佐证，但在四川广元县罗家桥南宋墓石刻中却有了宋代在各种节气活动中进行表演的考古实证。该石刻中，共有3人，1人吹笛，1人击拍板，1人击有支架的扁鼓。此画原题《大傩图》，应该是民间节气活动中的一个侧面，反映在立春节令活动的一支民间迎春舞队，企求驱除疫鬼，风调雨顺，五谷丰登的歌舞活动。

四　宫廷音乐的外传

西安鼓乐由皇宫传至民间主要有三种形式。

一是"红杏出墙"。唐代音乐按其服务对象和演奏场所的不同，可分为宫廷音乐、民间音乐、宗教音乐三大类。其中宫廷音乐主要是在宫廷中为帝后王室、政府官员、外来使者演奏，偶尔也移至宫外与民同乐；宫廷音乐由于主要针对上层贵族，故其高贵、典雅，与民间音乐有很大差异，它在特定场合的表演对民间吸引力极大。民间视宫廷音乐为需仰视的"天上之乐"，尽管有高墙阻隔，但美妙的乐声也偶尔"红杏出墙"。因

---

① （宋）吴自牧：《梦粱录》卷20，中国商业出版社1982年版，第177页。
② （宋）陈元靓：《新编群书类要事林广记》戊集卷2，中华书局1999年版，第371页。

之，王建《温泉宫行》中有所谓"梨园弟子偷曲谱，头白人间教歌舞"，①元稹《连昌宫词》"李谟擪笛傍宫墙，偷得新翻数般曲"②的真实写照。宫廷音乐受各方面因素影响，以不同渠道传至民间，又在民间传播。

二是战乱离散。史传，唐宫廷乐师每年陪皇帝到终南山下皇家行宫避暑、娱乐。"安史之乱"爆发后，唐明皇南逃，乐工星散，经过熟悉的皇帝狩园，将乐谱、乐器等留给村民，古乐因此得以流传。

北宋末年，随着教坊和钧容直衰落，宫廷乐人也随之流落到民间，将宫廷音乐传至民间。据史书记载，当时瓦舍流行很多种器乐演奏形式，其中一种是"鼓板"，所用乐器包括拍板、鼓、笛、水盏和锣等乐器，是当时极为流行的器乐合奏形式。

三是狩猎游玩。唐代都城长安城南的终南山下多是皇帝的行宫和狩园，皇城后花园是旅游休闲的好去处，百姓也好聚居于此。每至皇帝狩猎游玩时，乐伎也随之而至，为皇帝享乐演奏。当地百姓长期耳濡优美动听的宫廷乐曲，自然也受其熏陶喜好演奏。今天位于终南山脚下的西安周至南集贤村，在唐朝时分为东瀛、西社两个部分。其中东瀛即是皇帝行宫和狩园，西社是百姓聚居地。因终南山风景秀丽，沿途山水屈曲蜿蜒，皇帝常来此游玩、狩猎，每来游玩，都带大批亲属子弟、伶人乐手，闲时西社的百姓也被叫来同乐，且由西社人奏乐。时间长了，许多宫中人员爱此地风光，遂定居西社，皇家音乐因此流传民间，在民间传留下盛唐乐舞。③

唐代宫廷音乐因皇帝的狩猎游玩活动而传至民间，也因此，使民间音乐在传承中又多了几分宫廷音乐的幽雅和端庄。今天西安鼓乐中行乐《满园春》的开场，描述长安三月三百花盛开、丽人踏青赏花其乐融融的场景实际上就是这种生活的一种活的写照。

五　宗教演奏

宗教在我国古代有重要影响。唐代较为开放的政策和社会风气以及统

---

①　（唐）王建：《王司马集》卷2，四库全书珍本集部，台北：台湾商务印书馆1972年版，第31页。

②　（唐）元稹：《元稹集》卷24，中华书局1982年版，第270页。

③　周至县志角纂委员主编：《周至县志》卷1，三秦出版社1993年版，第10页。

治者的大力提倡和扶植，佛教和道教均极兴盛，数量众多的和尚、尼姑、道士、女冠构成了一个具有较强社会影响力的特殊群体，由此出现了宗教音乐流行的人文基础。而在封建社会中，名义上作为宗教中心的寺院、道观，往往同时也是人们借以进行商品交易的市场，借以进行娱乐活动的游艺场所；商品在这里得到买主，艺术在这里得到听众和观众。唐朝时候的戏场，也多聚集在寺院里；社会各阶层人物，常到寺院游玩看戏，寺院与民间音乐生活有着重要的联系。僧人能广泛地接触民间音乐，将其作为引动群众信仰宗教的工具。西安鼓乐在风格流派、师承关系、演奏风格以及人员构成上的僧、道、俗三个流派的出现也是这种文化融合的产物。僧派演奏者多为平民、僧人，其音调较高，悠扬而热烈；道派为城隍庙道士所传，音调较低，平和、幽雅；而俗派则是由于僧派中的一部分乐曲，长期掌握在农民手中，不断吸收民间音乐，逐渐和僧派有了区别，而形成俗派，其音调高扬、浑厚、热烈。

　　道教和佛教因为唐初统治者的大力提倡扶植，其宗教音乐得到迅速发展。皇帝及皇亲国戚、达官贵人经常进出入宗教场所参拜祭祀，这些场所也因之常备音乐表演以满足统治阶级的需求，并且增加些许宫廷音乐的因素进入其中，来迎合统治者的意愿。如宗教仪式音乐中就多含有宫廷雅乐的成分。

　　寺庙也是各种民间艺术汇集的地方，众多的寺院、道观为招揽民众，也经常定期举办各种大型宗教活动，并在殿前设置乐棚供艺人演出专用，每次都有许多民间艺人参加演出，演出形式多样，场面热闹，使得观众熙熙攘攘，争相观看，如节日般热闹。宗教环境相对独立，其传承的音乐应该说对历史的遗音表现得更是原汁原味。

　　西安鼓乐在民间的传承研究是今天西安鼓乐史研究的重要内容，它对促进祖国非物质文化遗产的保护、祖国优秀文化的继承具有积极的意义。西安鼓乐在民间的多种传承渠道互相影响，互相吸纳，使中国古代优秀的音乐文化在历史的漫漫长河中通过民间的广阔渠道发扬光大，传承至今。

西安鼓乐在西安地区的传承与分布

一 西安鼓乐简述

西安鼓乐是以成套乐器再现千年古乐曲的古老乐种之一，也是世界文明古国中唯一完整保存下来的千年宫廷和都市乐种。西安鼓乐流传于陕西终南山以北、渭水以南，以周、秦、汉、唐古长安（今西安）为中心的关中平原一带，尤以今西安城区为主，并散布于相邻的郊县农村。它是中国民族民间文化保护工程第二批专业试点项目。

今天在民间还保存着明代嘉靖，清代康熙、雍正及道光年间的手抄本唐曲古乐谱，其中不少曲名与唐教坊曲同名、同调，律学、乐学和谱式可远追盛唐五代和两宋时期；有为数不少的唐诗宋词艺术歌曲；乐谱采用唐半字谱与俗字谱、宋代工尺谱记谱，与《敦煌琵琶曲谱》中宋代姜夔的《白石道人歌曲》谱基本相似。

二 西安鼓乐在西安地区的传承分布

西安鼓乐流传的地域主要在今天的西安及其附近地区，包括东至蓝田县的楸树庙村和全家岭村，西至周至县的南集贤村，南至长安县的何家营村和皇甫村，北至西安市城区内的广仁寺、西仓、香米园、风火洞、显密寺、南院门、城隍庙、大吉昌、东仓、北池头等社区。

据传承西安鼓乐的老前辈讲，在明、清两代时，西安鼓乐继承盛唐遗风，几乎坊坊有社，星罗棋布地分布在西安城内的西安鼓乐社中，其中"古乐社"和"古铜乐社"占据多数。这些乐社至今还留有坊社名的有：府学坊三学街古铜器社、两廊坊端履门古铜器社、耳窝坊骡马市古铜器社等。就近代而言，20世纪30—40年代，在西安城内的古铜器社的分布以钟楼为中心，分布在东南片的有：褙面营社、黄龙寺巷社、三学街社、安居巷社、印花布园社、五柳巷社、端履门社、开通巷社、东羊市社、真武庵社（今名东门里社）等；分布在东关片的有：枣园巷社、白衣寺社（今名蔡家巷社）、龙渠堡社、索罗巷社等；分布在南关片的有：仁义村社；分布在西南片的有：四方块社、德福巷社、车家巷社、保吉巷社、雨化寺社（今名庙巷社）、石佛寺社（今名琉璃庙街社）、古红庙社、双仁府社、白鹭湾社、龙渠湾社等；分布在西北片的有：二府街社、二府园社、九府街社、雷神庙社、药王洞社等；分布在西关的有流水石社；分布在东北一带的有：城内的平民巷社（今名新中巷社）、北关的联志村社。总计约40家乐社，约占西安城内民间乐社的三分之二。

西安城内的民间古乐社，其分布在东南片的有：大吉昌社、东仓社；分布在西南片的有：城隍庙社、迎祥观社、伞巷一坊社、伞巷二坊社（即佛教古乐社）、三义庙社、密寺社、万清寺社、南院门社、风火洞社等；分布在西北片的有：西仓社、香米园社、北池宫社；在东北片有东岳庙社。总计近20家社，约占城内民间乐社的三分之一。其主要分布见下图：

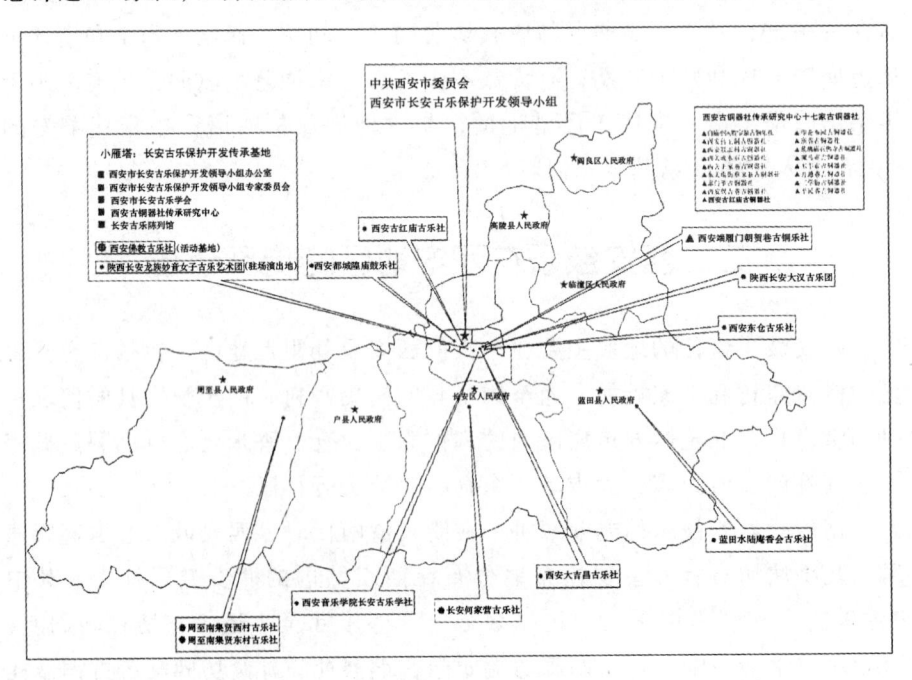

三 西安鼓乐的近代传承

西安鼓乐在近代的传承与当时遍布在西安城内的古乐社、古铜器社等有关。古乐社，也叫"细乐社"，指西安民间配有笛管笙等吹奏乐器和弹拨乐器、能演奏坐乐和行乐的乐社；"古铜乐社"，俗称"打呱社"，指西安城内民间纯敲击锣鼓的乐社。

新中国成立后，"古铜乐社"随着各民间乐社成员文化水平的提高和成员组成的变化，由原来的"古铜器社""升级"，增加了乐器，并将以前"锣鼓敲击或无伴奏念词"的演奏形式改变为器乐演奏、念词器乐伴奏和敲打锣鼓等合作演奏形式，民间将这种演奏形式称为"风"加"雪"的"古铜乐社"。

当代将古乐、细乐、锣鼓乐合作演奏的乐社称为"古乐社"或"古铜乐社"。在西安城内的西安鼓乐界中，"古乐"和近代的"古铜乐社"在古长安地区历代都占多数。

西安鼓乐的传承，应归功于西安城内的民间各类古乐社。每年的古会表演、斗乐，传承了历代古典音乐和宫廷音乐，也培育锻炼了民间乐手和艺人，为民间音乐组织的存在奠定了基础。

城内民间古铜乐社以前把到古会演奏的出社叫"敲社"，以此方式接受祖辈和西安鼓乐老艺人传授技艺。每逢农历六月古会，西安全城热闹非凡，胜于过年。各乐社不仅注重表演水平，而且讲究仪表队容，出社人数都在20人左右，有的大社超过30人。他们个个头戴凤翔片草帽，身穿清一色黑纺绸，配上威风的坐纛旗，五彩的仪仗队，更有四五十名乐手的队伍，声势浩大，甚为壮观，前攘后接蜿蜒于终南山古道盘山路上，古乐喧响不绝于耳。

目前西安城内民间古乐器社有南四府街古红庙社组织的城隍庙联社、大吉昌社、东仓社；西安郊区县有何家营社、周至县南集贤社。在古铜器社方面有：三学街社、药王洞社、联志村社、流水石社、保吉巷社、开通巷社、东羊市社、东门里社、新中巷社、蔡家巷社、骡马市社、端履门社、五家巷社、琉璃庙街社、庙巷社、印花布园社、灞桥区的神鹿坊社等，总计有二十多家各类乐社，同时还有一个专门的西安鼓乐演艺团体——民营陕西长安龙族妙音女子古乐艺术团。

四 从西安鼓乐的分布看音乐文化遗产保存

西安鼓乐与终南山南五台、今西安城内西五台两个传统古会有着天然的联系，农历六月的"朝山进香"与"通城古会"，都是民间古乐社表演和展示西安鼓乐的绝好时机，西安鼓乐能够传承下来与此密不可分。

新中国成立至今，西安民间古乐社和古铜（乐）器社、参加各乐社的艺人谱系清楚。传承谱系可考最久远的有五代传承人，时间最少也纵跨三百余年；最短传承的民间古乐社也有祖孙三代。西安鼓乐能够保存到现在，与艺人对祖国优秀文化遗产的热爱与坚守有很大关系，他们苦心挖掘，善于改革，勇于创新，使民族瑰宝应乎天时，顺乎人心，合乎潮流，在振兴中与时俱进。

改革开放后恢复西安鼓乐传统活动的23家各类乐社中，约占总社数三分之二的是古铜器社。他们都先后用口传或笔录等方式整理唐宫廷盛大庆典时演奏的"九联"铜器音乐曲谱，追记念词（赚）调音乐，使流传至今的11个曲调及其配唱的近百首古念词敲念齐备。古乐器社虽仅占各类乐社总数的三分之一，却是传承西安鼓乐的基本力量，他们在出社朝台中，虽各有困难，但各古乐社都能在困境中坚守阵地、坚持苦练，为世代传承西安鼓乐奠定了宝贵基础。

更为突出的是，在振兴西安鼓乐的浪潮中，涌现出的端履门、骡马市和保吉巷的三家古铜器社，一改旧观，在近10年的时间中将过去的"打呱社"升级成为"敲、吹、念"兼备的新型古铜乐社，它们文武俱全，演奏形式活泼，内容新颖，深受广大群众欢迎。它们在"敲"的方面，注重讲究严肃庄重、音律规范、节奏明快的铜器音乐的独特风格；在"吹"的方面，既选学西安鼓乐各演奏风格流派的僧、道、俗各派之长，又注重"优雅"之共性，使乐器音乐的特色更加活跃鲜明；在"念"的方面，一方面继续发挥它区分衡量古铜器社和古乐器社之标准的独特作用，尝试用古乐歌章配念词，使西安鼓乐锦上添花。另一方面，顺乎潮流试填新词，尤其是在创新中试用《古乐念词曲调与唐诗配》，使西安鼓乐与唐诗这两颗文化遗产明珠同放异彩。西安民间古铜乐社的应运而生，以及它的实践和硕果，为西安民间古铜器社的发展和古乐器社的日臻完备提供了极其宝贵的经验。

西安鼓乐只有立足民间古乐社，才能生存发展；民间古乐社只有继续利用终南山南五台和西安城内西五台两个古会的影响，才能不断巩固坚持西安鼓乐的传承和发展。两个古会和民间古乐社只有共同奏响西安鼓乐，才能真正与时俱进，再创辉煌。

五　西安鼓乐研发的价值与前景

西安鼓乐被世界音乐界和史学界称之为"盛唐遗音原生态"、"世界音乐活化石"、"陕西千年活文物"、"中国唐代宫廷交响乐"等，它是国家非物质文化遗产保护的重要内容之一，"是陕西省西安市通行世界的一张金名片"，做好它的保护开发研究是一项非常重要的抢救、保护历史文化工作。

西安鼓乐是中华文明的重要组成部分。了解中国古代音乐文化，传承华夏文明、保存中华乐脉，使其在历史上不失位，学术上不失声，艺术上不失音，认识和重视中国古代音乐史与音乐文化的历史地位与世界地位，进一步增强民族自豪感和民族凝聚力，为弘扬祖国优秀文化做贡献。

西安鼓乐的研发能在抢救、保护世界音乐文化遗产方面做出积极贡献，近年随着西安鼓乐保护开发工作的开展，西安鼓乐已成为西安市旅游文化特色项目。自2002年至2006年8月仅陕西长安龙族妙音女子古乐团、西安佛教古乐社在西安市小雁塔西安鼓乐传承、展演基地演出就已超过600场，国内外游客观赏者超过50万人次。在2007年西安市政府工作报告中专门提出：开展非物质文化遗产保护开发工作，进一步培育"西安鼓乐等一批文化旅游精品"。旅游文化市场前景广阔。西安鼓乐的研究可以直接进入市场，进一步扩大旅游文化宣传，保护、弘扬中国音乐文化。

目前，西安鼓乐已作为特色教育项目逐渐走进一些高等院校和中小学校课堂。西安鼓乐的进一步研究可以直接为各层次学校教学所用，同时进一步扩大文化交流与宣传。

　　西安鼓乐,博大精深,挖掘整理,任重道远。改革创新,贵在实践。西安正在腾飞,西安鼓乐定能在振兴中再现盛唐风采。

西安鼓乐谱字、古谱识读与记谱法

西安鼓乐是中国非物质文化遗产代表性项目，它以原生态形式完整保存下来了我国古代的音乐文化遗存，使历史遗产以鲜活的姿态展示在国人面前。保护和开发西安鼓乐，对促进祖国非物质文化遗产的保护、祖国优秀文化的继承具有积极的意义。

一 西安鼓乐谱字

研究西安鼓乐，首先要了解古乐谱。所谓古乐谱是指古代人们为记录音乐而采用的各种书写形式和方法。西安鼓乐的谱字和我国其他地区古老乐种的谱字一样，是记录旋律音高的符号，其或称"燕乐半字谱"，或称"隋唐俗字谱"等，其实都是一回事。在记录音乐时，用文字记谱，称作俗字谱、半字谱，还有记载吹奏乐器指法和弹拨乐器指法的指法谱、音位谱等。律吕字谱则表明音高，它们是以专创的业内术语曲折回旋的笔画记录，加上艺人口传手法，用来表示音高和旋律节奏的一种乐谱。西安鼓乐谱是唯一采用"唐燕乐半字谱"的古乐谱。据《旧唐书·音乐志》记载，唐玄宗时善音乐，又制新曲四十余首及新制乐谱。这些乐谱在一定的历史时期，对古代音乐的保留起到了积极作用。我们今天能够再现和聆听一些古代音乐遗响，并对它们进行深入细致的研究探索，即得力于这些古乐谱的存在。

二 西安鼓乐古谱识读

西安鼓乐谱所用的半字谱，与辽史《乐志》中的胡乐谱、宋代陈元靓《事林广记》中的管色谱、张炎《词源》中管色应指谱、姜夔《白石道人歌曲》中的俗字谱均极相似，谱字的排列次序与读法也基本相同。但值得注意的是西安鼓乐使用的平调笛的笛孔音位与南宋张炎《词源》中管色应指谱所标记的笛孔音位相符合，即筒音为"厶"。这说明西安鼓乐目前所用的半字谱和平调笛，在宋代已普遍被使用了。物追其源，按陈旸《乐书》记载，唐"燕乐半字谱"源于龟兹筚篥谱，经唐代传文信和玄宗李隆基改革创新，又制新乐谱，"以十四字贯一切音"而更臻完美。经过唐、五代、宋的实际应用，并在唐代京都长安地区保留下来，直至现在。

西安鼓乐谱中有11字与敦煌唐代25首古乐谱中的谱字相同。从谱字的写法与字形相同，可知这两种古谱很可能是同根源的两个分支，敦煌乐谱有可能和西安鼓乐谱是同样可以吟唱的一种综合谱，不可能只是单纯的琵琶音位谱。正如同杨荫浏先生用西安鼓乐谱了解宋《白石道人歌曲》一样，在不久的将来，在不断展现的新的古乐谱和继续深入研究过程中，25首唐代古曲一定会展现出它应有的旋律节奏，而不像现在这样，同名同曲谱的乐曲，在不同的译解者手中却演奏出极不相似，或根本不相同的音响效果。

西安鼓乐谱与现存于晋北的笙管乐"五台山僧寺流传宋时乐谱"、"山西八大套"、北京智化寺京音乐谱、河北屈家营古乐谱，它们之间相似之处很多，很显然是同根同源。西安鼓乐谱是一种综合乐谱，虽然有的谱面标明所使用的乐器名称，可以作为该乐器的独奏乐曲使用外，所有乐曲均可以用吹管乐器和弹拨乐器进行演奏，是两类乐器通用谱。

三 西安鼓乐记谱法

唐代出现的"俗字谱"乐谱，在教坊中被广泛使用，宋人称这种"俗字谱"为"燕乐半字谱"。根据《辽史·乐志》记载，唐俗乐二十八调是由"五、凡、工、尺、上、一、四、六、勾、合"10个汉字为符号记录音乐的。陈旸的《乐书》和沈括的《梦溪笔谈》中也有类似的记载，但今天只有在西安鼓乐传世古谱中还可读到。

演奏西安鼓乐所用的乐器，因型制与材料的不同，以及它们不同的音色音域和不同的演奏技法，及其合奏时所产生的各种差异，很自然地形成一定的复调效果，如吹管乐器中就有"笛繁，管简、笙辅"或"笛紧、管慢、笙和"之说。这些都是形成一定复调关系的主要原因。它们不是杂乱无章的组合，是在同一乐谱的约束下，向着同一方向进行而产生的效果。主奏乐器和伴奏乐器在演奏过程中，会自然区分开来，同时又产生不同的音色共鸣。这就是西安鼓乐谱的一个特点。要读好和韵好西安鼓乐曲谱，首先必须严格遵循它标记的节拍。这些节拍标记称"拍"和"眼"，亦称"察"。拍号为"〇"，眼号为"、"或"×"。"〇"表示强拍，"、"或"×"表示弱拍。它们均标记在谱字的右侧。标在谱字中间的称过拍，是此拍前一音的延长，是跨小节的同音延长音。有些乐曲中的一段或数段不标节拍，这些乐段都是以长短不一的乐句组成，这些乐段称"散拍"。在不破坏乐曲旋律的基础上，韵曲者可以自由延伸，用这些乐句的旋律节奏，展现乐曲的舒畅动听。一些乐曲的"散起"、"散序"、"游声"、"尾声"等，均属"散拍"乐曲。在这些乐段或乐句右侧常标有"…"、"、"等自由延伸符号。

　　西安鼓乐的乐曲，凡是正曲部分，大都是"正拍"标记，它相当于现在的四分之四拍，即4分音符的1拍1小节为四拍。记法为"…"就是"空弱弱强"。这种节拍标记也称"三点水"。西安鼓乐曲的正曲部分也有以"、〇"标记节拍的，虽然是"一弱一强"（即一眼一拍）但它的实值仍为四分之四，即"空弱空强"。另一种节拍称"行拍"，是四分之二的拍子。一般只证强拍"〇"，不标弱拍"、"或"〇"，击拍时为"空强"。这种拍子大都用在芷曲的结尾解曲部分。

　　还有一种"花拍"是四分之一拍。它是用在一些节奏较明快的乐曲中。像"花鼓段"、"别子"、"赚"、"擂鼓"、"串札子"、"赶东山"、"扑灯蛾"等，都是"花拍"乐曲。它的记法只标"〇"，和行拍的记法一样。它是以乐曲的结构来区别的。四分之三的节拍在西安鼓乐中为数不多，一般只在某一乐曲中间出现，很少有整段乐曲是四分之三节拍的。它的标记为"、、〇"，即"弱弱强"，和三点水相似，但又不能用三点水的读法去读谱，西安鼓乐中散曲《贺圣朝》就是一例。

　　西安鼓乐记拍方法和现代的规范习惯不同，现在乐曲的记拍方法是"强弱次强弱"，即"〇…"。而西安鼓乐与此恰好相反，绝大多数的古乐曲，尤其散曲正曲都是弱始强落，即"、、、〇"为一乐句。凡是强拍均为乐句的终止拍，整篇大小长短乐曲均为弱始强落，占了绝大多数。少数乐曲也有以强拍开始的，这种强始乐曲称"碰拍"，即"强空弱弱强"。如果这支乐曲奏完没有再重新演奏时，其最后一拍为弱拍，终止演奏时刻仍为乐曲的第一拍强拍，极少有弱拍结束的。

　　在西安鼓乐谱的抄本中，多数乐曲只划强拍不划眼，这实际上是一种特色。它方便了我们在乐曲的一小节内可以自由运用主旋律节奏，而不致受到死硬呆板的约束限制，这将为更完善地展现主旋律的旋律节奏、感情色彩提供了更广阔的便利条件。它和不划节拍，不分乐句，不留水道（即在每小节乐句尾端留一空隙，是强拍处，也是休止或停顿延长处。一般正常谱子这里都有"下"号分句），谱字从始至尾连成一片的固有记谱绝不相同。这种固有记谱不经过艺师的口授是无法进行演奏的。正如明代沈宠绥所说："唯是向来衣钵相传，止从喉间舌底度来，鲜有笔之纸上为。"[①] 这种固有乐谱口授较为进步，但它仍是一种不能为人们都可读唱演奏的乐谱。

　　要使西安鼓乐谱还原成为一首旋律优美动听的器乐演奏曲，首先必须熟悉古谱。就是先要读好读熟古谱，从中领会乐曲风格面貌，表现内容，掌握其旋律节奏，继而进行吟唱，以人声充分展示乐曲的艺术韵味和内涵，同时从吟唱中检测乐曲是否符合人们听觉的审美要求，最后方能运用到乐器上，以达到听觉的真实感受。因此，读谱和韵曲是验证乐曲旋律节奏是否和谐优美，是否真实表达了情感，能否感人的一种感性实践，同时也检测自己和他人的听觉感受是否达到了对乐曲理解的审美要求，以便进一步更圆满地将乐谱记载的乐曲运用到实际音响上去。

　　西安鼓乐谱所提供的乐曲，其旋律有些或部分是骨干音。它"谱简音繁"，韵曲时在骨干音律的基础上酌情加花润腔，使乐曲的旋律线条更加委婉、流畅、谐和入韵，这就要"死谱活读"、"死曲活唱"。在"活读"、"活唱"时必然会随着乐曲的内在情绪高低婉转，升降起伏，很自然地产生一些润腔音，这就是民间古乐艺师们经常所说的"哼哈"、"际口"。这些自然产生的装饰音没有固定音高、音名，是以"唉、嗨、咦、呀、乃"等音代替音名，它们的音高一般与谱示乐句音高相同，或与谱示音高上下相邻。它是韵曲者根据乐曲本身的旋律节奏，加上对乐曲的情感体会即兴抉择，使乐曲更臻圆润流畅，优美动听。为将乐曲使用到乐器

---

① （明）沈宠绥：《度曲须知》，中国戏剧出版社1959年版，第242页。

上打好基础,这种装饰音均用"为"号标在谱示乐句的右侧,即标有"为"号的乐句称"明哼哈"。有些装饰音在谱示上则未标"为"号,这种不标"为"号的装饰音称"略哼哈"。无论哪一种"哼哈",在韵曲时均不能离开乐曲主旋律,更不能因增加"哼哈"而使乐曲走了"味",变了"韵"。更不能随意到处乱增加"哼哈"。增加"哼哈"的目的是使生硬呆板的骨干音变得更柔和,乐句之间的连接更圆润和谐,绝不能"画蛇添足",弄巧成拙。韵曲或演奏,都必须要注意这一点。

　　对乐谱的吟唱技巧,会因个人对乐曲的体会不同、艺师们的音乐与修养的差异而产生极不相同的吟唱效果。有的艺师们能根据乐曲的不同情绪,吟唱时随曲性进行韵唱,并酌情给旋律加以润色,其所韵之曲引人入胜,非常动听。这就是所谓"框格在谱,色泽在唱"的韵曲方法。韵曲时绝不能死读谱字,而是要"声情并茂"地把古乐谱中所蕴藏的乐曲情感韵唱出来。韵曲不单是熟悉古谱,韵曲是一种精神享受,是一种自娱,同时也是把古乐谱变为实际音响而进行的一种艺术实践。所以,韵曲时要韵出乐曲的情,只有韵出了情,才能真正反映出乐曲的精神面貌。这就要求韵曲的艺师们对乐曲要有情感,多听、多唱,天长日久自然会对乐曲增进了解。只有掌握了乐曲的情感,才能韵好乐曲,才能演奏好西安鼓乐。

唐传乐器"七星锣"排列变化原因初探

唐传乐器"七星锣"是西安鼓乐中最能体现和印证唐代音乐文化特色的一件原生态乐器实物，也是目前全国其他乐种中都未见使用的一件"金尾"乐器。"七星锣"是西安鼓乐"行乐"演奏使用的击打乐器，它由排列为"三、二、一"的三层木架悬挂六百件金属制作的小云锣组成。我们今天所见"七星锣"并不是历史上原器乐的七面排列，而是"六面"组合。为什么历史上七面组合的"七星锣"会变成我们今天所见的"六面"排列？这个问题长期以来一直谜一样困扰着西安鼓乐的民间艺人们。

据已故西安鼓乐传人——新中国成立后存世的"大师级民间艺人"李培恩先生所言，七星锣亦叫"方匣子"，是西安鼓乐演奏时独有的乐器，其原生态文化特色鲜明。而在后来西安鼓乐传承演奏中"坐乐"演奏用的"十面云锣"和"二十面双云锣"，均为唐以后才有的乐器。被尊称为当代唐传西安鼓乐传人的三老之首、已80余岁高寿的余铸先生在谈到"七星锣"时讲道，"七星锣"只有六个音："合、四、亿、上、工、尺（读车音）"，即今简谱的1、2、3、4、5、6，而没有"凡"（7）音，如果演奏"凡"音时即以"R"代"凡"，轻击"尺"的边沿，使之发出近似"凡"（7）的音。为什么原本为"七"面排列的乐器，后来会演变成为"六"面排列的乐器，其中原因说不清楚。这些民间古乐传人从各个角度探讨七星锣排列变化的因素，但都难以找到答案，无法撩开它变化的神秘面纱。

由于"七星锣"在西安鼓乐的演奏中地位独特，历来西安鼓乐传人对其排列改变极为关注。

2005年，西安鼓乐传人在陕北采风时发现上海宏文图书馆于20世纪初印行的四函古旧书籍《唐宫秘史》，该书从唐代宫廷斗争角度为本文答案提供了线索。

《唐宫秘史》记述了有关唐代宫廷秘闻遗事96则，述事详尽，史实有据，有些内容未被前人正史、笔记所录。《唐宫秘史》中"姓武的倒运"（全书96则故事中的第17则，书中第四函第11—12页）全段记述为："姓武的倒运。太宗时，民间忽起一种谣传。谓据北斗七星图，许唐三世以后，当属女主武王代有天下。太宗甚为疑虑。念华州刺史李君羡小名五娘，官至武卫将军，又是武安县人，封武连县公。因借故杀之，以绝后患。又白昼见，太史占谓女主昌。太宗召李淳风询以禳解之法。淳风对曰：王者不死，徒多杀无益。臣仰观天象，俯观历数。此人当已在宫中，自今不过三十年，当王天下，杀唐氏子孙殆尽。太宗曰：吾欲将宫中亦涉疑者们尽杀之，何如？淳风曰：天命已定，非人力所能挽回，自今以往三十年，其人已老。庶几颇有慈心，为祸或浅。今借使得而杀之，天或更生少者肆其怨毒，妨陛下子孙无遗类矣。上乃止。而武氏此时固已为才人。日侍左右也。"当然这段故事不仅仅在《唐宫秘史》中记录，在涉及唐宫廷政治斗争时也都有议论。古人重天，讲究迷信，而古乐器制作时又最讲究天相、天质，材料选用形制、音律、乐声与封建礼制、宫廷制度和人文理念都有关系。这些内容时时要相合，不越礼。根据乐律形式，不难理解唐传乐器"七星锣"只有"六面"的原因。

由于唐初传言和图说，以及见"太白星"犯昼，唐太宗知晓是由"武姓人三代后作祟"，故杀戮有关官员，后又被宫廷管"天象"的官员李淳风劝止。认为，此武姓者，自后三十年不会杀尽唐氏王朝子孙，倘必杀戮，恐天降一新年少者，"肆其怨毒"，其时，唐皇子孙将无遗类了。

北斗七星由天枢、天璇、天玑、天权、玉衡、开阳、摇光组成。

《晋书·天文志》中谈到北斗七星在太微北，枢为天，璇为地，玑为人，权为时，衡为音，开阳为律，摇光为星。道教称北斗星为七元解厄星君，居北斗七宫。即：天枢宫为贪狼星君、天璇宫为巨门星君、天玑宫为禄存星君、天权宫为文曲星君、玉衡宫为廉贞星君、开阳宫为武曲星君、摇光宫为破军星君。

天枢为贪狼北斗第一星，天文名称为天枢；巨门为北斗第二星，天文名称为天璇，古时称为"暗星"；禄存为北斗第三星，天文名称为天玑；文曲为北斗第四星，天文名称为天权；廉贞为北斗第五星，天文名称为玉衡；武曲为北斗第六星，天文名称为开阳；破军为北斗第七星，天文名称为摇光。

据天象星位图将前四颗星称"斗魁",又叫"璇玑",后三颗星称"斗杓"、"斗柄"。据此可以断定:今西安鼓乐中的"七星锣",为唐传乐器,原为"七面云锣"。自唐三代后,为应天中月,避天祸,将"七星锣"减为"六面",目的是不使"太白星"作祟,贻害唐室。而"七星锣"中所减去的一音为"凡"(读"反"),即对应的是北斗七星的第七颗星"破军星","凡"音即是"7"音,而"凡"与"反"谐音,为防造反,避忌讳,七面的"七星锣"就变成六面的"七星锣"了。

今天从历史上传下来的六面组合的"七星锣",无论历史故事还是天文星象对它的记载都与当时的政治密切相关,因为政治的原因而改变,也因为此,"七星锣"由七面排列演变为六面排列,六音为"1、2、3、4、5、6",使我们仍然能够一饱原生态文化眼福。

(本文与西安市长安古乐保护委员会主任李铠合作)

西安鼓乐的鼓

西安鼓乐是西安的一张名片，她已被列入国家级非物质文化遗产名录和人类非物质文化遗产代表作名录，被誉为"中国古代的交响乐"。作为大型民族器乐有机结合的西安鼓乐，其物质构成中最有特点的乐器就表现在鼓类乐器上。

西安鼓乐的鼓类乐器地位独特、特征鲜明，包括堂鼓、战鼓、乐鼓、豆鼓、单面鼓、高把鼓等。

鼓是中华民族节奏乐器中的重要乐器，"它结构简单、声音响亮、节奏鲜明、演奏方便"。[①] 在西安地区出土的音乐文物中，鼓也是上古时期发现的最古老的、在各类乐器中最擅长表现拍打节奏的乐器之一。

图1 座鼓
集贤东村鼓乐社提供

一 鼓的起源

鼓的历史悠久，它的出现可以上溯到3000年前。按《礼记·明堂位》的记载，在很早的传说中，已有陶鼓。"伊耆氏"之时就已有"土鼓"，即陶制的鼓。史书中有"黄帝命伶伦与营援作十二钟鼓"之说[②]与"鼓之制始于伊耆氏、少昊氏、夏后氏"[③]观点。在我国最早的古代神话集《山海经》中，记有公元前26世纪时候黄

[①] 唐永荣：《中华音乐典故与传说》，文化艺术出版社2007年版，第3页。
[②] （元）马端临：《文献通考》，中华书局1986年版，第189页。
[③] 同上书，第1205页。

帝造鼓的故事。相传黄帝征服蚩尤的鹿之战中，黄帝杀夔，"以其皮为鼓，橛以雷兽之骨，声闻五百里以威天下"。① 当时黄帝与蚩尤大战，在旷日持久的战争中，黄帝无法使蚩尤的军队降服，在这种情况下，黄帝想到造一面能发出巨响的大鼓，以大长自己军队的士气，挫损蚩尤军队的锐气。于是黄帝命人用东海流坡山上的怪兽夔皮做了一面大鼓，用雷神的双腿做了一对鼓槌。在战场上，大力士常伯擂鼓，山吼谷应、天昏地暗，使黄帝军队士气大振，取得了对蚩尤的胜利。

在上古传说中，鼓的产生与战争有关。《吕氏春秋·古乐篇》谈到远古时期，"帝尧立，乃命质为乐。质乃效山林溪谷之音以歌，乃以麇鞈置缶而鼓之，乃拊石击石，以象上帝玉磬之音，以致舞百兽"。这些传说与记载尽管不同，但鼓的发明与政治、生活紧密相关却是毫无疑问的。

鼓的种类丰富。"加四足，谓之足鼓，殷人柱贯之，谓之楹鼓，周人悬之，谓之悬鼓。"② 外形虽有差异，大小高矮也不同，但几乎都是粗腰筒状。不同的鼓作用也不同，"以雷鼓鼓神祀，以灵鼓鼓社祭，以路鼓鼓鬼享，以鼖鼓鼓军事，以鼛鼓鼓役事，以晋鼓鼓金奏"。③ 从史料记载看，我国的鼓主要来自于本土和西域等。

有观点认为，最早的鼓是由远古的先民使用的陶罐、陶盆等生活用品演化而来。出土的陶鼓证明，早在距今七千年前的新石器时代，已经有了陶鼓的制造。陶鼓又称土鼓，是用陶土烧制成鼓框，再蒙上动物的皮革做成的。在我国以瓦为框制造陶鼓的传统，沿袭了很久。最早的鼓是用兽皮蒙在陶、木缶上制作的土鼓，相传先民们在劳动猎兽时，偶然发现木棒击枯树空洞时发出咚咚之声，劳动中原始的劳动工具"石斧"、"石犁钟"、"石棒"的碰击声，"拊石击石"能敲出美妙的音乐。作为盛食用的器皿，陶制的缶、罐、瓮之类敲击能产生响声。这些生活中的敲击声音的积累，为后来"鼓"的起源奠定了基础。鼓作为乐器始于周代。周代有八音，鼓是群音之首。

关于鼓的制造，王光祈在《中国音乐史·乐器之进化》中阐述曰："其（鼓）成声也，由于器上所张之革，陷于颤动。"④ 鼓的结构比较简

---

① （晋）郭璞著，袁珂校注：《山海经校注》卷9，巴蜀书社1996年版，第416页。
② 《隋书》卷15《音乐志下》，中华书局1973年版，第376页。
③ 《周礼·地官·鼓人》。
④ 王光祈：《中国音乐史》，团结出版社2007年版，第180页。

单，是由鼓皮和鼓身两部分组成。鼓皮是鼓的发音体，通常是用动物的皮革蒙在鼓框上，经过敲击或拍打使之振动而发声的。鼓噪之所以能够发声，与它的制造原理有关，与颤动、与器上之革有关，同时，与制作鼓的规格尺寸也有关，《周礼·考工记》中谈到"鼓大而短，则其声疾而短闻；鼓小而长，则其声舒而远闻"。在长期的实践中，如何制造鼓并使鼓的音响达到最佳状态，我们的祖先已经有了认识，已经从最初的感性认识上升为物理属性的理性认识，已经对乐器振动膜的鼓和板棒振动的乐器有了"革木一声"（《国语·周语下》）的精辟总结。

二　鼓的作用

鼓的作用广泛。作为祭祀的器具，如"腊鼓"、"社鼓"等，鼓被尊奉为通天的神器。作为音乐活动不可或缺的乐器，"我有嘉宾，鼓瑟吹笙"，鼓在礼乐生活中占有重要地位。鼓的声音激越雄壮，传声很远，具有良好的共鸣作用。因此，鼓很早就被华夏祖先用于军队提高士气、战场助威上。"赫怒我圣皇，劳师事鼙鼓"（李白《古风》第十四首），在战争中用于打击敌人。此外，狩猎、驱除猛兽、报时、报警等等，鼓被用于生活的各个方面。

随着社会的发展，鼓更是被运用于民族乐队、各种戏剧、曲艺、歌舞、赛船舞狮、喜庆集会、劳动竞赛等艺术和民俗活动中。

从秦、汉到清代，各种传统鼓几乎都得以保留并有所发展，只是曾在我国长期流行并具有重要的地位的一些少数民族、西域国家、阿拉伯和印度的外来鼓如檐鼓、齐鼓、鸡娄鼓、羯鼓、答腊鼓、都昙鼓、毛员鼓等日渐衰落以至失传。

由于鼓的大众化，现实生活中与鼓文化有关的成语、典故也处处可见，如"旗鼓相当"、"打退堂鼓"、"欢欣鼓舞"、"一鼓作气"、"暮鼓晨钟"、"重振旗鼓"、"紧锣密鼓"、"鼓乐齐鸣"、"鼓乐喧天"、"大张旗鼓"、"鼓舞人心"、"敲锣打鼓"等。

鼓作为乐器，俗可以是民间的欢庆锣鼓，雅可以进入庙堂祭祀和宫廷宴乐，是最受人们喜爱和广泛应用的乐器之一。

图 2 座堂鼓与单面鼓
何家营鼓乐社提供

三　西安鼓乐的鼓

鼓是西安鼓乐中的特色节奏乐器，也是西安鼓乐中最主要的乐器之一，无论坐乐、行乐，鼓都起着全乐队的总指挥作用，绝大部分的乐曲及锣鼓乐的演奏，都缺少不了鼓。"鼓腔必须以桑木为佳，鼓面必须以活牛皮蒙之。"① 鼓乐名称与它的地位有关。"鼓乐之所以有此名称。主要是在所有节奏乐器中，以六种不同形状，不同性能，不同音响，不同音色的鼓作为主体。"② 鼓的名称、形状各异，其既有历史传承，又有各个时期因民族融和而来的不同形状的鼓。

图 3 座堂鼓
周至集贤西村鼓乐社提供

西安鼓乐中依其演奏形式的不同，鼓的形制及使用配置也有区别。如坐乐用座鼓、战鼓、乐（又名四）鼓、独鼓；行乐用单面（又名铜鼓）鼓、高把鼓等。其中座鼓形制甚古，有专用鼓架，置于桌上演奏，

---

① 李石根：《一种特异的鼓谱——西安鼓乐中的"鼓札子"》，《交响》1987 年第 1 期。
② 李石根：《西安鼓乐的乐器与乐器法》，《中国音乐学》1991 年第 2 期。

作用亦最突出，一般司鼓之人地位都较为重要，是整个乐队表演中的灵魂人物。由座鼓与铙钹配合的鼓段曲，是西安鼓乐最具特色的一类乐曲。在鼓类乐器中，以座鼓应用最多，也最突出。"坐鼓与铙、锣相配合而构成的鼓段曲，焦杀激越，壮丽多彩，是鼓乐最突出的特点，其它各种鼓，根据乐曲需要，或作配合，或作伴奏，均起着相当重要作用。"①

（1）坐乐用鼓

座鼓：坐乐用鼓（亦称"座堂鼓"）。类似于唐代的"羯鼓"。鼓面直径各乐社有差异，座鼓音色宏亮、坚实，鼓边与鼓心的音色区别明显。用双木槌击奏，演奏时，平卧在月牙形鼓架上，放置在案桌上击奏，演奏手法丰富多变，能获得较大幅度的音量及音色对比。

大鼓：用于打鼓拍乐器

| 大鼓 | 战鼓 | 大鼓 | 座鼓 |

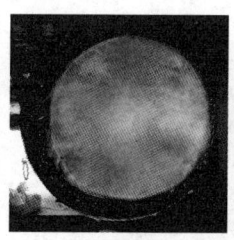

图4　集贤东村鼓乐社提供

战鼓：坐乐用鼓。音色低沉，响亮。使用双木槌击奏，演奏技法多样，音色变化丰富。外形与大鼓相似，但较低短，又称扁鼓。发音响亮，有大小不同规格。主要用于合奏、舞蹈、杂技团和锣鼓队。

乐鼓：坐乐用鼓（亦称"祀鼓"或"四鼓"）。这种鼓形同一轮满月，也名为"月鼓"。形同说唱音乐中的书鼓，音色清脆明亮。通过敲击鼓边、鼓心，可获得音量及音色变化。②

---

① 何钧：《西安鼓乐概述》，《中国音乐》1987年第2期。
② 同上。

独鼓：坐乐用鼓（亦称"豆鼓"）。与乐鼓配套使用，音色纤细脆亮，击奏时不分"鼓边"、"鼓心"，音色无变化。

（2）行乐用鼓

单面（又名铜鼓）鼓：行乐用鼓（亦称"铜鼓"）。因只有一面蒙皮而得名。类似于唐代的"铜鼓"。鼓面画有八卦图样。演奏时挂在胸前边走边击。用双槌击奏。以较固定的基本节奏为基础，略有变化。音色宏亮、坚实。鼓心与鼓边交替演奏，音色多有变化。单面鼓各流派都有，只是某些乐器和击法上略有不同，它的特点是悠扬壮丽、明快活泼，尤其在曲调的最后部分，常带有紧吹慢打的"行拍"尾子，更显得紧凑、热烈，很受群众喜爱。①

图5 豆鼓
集贤西村鼓乐社提供

高把鼓，行乐用鼓。类似于唐代的"铜鼓"。鼓下吊一小贡锣。这种鼓有一个很长的木柄，一手执鼓，一手用单槌敲击，锣、鼓兼奏，无音色变化。这种长柄鼓，又被称作"高把子"，作为行乐的一种演奏形式名称。高把鼓的特点是温文典雅、庄重肃穆，只有僧道两派用，俗派不用。②

图6 单面鼓
西安佛乐社提供

西安鼓乐鼓乐全套中，坐乐的前半部的主体就是法鼓段，法鼓段在表演中，鼓点变化莫测，变化无穷，法鼓段就如同一块玉，中间夹有如同玉中瑕疵的三个耍曲——"三瑕"，一瑕、二瑕、三瑕，乐曲虽不变，但鼓点变化万千，且每个鼓段都不同，表演异常精彩。打鼓的快慢节奏速度要掌握适度，否则不协调，会带来节奏

---

① 何钧：《西安鼓乐概述》，《交响》1987年第2期。
② 同上。

上的脱节。法鼓段对司鼓者要求极高，一个好的司鼓，不仅要熟练掌握鼓谱，而且还要牢记文曲曲谱，要达到嘴念乐曲曲谱，手打在鼓点上，司鼓者掌控全盘，寄成败于其一人之身。在鼓乐中，作为核心司鼓者，只会打鼓和指挥是远远不够的，还必须全面掌握曲谱的唱法，其中，鼓点和打法都是固定的，如，冷，各，豆，乍……单槌，双槌，打中，打边，下槌的轻重高低，等等。

西安鼓乐传统乐社中，担任司鼓的多是乐社社长或传承人，或有地位、有影响的人物，"主角"，属于整个演出队伍中的核心人物的"专利"，司鼓者的演奏带有指挥性质，地位极其重要。"鼓是鼓乐的核心，所有笙、笛、管等乐器，都要跟鼓的节拍走，听鼓的指挥，其难度也最大。"[①] 司鼓之人不仅要有师傅真传，而且师傅还要把自己所掌握的曲谱、技艺毫无保留地传授下来，师傅不仅教授鼓点的打法，还要身传打鼓姿势、神情。特别是将鼓曲中最难的法鼓段，随着乐曲从头敲到尾，连续半小时，难度非常大，打鼓绝活也最容易失传。因此，要将这种技术全部拿下，学习中的刻苦不言而喻。白天农民艺人下到田间劳动，晚上跟着师傅学司鼓，吃饭时用筷子敲碗练习鼓点，晚上做梦都在背鼓乐曲谱。由于练得时间太长，胳膊疼得晚上睡不着，下地干活抬不起胳膊。习鼓时间长，练习难度大，艺人要经过一年的学习，在很刻苦的情况下才能记住一套长达一个半小时的坐乐鼓曲——"鼓札子"。演奏中更是要"带有心灵深处的东西，尤其是精神饱满，情绪根据乐曲发展而变化，具有很强的魅力"。"细腻，与乐队融合密切，有一种交织感。"[②] 对司鼓之人音乐素养要求极高，其鼓要敲得有分量，有内在感，要起到能驾驭全乐队的作用。

西安鼓乐的鼓地位独特，形制各异，表现了西安鼓乐乐器发展的丰富内涵。

---

① 《斗出来的两位鼓乐大师》，《西安日报》2008年2月21日。
② 同上。

西安鼓乐的锣铰类乐器

锣铰类乐器是西安鼓乐节奏乐器的重要组成部分，它包括金属制作的锣类乐器与铙钹及铰类乐器。锣铰类乐器名称、大小、形制、用处、音色、效果各不相同，各具特色，它们在西安鼓乐演奏中，配合鼓类乐器，打出独特的乐曲韵味，为有"中国古代交响乐"美誉的西安鼓乐增色不少。

一　源远流长的产生历史

西安鼓乐中的锣铰类乐器包括锣类乐器与铙钹及铰类乐器，产生的历史悠久。史料中，有关铙的记载，既有实物史料，又有文字史料，且对其功用以及制作材质也有一定说明。早在1955年时在西安长安客省庄龙山文化遗址就发现了距今约4000多年的陶铙实物。[①] 最早见诸于实物史料的铙，原是原始社会末期象征氏族贵族权力的礼乐器，用陶土制成。后来铙被列入军礼之器，"铎铙之属，为军礼之器"。[②] 铙成为带有军事性质的乐器，并与鼓同时作用于战场。"铙如铃，无舌有秉，执而鸣之，以止击鼓。"[③] 军队"进退坐作者，必齐之以金鼓，鸣鼓以进，鸣金而退。由是有铎钲镯铙之用"。[④] 到宋代时，发现了汉代的舞铙形制，"第一器长六寸九分，径四寸，重一斤四两，无铭；第二器长六寸六分，径三寸九分，重

[①] 李纯一：《中国古代音乐史稿》（增订本）第一册，人民音乐出版社1985年版，第19页。
[②] （明）王樵：《尚书日记》卷2，上海古籍出版社1987年版，第27页。
[③] 李学勤主编：《周礼注疏》，北京大学出版社2000年版，第374页。
[④] （宋）王黼：《重修宣和博古图》卷26，广陵书社2010年版，第522页。

一斤无铭"。① 从远古的出土实物到宋代的文字记录，可以看出铙在中国古代政治生活中的地位及其在中国古代早期演变的基本情况。

西安鼓乐中的锣，据目前考古发现看，锣的最早实物是在广西贵县（秦汉时称布山县）罗泊湾汉墓出土的一面西汉初期的百越铜锣，距今已有2000多年的历史。实物史料证明锣最早是源于少数民族地区。随着民族之间不断进行交往，铜类材质的锣类乐器逐渐流传至内地。史书上有"铜拔，亦谓之铜盘，出西戎及南蛮。……南蛮国大者圆数尺……"② 的记载，据音乐学考古学家推测，"铜拔"可能是有关锣的最早文字记载。

西安鼓乐的乐器钹，从当代学者研究和史料记载情况看，多与我国西南少数民族、西域及地域更远的外来国家有关，其制作材质主要是铜类金属。按其制作材料来看，铜器的大量使用，应在奴隶制时代，因此推断，钹作为乐器使用的时间比铙要晚。其"本南齐穆士素所造"，③ 或出自西戎及南蛮等少数民族地区，"铜拔，亦谓之铜盘，出西戎及南蛮，其圆数寸，隐起若浮沤，贯之以韦皮，相击以和乐也"。④ 或源于西域国家，出于"高昌疏勒之国"。⑤ 或来自更远的天竺（今印度）等，"天竺者，起自张重华据有凉州，重四译来贡男伎，天竺即其乐焉。……乐器有……铜拔"。⑥ 北魏时有"洛下以两拔相击"⑦ 的记载。隋九部乐中有五部用钹，唐代十部乐中有七部钹，敦煌千佛洞的隋唐壁画等能看见已绘有敲击铜钹的人像。显然，西安鼓乐乐器是中外乐器融合的结果。今天由于研究的局限，对西安鼓乐的乐器钹的研究还有待于深入。

至于西安鼓乐中的乐器铰，在正史中记载很少。据推测，应与其名称混用有一定关系。在我国民间中，俗称小铙为铰子，也有将铰子称为"小镲"的，还有记载为少数民族使用的乐器的，如文献《皇朝文献通考》、《皇朝通典》有少数民族回部乐器铰子的记载等。

---

① （宋）王黼：《重修宣和博古图》卷26，第531页。
② 《旧唐书》卷29《音乐志二》，中华书局1975年版，第1078页。
③ （元）马端临：《文献通考》卷134，中华书局1986年版，第1195页。
④ 《旧唐书》卷29《音乐志二》，第1078页。
⑤ 《隋书》卷15，中华书局1973年版，第379页。
⑥ 同上。
⑦ 《北齐书》卷1《神武帝纪》，中华书局1972年版，第9页。

二 多种功用的各类乐器

西安鼓乐的锣铰类乐器在历史上都曾有多种功用。最早见诸于史料的铙，原是原始社会末期象征氏族贵族权力的礼乐器，用陶土制成。后来铙被列入军礼之器，"铙也……伐击也"。① 铙是"先王行师，其坐作进退以鼓铎镯铙为之，节而不可乱"②，成为军队作战时指挥用器，"金铙止鼓"（《周礼·地官·鼓人》），"执而鸣之，以止击鼓"。③ 铙不仅是带有军事性质的乐器，而且与鼓同时作用于战场。"铙所以止鼓，军退，卒长鸣铙以和众，鼓人为止之也。"④"闻鼓声而进，闻金声而退"，⑤"铙似铃，有大小之异耳。凡军进退皆鼓动钲止"。⑥ 宋时，出土了汉代舞铙实物。从远古到宋代的出土实物与文字记录，可以看出铙在中国古代政治生活中的地位及其在中国古代早期演变的基本情况。铙也常出现在地方戏曲如用于昆曲的伴奏中。

锣在我国古代应用范围很广。在政治生活中，如最高统治者上朝、县府升堂则以鸣锣来示"王威"，宫廷聚会则以鸣锣表示"吉祥之兆"，帝王将相外出巡访则往往用大锣鸣锣开道，表示政治地位之尊贵。在民俗活动中，锣是庆祝集会、赛龙舟、舞狮子、欢庆丰收和劳动竞赛、喜庆年节等民间活动、宗教寺庙活动中不可缺少的乐器。"鸣锣击鼓，迎赛神社"，⑦ 一些民俗活动"凡禳火灾，必于腊月大傩之时，略仿古八蜡礼告于社，祭先啬及田神、水神，使人装扮为兽面，鸣锣鼓而噪，迎猫迎虎而享之"。⑧ 在保甲维护地方治安演练时，"鸣锣击鼓以操习之"。⑨ 古代战争也有用锣"鸣金收兵"之说。战争中"鸣锣一声，退兵于珠金沙"，⑩

---

① 刘瑾：《诗传通释》，北京师范大学出版社2004年版，第426页。
② （宋）王与之：《周礼订义》卷30，上海古籍出版社1987年版，第443页。
③ 李学勤主编：《周礼注疏》，第374页。
④ 同上书，第915页。
⑤ （清）王先谦：《荀子集解》卷10，中华书局1988年版，第278页。
⑥ 刘瑾：《诗传通释》，第426页。
⑦ 《元史》卷105《刑法志四》，中华书局1976年版，第2684页。
⑧ （明）黄佐：《泰泉乡礼》卷5，上海古籍出版社1987年版，第41页。
⑨ 同上书，第45页。
⑩ 《宋季三朝政要》卷5，上海古籍出版社1987年版，第37页。

"忽闻鸣锣声,敌皆退去",[①] 甚至有清雍正时,士兵扰民,也使用锣,"又称彼时众兵沿街鸣锣逼勒"。[②] 锣在民族乐队、民间器乐合奏、各种戏曲、曲艺以及歌舞伴奏、"迎民间神庙会、婚丧嫁娶、官家出巡、宫廷聚会、民间迎亲、送葬祝寿、乔迁、过年灯会、过节敲奏"[③] 等各类活动中使用,也被用作肩担小贩和沿街招揽生意者的工具,等等。

三 独具特色的各类乐器

西安鼓乐的锣类乐器,包括贡锣、单云锣、小吊锣、大锣、勾锣、三星锣、开口子、铰锣、马锣、手锣、云锣、疙瘩锣、双云锣和方匣子。由于演奏风格的不同,配用的乐器也有差异。"应用于行乐的有:贡锣、单云锣、小吊锣;应用于坐乐的有大锣、勾锣、三星锣(亦名当当)、开口子(僧、道派代表独鼓用的一种小锣)。"[④] 在西安鼓乐演奏中,鼓乐演奏者根据所演奏曲目等相关内容,选择使用锣类乐器。锣的种类繁多,它们名称、大小、形制、用处、音色、效果各不相同,各具特色。器乐合奏中,对锣的使用,都有严格规定。

因其演奏曲目不同,演奏场合不同,而又分为行乐用锣与坐乐用锣,坐乐用锣包括大锣、马锣、勾锣、三星锣(铛铛,俗派专用)、海口子(僧道两派用代独鼓的小锣)、铰锣、马锣、手锣、云锣、疙瘩锣、双云锣和方匣子等,行乐用锣包括开山锣、贡锣、引锣、吊锣等。

在坐乐中,常用大锣开场和作引子,演奏时,大锣与别的打击乐器相互配合,在鼓点的节奏下,铙钹镲与其配合,击打出"哐"、"哚"音。为了更好地表现节奏感、渲染演奏气氛,锣钹镲几种乐器演奏时还有分工,即大钹、大镲同时击打,而钹只在"哐"音上击打,镲则是在"哐"、"哚"音上都能击打。

双云锣,以演奏旋律为主。"在西安鼓乐中,有一组形制不同的云锣,分别用于坐乐与行乐中,与笛、笙、管相和,为鼓乐的演奏增添了无

[①] (宋)徐梦莘:《三朝北盟会编》卷133,四库全书珍本六集,台北:台湾商务印书馆1972年版,第10页。
[②] (清)范时绎等撰辑:《朱批谕旨》,清刻本。
[③] 应有勤:《中外乐器文化大观》,上海教育出版社2008年版,第126页。
[④] 何钧:《西安鼓乐概述》,《中国音乐》1987年第2期。

限韵味。"① 它在演奏时，由两架由十个定音小锣组成的塔形云锣，左右分开呈人字形竖置在桌上，由乐手双手分别同时敲击左右两架小锣，其音色清澈、圆润、悦耳，余音持久。由于各流派乐社坐乐与行乐的演奏形式与技法不同，其所用云锣的形制、音调、技法也各不同，故有双云锣、单搊云锣、方匣子、三音云锣、引锣、海口子共六种，组成了一个云锣家族。在鼓乐的云锣家族中，"双云锣之位最显，演技最难，且最为听众所喜闻。其次是方匣子，也有其特异之处"。②

十面云锣，即双云锣的一架，也以十枚小锣构成，音列与双云锣相同，演奏时，竖置于桌案上，以单槌点曲调的骨干音，配合笛、笙、管，以增色彩。

方匣子（七星锣），金属铜制。类似于唐代的"方响"，疑为古"方响"之变品。由一组与双云锣上三层音高、排列全同的云锣组成，是双云锣用于行乐中的简化乐器。是用六个定音小锣，分三层排在一个架上，其音高和音位排列有数种。方匣子仅用于行乐，主要演奏旋律的骨干音。一手持乐器，一手敲击，"只作尺调演奏"。③ 由于音列限制，故在传统鼓乐社表演中已成为节奏乐器，随意点击曲调节奏，作为陪衬。

引锣（亦称"海口子"或"开口子"），"又称银锣，只是一枚与云锣面积基本相同的小锣，锣腔有小眼系以线绳。演奏时，引锣掌于左手心，线绳环绕食指，以小木棒专门在行乐'乱八仙'，或坐乐'清吹'（'耍曲'）中敲击，掌握节奏。必要时，也可以在某些鼓段或乐曲中密点连击"。④ 坐乐、行乐均用。演奏坐乐时，将锣放置在桌案上的架上击奏，称之为引锣；演奏行乐时，左手执锣，右手执槌击奏，称为"海口子"或"开口子"。两者形制大小相同，但用法不一，实为一种乐器。⑤ 引锣在演奏中可以丰富节奏的音响效果，更为乐曲演奏增强了欢快、明亮的气氛。

马锣也叫小铜锣，在坐乐前半部中使用。钩锣专用于鼓曲，打鼓札子

---

① 李石根：《西安鼓乐中的云锣家族——兼及古云璈的发现时期》，《中国音乐》1992年第3期。
② 同上。
③ 何钧：《西安鼓乐概述》，《中国音乐》1987年第2期。
④ 李石根：《西安鼓乐中的云锣家族——兼及古云璈的发现时期》，《中国音乐》1992年第3期。
⑤ 同上。

时使用。

　　在行乐中，西安鼓乐的锣主要有开山锣、贡锣、引锣、吊锣。贡锣是专用于打拍子的节拍乐器。最早用于烧香、香会，多是专曲专用。一般是4拍一贡锣，8拍一贡锣。在个别乐曲中使用，根据乐曲表演加入韵味，如《进庙堂》《钱粮曲》，烧香、拜佛时使用。开山锣，在坐乐中为大锣，是在行乐表演中走在队伍最前面用于开路的两面锣，如在行乐曲《红沙》中与其他乐器相配合，打出乐曲韵味。锣类乐器是西安鼓乐表演不可或缺的乐器。

　　西安鼓乐中使用有多种铙类乐器，如大铙、苏铙、湛铙，多种钹类乐器，如大钹、疙瘩钹、小钹，多种铰类乐器，如大铰（亦名镲）、川铰、苏铰等。湛铙是用于西安鼓乐表演上堂鼓时专用于坐乐的一种乐器。苏铰，也叫大镲、扇子，外形同铙，但比铙小，一般主要在西安鼓乐的俗派表演中使用。

　　铙与铰子在使用中基本上是成套使用，铙大铰小，大铙配大铰，二者的默契配合，能使发出的音乐优美、悦耳、好听，二者的结合就是打击乐中的绝配。铰的音量高低不同，声音脆亮。铙在表演中有乐谱。在表演中铙有时是虚拍，而铰子则以实拍出现。如在西安鼓乐的法鼓段表演中，鼓段中"腾"、"腾"、"腾"三拍中，铙在演奏时皆为实拍。在"一"、"乍"、"乍"节拍中，"一"时，铙为实拍，第一个"乍"，铙在两拍中间穿过，第二个"乍"，铙则穿过空拍。铙只在两个实拍中间穿过，而"一"时，都是走铰子。二者演奏时，中间有鼓乐曲相配。演奏只要出现打"腾"、"乍"拍时，铙在"腾"拍上重击，在"乍"拍上轻击，铰则自然配合，穿梭使用。

　　西安鼓乐的锣铰类乐器历史悠久，功能多样，在漫长的历史中，它们吸收与融合了我国少数民族与外来国家的乐器，在继承与发展的过程中，形成了自己独具特色的乐器系统。这些乐器在保护与传承中华民族音乐文化中发挥了重要作用，为保护与传承我国优秀民族民间音乐做出了贡献，也为当代研究中华音乐文化历史提供了鲜活的证据。

西安鼓乐的传统乐社

一　西安鼓乐传统乐社基本情况

（一）鼓乐社人员构成

西安鼓乐的传统乐社由西安市的城乡西安鼓乐乐社构成。早期西安鼓乐社主要活动在西安市内及其周围的农村，因此，它的乐社成员"依生活、职业之不同，鼓乐演奏社团，分别由农民、手工业市民和道士、和尚等宗教信徒构成。例如：何家营鼓乐社、周至县南集贤东村和西村的两个鼓乐社和西安西仓鼓乐社，都是农民组成；西安东仓、显密寺、南院门、香米园的鼓乐社由有关地区的农民、工人、小贩等组成；西安城隍庙迎祥观鼓乐社，是由工人、农民、小手工业者、小贩和道教信徒组成"。[①] 1953年杨荫浏先生来陕西考察时，对西安鼓乐社艺人成分、总结道："工人兄弟们对文娱的要求，正随着社会经济情况的突飞猛进而逐渐加高；在音乐方面，已由对歌唱的爱好，逐渐导向对乐器的要求。农民兄弟所拥有丰富音乐遗产，正是工人兄弟们可以接受而由此加工发展的最好基础。"[②] 何家营的鼓乐社，全是由农民所组成。按何家营乐社的郑言普说："本村青年自幼都爱听、爱学这种音乐，每天晚上或在下雨天气，或听别人演奏，因为平时听惯了，所以学习起来并不困难，并不至于妨碍生产。"从这一番话，可以见得这种音乐已构成了农民生活的重要组成部分。西仓鼓乐社由农民所组成，解散已久。周至县南集贤西村鼓乐社——系农民组成与东村相同。周至县南集贤东村鼓乐社——农民们自己所说，他们只知道

[①]　杨荫浏：《中国古代音乐史稿》，人民音乐出版社2004年版，第988页。
[②]　中央音乐学院民族音乐研究所编：《陕西的鼓乐社与铜器社》，中央音乐学院民族音乐研究所古代音乐研究室采访记录第25号油印本，1954年。

从他们的远祖时代乐社就早已有的，他们说不出最初组成的确切时间。他们过去的活动，主要是在庙会、社火及一年中其他季节的时间。东仓、显密寺、南院门、香米园鼓乐社的成员，大都是工、农、小贩。城隍庙、迎祥观鼓乐社系由少数道家人士、多数摊贩及城市小手工业者组成。

（二）鼓乐社成员数量

据几十年来领导鼓乐社（亦称乐器社）和铜器社的长安古乐保管委员会负责人崔锦亭老先生（崔先生时年已72岁，但身体健康，精神甚好）所说："西安附近的乐器社与铜器社就有五十四家，解放后尚存四十三家，参加者计有一千三百七十余人，1952冬间，西安市文教局号召开会，选拔专精艺人组成核心，自此之后，乐器社便有中心、东南、何家营三组，每组有社员十五六人不等。"[①] 今天西安鼓乐社中，城隍庙鼓乐社常演人员有19人，周至县南集贤西村鼓乐社常演人员有30人，周至县南集贤东村鼓乐社常演人员有25人，大吉昌鼓乐社常演人员有30人，东仓鼓乐社常演人员有24人，何家营鼓乐社常演人员有40—50人。

（三）鼓乐社年龄结构

西安传统鼓乐社艺人目前年龄结构急需要调整，从几个乐社目前演出人员的年龄看，城隍庙鼓乐社常演人员中，70岁以上者2人，接近70岁者有4、5人，年龄普遍在60岁左右。

周至县南集贤西村鼓乐社全社常演人员不过20来人，60岁以上的老艺人就占到了12位，其中两位86岁高龄的老人因身体欠佳已不能参加正式演出。由于生计问题，男性人员外出打工者居多，演员多是留守在家的妇女。

周至县南集贤东村鼓乐社情况与西村一样。

大吉昌鼓乐社经常参加演出的人员中，70岁以上人员6人，80岁以上人员2人，50岁左右的人员参加鼓乐活动的多一些。

东仓鼓乐社领军人物是国家级非物质文化遗产代表性传人赵庚辰，该乐社中老中青三代皆有，目前主要在国家级文化产业基地——大唐芙蓉园开展鼓乐传承活动，它是西安鼓乐传统乐社中发展最好的一个乐社。

---

① 中央音乐学院民族音乐研究所编：《陕西的鼓乐社与铜器社》，中央音乐学院民族音乐研究所油印本，1954年，第9页。

何家营鼓乐社基本是全村学习，以中年人居多。近年尤其致力于开展从娃娃抓起，培养鼓乐传承人工作。"当越来越多的文化遗产项目为找不到继承人发愁时，西安鼓乐60余位'娃娃军'队伍，让何家营鼓乐社社长何忠信感到很自豪。让鼓乐艺人看到希望的'娃娃军'有了正式的名字——长安少年鼓乐艺术团。如今，团里年龄最小的孩子8岁，最大的也只有14岁，具备一定演奏水平的已有43人，还有20多个新入门的孩子还在暑假里加紧练习。""这些孩子演得原汁原味，一点没有走样。""如今，那些跟着何社长学了5年的第一批孩子们，已经成了艺术团里的骨干。这些孩子们从小在鼓乐的环境中熏陶，家人都会演奏鼓乐，从小耳濡目染，他们觉得鼓乐比流行歌更雅致动听。"① 这些娃娃军学习掌握乐器很快。相信何家营鼓乐社未来一定会有更多的鼓乐好苗子加入到西安鼓乐的演奏行列中去，使西安鼓乐后继有人，世代相传。

图1　西安鼓乐传统乐社负责人
摄于西安文理学院西安鼓乐研讨会

左起第一人为西安鼓乐国家级传承人，左起第二人为周至南集贤西村鼓乐社社长田效黎，左起第三人为都城隍庙鼓乐社社长曹馥元，左起第四人为东仓鼓乐社副社长赵筱民，左起第五人为周至南集贤东村鼓乐社社长顾景昭，右起第二人为何家营鼓乐社社长何忠信，右起第一人为大吉昌鼓乐社社长苗东泰。

---

①《西安鼓乐有了娃娃军》，《西安晚报》2009年7月17日。

二 西安鼓乐社主要活动

西安鼓乐的传承与参加演出活动关系密切。如果没有各类表演活动，则缺少了艺人习乐的动力，各种各样的活动是鼓乐社生存的基础。西安鼓乐历史活动据南集贤西村香会整理资料看，主要分为以下几类。

（一）庙会、社火

西村香会老一辈最远东到过南五台，西到黑水峪，北到咸阳。多次去县城和西安演出。香会活动主要在平时，一冬三个月及下雨天练习，每年有四次演奏时间，正月初一，正月十五，三月二十四，八月十五。正月初一早饭后，在香会门上点上灯笼，抬上食笼，到各庙去送钱粮香火，路上吹奏行曲。

周至县南集贤东村鼓乐社——农民们自己所说，他们只知道从他们的远祖时代起乐社就有庙会、社火这类活动，他们说不出最初开始的确切时间。他们过去的活动，主要是在庙会，社火及一年中不务农的季节。如2001年4月8日（农历三月月十五日）华夏财神赵公明庙会助兴表演。每次活动演奏的曲目越多，乐社艺人练习该曲目的时间就越长。这对于保存传承祖宗留下来的曲目有很重要的作用。楼观台古乐表演，集贤西村、东村香会同时参加，也有助于双方相互切磋演奏技艺，有利于共同进步。楼观台最盛时曾有道人二三百人之多，每逢农历初一、十五，上香信徒摩肩接踵；每年农历四月初八庙会，人们从四面八方赶来，将庙里庙外拥得水泄不通。每逢这时，庙里青烟袅袅，鼓乐铿锵，人声鼎沸。

集贤鼓乐，全系业余自娱活动，每年三月十五日会期时，除了演奏活动外，还要商议会务及改选会首。农历六月初一，是终南山南五台的盛会。这是各路鼓乐大会合的日期，集贤鼓乐也不例外。一连三天，鼓乐队来往络绎不绝，昼夜演奏，笙管齐鸣，盛况空前。春节期间，是集贤鼓乐活动的高潮。每年冬闲季节，东、西两个香会，均积极排练鼓乐，一直到正月十四日，他们便在村中心十字路口的小河两边，各搭彩棚，大摆乐坛，演奏比赛，照这样演奏三天，至正月十六日始告结束。

鼓乐艺人们每年农历六月初的南五台庙会，他们都不辞辛苦，步行前往。一路上有几十个庙，他们逢庙就要演奏，走三四天才到南五台。

（二）社内活动

鼓乐社自己组织的一些活动、自娱自乐也为乐社存在增加了活动动力。如大年初一早上，全体鼓乐社会员向老前辈行礼祭拜，演奏古乐名曲《见公》《乱地风》《端正好》；在会长家，全体学员将半年来所学曲目做以汇报演出；全体会员在村民家门前向北街父老演出曲目《将军令》《打棍》《大尾声》《水龙峪》《乱地风》《引线》《端正好》和《鼓拍》；全体会员在新城西南门口向新城村父老做汇报演出，演奏《鼓拍》《坐帐》《接圣旨》《将军令》《打棍》《大尾声》《葫芦峪》《道情》《见公》《南吕一枝花》，这些活动对保留鼓乐社曲目有积极作用。

（三）社会活动

鼓乐社参加各种形式的社会活动，对提升鼓乐的知名度、扩大鼓乐的影响、引起社会各界重视、各级政府关注、增进参加者活动友谊都有积极意义。如集贤商业街道建设，牌坊落成剪彩仪式，集贤东西两香会对垒剪彩仪式。为农贸市场开业典礼助兴，集贤鼓乐香会的行曲、鼓拍、坐乐相继演出，围观群众达数万人之多，收到了良好的社会效应。陕西省艺术研究所来人对集贤西村香会的行曲做观摩指导、陕西卫视台记者为采集集贤西村香会的发展状况找司鼓艺人了解情况，对古乐的历史沿革、曲目介绍、乐器配置、人员发展、组织形式等作全面细致的采录，对古乐老艺人张贵先生进行专题访问等，对提高鼓乐社艺人练习鼓乐积极性非常有益。

（四）给外国友人参观表演

21世纪初，集贤鼓乐引起了多国艺术家的关注。如英国剑桥大学音乐博士钟斯蒂来该会听鼓乐，实地采录；12个国家的留学生在两名教授的带领下，前来聆听鼓乐。老艺人张贵向留学生韵曲，古乐解说员向留学生介绍曲目。德籍华人方玉博士、著名作家叶广芩等到香会观看，随行的法国著名摄像家、高级记者跟踪摄像，将整个表演过程传入欧洲。

（五）与周边县、村友好交往

香会与周边的邻县、邻村通过鼓乐活动进行交往也成为历史时期的佳话，这种活动对鼓乐演练的进行很有帮助。如为户县农贸市场开业典礼助兴，香会的行曲、鼓拍、坐乐的相继演出，使观群众达数万人之多。在户县南街村城隍庙会友情演出时，行乐环绕县城一周，沿途鞭炮齐鸣，巨响隆隆；坐乐、鼓拍场面更为壮观。

上述这些活动是西安鼓乐社能够生存的基础。

三 西安鼓乐社的经济基础

西安鼓乐的传承与经济的支撑有重要关系。如果没有稳定的经济来源，鼓乐社就没有办法召集艺人习乐、购置乐器、修缮乐器、练习乐器、集中演练等，鼓乐社要生存下去是极其艰难的。

从西安鼓乐发展历史看，有经济保证，鼓乐就发展、兴旺；无经济来源，鼓乐就萧条，停止。无论是城市鼓乐演奏，还是农村鼓乐传承，其发展历史都说明了经济支撑在鼓乐传承中的重要性。鼓乐表演需要艺人付出，但也要保证艺人最低限的生存，才能使鼓乐传承。

西安鼓乐传统乐社中的东仓鼓乐社艺人赵庚辰说，清时东仓有很多人为官府粮仓担运皇粮以得到报酬维生。当时粮仓方面办了一个鼓乐社，凡入鼓乐社学习乐器的，可以不干活，官府照样发放报酬。因此，当时到鼓乐社学习鼓乐的人很多，鼓乐社也兴盛。后来粮仓组织废止，学习鼓乐没有生活来源，粮仓鼓乐社就存在不下去了。官仓停办后，没有了来自官仓的经济支持，鼓乐艺人只好白天做小生意维持生活，晚上凑到一起排练。今天，由于现代生活节奏的加快，人们越来越重视经济效益，鼓乐社又得不到社会的支持，乐手们习乐的热情也就大减，鼓乐的存在就愈发困难了。周至集贤东村鼓乐著名艺人文明也谈到农民经济生活困难，也就顾不上鼓乐传承了。

西安鼓乐练习必须要有稳定的经济来源作基础。集贤西村香会曾有地、有山，地有两亩多，地里的庄稼供香会平时练习时食用，山上主供柴火、木炭，每年冬季，山里人送柴下来，将柴劈好，扎成小捆，一担担挑下来，还背来木炭，供烤火取暖；香会有二间二进的房屋。21世纪偶尔有各种捐赠，如参加表演获赠等。城隍庙鼓乐社由于城隍庙香火甚旺，出演鼓乐的道士们一不为衣食所累，二有严格的修行律法，加之庙里法事活动不断，所以西安都城隍庙鼓乐具有极高的演奏水平。

鼓乐练习要集中在一定的场所。早期集贤香会有房子二间三进，后改为二间二进。房子充公后，香会活动主要在习乐的个人家里。当时西村、东村都是如此，如在鼓乐前辈张有明家、吝逢岳家马房，等等，后来到社长家，东村也是在社长家练习。东仓鼓乐社曾在赵庚辰家院子进行排练。

图 2　集贤西村艺人进行鼓乐演奏
摄于集贤西村西安鼓乐展室

西安鼓乐在传承中的社会效益远大于经济效益。如果有表演的社会环境，艺人演练的积极性也很高，也有助于促进鼓乐传承。集贤西村西安鼓乐传承较好的重要原因：一是早期出于发掘、整理、宣传等，各级政府领导重视，经常来人或是听音乐，或是带人学习，比较重视。二是和周边的县、村交往多，相互交流演出的活动多。业余时间的交流演出能消磨很多劳作之后的业余时间，使农民学艺成为一种乐趣，表演获得成功后也有成就感，因此，农民也有学习鼓乐的积极性。三是各种历史上约定俗成的庙会、赶集等活动助兴演出，它不一定能够获得演出报酬，但是在众人面前进行展示，满足农民艺人的表现欲，也有助于艺人学习鼓乐。四是农民业余时间的自娱自乐。传统农村社会的精神需求是促进当地农民学习鼓乐的重要因素。农民业余时间学习鼓乐,团结了农民群众,和谐了当地社会,有助于当地社会的稳定。

四 西安鼓乐主要乐社(20世纪50年代迄今)

西安鼓乐今天传承较好的主要有六家乐社,它们是:

图3 何家营鼓乐社表演鼓乐
摄于西安"非遗"视察现场

何家营乐社 何家营乐社位于西安城南神禾塬畔、潏水之滨著名的"鼓乐之乡"何家营村。何家营的鼓乐属西安鼓乐三大流派之一的俗派,它起源于隋唐,历经宋、元、明、清至今,仍然相当完整地保存着传统的演奏形式、结构、乐器、曲牌及谱式;在乐曲的演奏风格和特点上,既保留了宫廷音乐典雅清幽的特点又带有民间音乐古朴浑厚的风格。对研究陕西省乃至中国古代的历史、文化、宗教及中国古代音乐史都有着极为重要的价值，被誉为"中国古代音乐的活化石"，是我国民族音乐宝库中一份极其重要的遗产。

何家营乐社鼓乐的乐器分为旋律乐器和节奏乐器：旋律乐器有笛、笙、管、方匣子、双云锣五种，笛为主奏乐器，众笙群和、以和笛声。节奏乐器有六种鼓（即座鼓、战鼓、乐鼓、独鼓、单面鼓、高把鼓），六种铙钹（即大铙、小铙、川铰、小钹、苏铙、苏铰），七种锣（即大锣、钩锣、马锣、供锣、小吊锣、单云锣、三星锣），另外还有大小木梆、木鱼、摔子等20余种。鼓乐谱全系手抄本，谱式属俗字谱，从曲谱上看不出音的长短，全系一代一代艺人口传身授。何家营鼓乐的乐谱留传下来的有几百首。有的曲调端庄肃穆，有的悠扬抒情、委婉动听；而有的则抒情而哀婉。演奏时，曲有曲谱，鼓有鼓谱，鼓不随曲。抑扬顿挫的大鼓高昂时明快清新，低回时清健有力；铜乐器大铙铿锵有力。曲与鼓、铙混声交响，相映生辉，曲鼓并作，气势磅礴。其中既有见于唐宋大曲的《小梁州》《后庭花》《游声》等，又有见于唐宋杂曲的《南浦春》《料俏》等，还有一些民歌小调，曲牌繁多，色彩斑斓。

尤为引人注目的是，现存中央民族音乐研究所的唐代古韵乐谱，就是何家营鼓乐社老艺人何永贞保存下来的。谱上书有"大唐开元五年六月十五日"。乐谱用俗字谱抄成，其字如卷云飞舞，令人多不得识，唯有老艺人尚知其奥秘，译古为今，翻新自如。其历史久远，很难考证，尤其在1682年西北民族矛盾的战乱中，该村成了战乱牺牲品，乐社亦遭洗劫涂炭，损失几尽，仅保存了两本清前期的抄谱（现藏于中国音乐研究所）和部分乐器，由此而使乐社元气大伤。现在所能演奏的乐曲，乃是其后从其他乐社学习所得，但在配器和演奏风格上，仍有自己的传统特点。

1985年，在有关部门的支持下，何家营乐社成立了"长安鼓乐陈列馆"，为国内第一家民间自办的音乐陈列馆。该馆向国内外开放，已接待了美国、俄罗斯、英国、法国、奥地利等20多个国家的专家学者，向专程来何家营参观考察的人们，展示了鼓乐的历史，令人欣赏到何家营鼓乐这一稀世的隋唐遗音，是现在仍然存活的中国古代音乐文化的窗口。

何家营鼓乐社在改革开放以后参加了许多社会表演活动，如与日本奈良市雅乐团同台演出、赴京参加"第五届华夏之声·西安鼓乐音乐会"演出、参加西安国际音乐周表演、赴福建漳州参加东西部文化交流活动、赴约旦王国首都安曼做西安鼓乐专场演出，等等。通过参加各种活动，何家营鼓乐社向国内外专家和文化学者展示了中国的古老音乐的神韵和魅力。

城隍庙乐社　城隍庙乐社是西安鼓乐中历史悠久、艺人最多、声望最高的一个乐社，也是西安很有影响的传统乐社之一。

西安都城隍庙，原位于九曜街，始建于明洪武二十年（1387年）。宣德九年（1433年）迁于现址。乐社始建年已不可考。据安来绪等艺人传说，在九曜街时已有演奏鼓乐的活动。有史记载城隍庙鼓乐依托西安都城隍庙为活动舞台演出西安鼓乐。现在庙内仍保留有明代建筑大戏台，都城隍庙鼓乐属道派，是近世道派鼓乐的代表。其曾经包括迎祥观、清寿堂、福寿堂、五福堂等鼓乐派别。城隍庙的道众除日诵功课外，还必须修习鼓乐，世代相传，口传身授。在庙里，不管是谁，连已出师的艺人在内，也得经常练习，他们有一句座右铭："三日不念口生，三日不动手生刀"，就是为了保持其演技的精练与纯熟。城隍庙道派鼓乐代表人物安来绪在年届70岁的时候，每天还要练习一次鼓乐乐器双云锣。当时，过路人听见云锣声，都要停下来，听完演奏才离去。也有其他鼓乐社的成员，经常去"偷"听安师傅演奏云锣。

城隍庙鼓乐演奏技法细致优雅、曲调柔和，融入道家绵柔修为，讲究技艺所谓"磨镜雕花"。它的演奏，章套结构周密严谨，乐曲与鼓曲的迭接环套独特而又浑然天成。演奏风格肃穆恬静，清雅闲适，颇有道家意境。

清末民初，城隍庙鼓乐社成立了"音乐研究会"，传习鼓乐。1942年日本轰炸西安，该社藏于庙内魁星楼的明嘉靖年间（1522—1566年）的乐谱抄本、古老乐谱和乐器、经卷等悉被烧毁。安来绪保存的该乐社清雍正九年（1731年）的乐谱抄本后被中国音乐研究所所藏。

城隍庙鼓乐社曾受中国音协之邀，由安来绪率领赴京演出。其卓越的鼓乐演奏技巧深受音乐界及社会各界赞扬，并受到毛泽东、周恩来等老一辈领导人的亲切接见，成为当时西安道教界的一段佳话。1991年应邀赴法国、瑞士、比利时、荷兰、西班牙等国出访演奏；2005年参加了北京首届华夏民俗文化节的演出活动以及各国驻中国大使夫人参加的商务节活动；乐社负责人与原省文化厅艺术处负责人赴京参加中央电视台新闻频道"小崔说事"栏目的西安鼓乐录制工作；参加了2005年"西安欧亚经济论坛会"各国首脑入城式的演出；受到中国国际广播电台记者采访，并

图 4　西安城隍庙鼓乐社全体艺人
摄于正月城隍庙鼓乐表演现场

向全球作了华语广播；参加了西安电视台对城隍庙鼓乐社进行录像及音乐的录音、曲江西安国际文化周西安鼓乐专场演出、海南"玉蟾宫开光大典"活动、"西安鼓乐学术研讨会"和"陕西省民俗文化展演周暨秦俑馆服务区落成典礼"开幕式演出活动、中央电视台戏剧频道的采风采访、"秦声唐韵颂城隍"活动的鼓乐演出及西安电视台专题部对城隍庙鼓乐社录制。

图 5　城隍庙鼓乐社表演
摄于正月城隍庙鼓乐表演现场

大吉昌乐社　大吉昌乐社是西安鼓乐传统乐社之一，该乐社是在原有古铜器社的基础上于民国七年（1918年）成立的，由西安市关中书院对面的大吉昌巷周围的市民组成。主要创始人有傅振中、裴玉杰、周鼎山等有名望的鼓乐艺人。

该社艺术风格属于僧派。早期曾邀请西仓鼓乐社的谢青莲、程金林执教，并常与三义庙、风火洞等乐众合作演出。历来以曲目丰富、风格古雅、清新明丽、结构严谨著称。其代表曲目有杨家桢的《尺调双云锣八拍坐乐》《游月宫》等。其保留曲目《玉门散》、清吹等多首，曾被专业院团改编演出，在国内外赢得很高的声誉。在传统鼓乐的用调、用谱方面，目前仍以古代工尺谱读谱，能以六调、尺调、上调、五调四个调演奏古乐曲。所演奏曲目具有古朴、典雅、柔美的艺术特色。每逢重大节日、喜庆、庙会，大吉昌鼓乐社经常以精湛的演奏参加其礼仪仪仗表演活动，在古城西安的音乐文化生活中起着一定的积极作用。

图 6 大吉昌鼓乐社在表演鼓乐
摄于正月城隍庙鼓乐表演现场

  大吉昌乐社曾为蒋介石及国民党的高级官员演奏鼓乐、为杨虎城将军送灵；参加西安市国庆十周年彩车游行活动、西北音乐周"长安音乐会"演出、第五届"华夏之声"音乐会及亚太地区传统音乐研讨会；参加中央电视台拍摄古资料片《终南仙乐》录制；参加陕西电视台《三秦经纬》《陕西百奇》奇志、奇能、奇技表演。该社曾多次接待过国内外专家、学者、友人，如英国的钟斯蒂、日本的东晓子以及中国台湾、香港等地区的学者；曾为陕西省文化厅拍摄申请世界文化遗产资料片，参加大雁塔"闹元宵"活动、南门城墙"城之韵"鼓乐演奏、"欧亚经济论坛"入城式演出，参加"大唐文化周"活动；为马来西亚师生来乐社听古乐进行表演；参加南门瓮城"国际道德经论坛"演出，在鼓楼为美国总统艺术人文代表团表演，等等。今天，大吉昌乐社仍然活跃在西安鼓乐保护传承表演活动中。

  东仓乐社 东仓乐社是西安鼓乐传统乐社之一，属僧派风格。东仓原是清朝存粮的粮仓，古称敬禄仓东仓，由仓工组成的乐社，为明清皇宫粮仓所属，清末粮仓关闭，乐（仓）工流入民间。东仓乐社据说当年有一个乐器社，专为一年一度的"朝山进香"活动习艺练乐，对这些艺人免去粮库日常的劳作。

东仓乐社建社可溯源至清初，由僧派师傅传授。民国年间，东仓鼓乐社的艺人从三原请鼓乐艺人传艺，培养鼓乐传人。后技艺精进，与城西显密寺、太阳庙同为僧派主力乐社，并与城隍庙、西仓诸社形成了城内鼓乐表演的鼎足之势。

东仓鼓乐的宫调体系、谱式、曲目来源、曲式结构、乐器形制、表演形式和技巧等，都与历史上的音乐、宗教等有密切关系。东仓鼓乐不仅保存着大量唐曲名录中的曲谱，而且用的是古老的工尺谱。

东仓乐社有"四宝"——唐铙、宋鼓、明谱、清梆，这些古老的乐器一直沿用至今。除器乐演奏外，还可"念词"（即鼓乐中的男声合唱），并能作云、鱼、龙舞。其龙舞在城内名声很大。如今乐社能演奏《燕落沙滩》、《清吹枣哪吒令》（刘调）、云锣独奏《鼓段枣奉金杯》（尺调）、《法鼓段枣霸王鞭》（尺调）等刘、尺、商、吴四调近60首"千年皇家绝响"。

20世纪50年代初期，西安的城墙四面都有高音喇叭，市民们每天都能从城墙的高音喇叭中听到东仓鼓乐社演奏的鼓乐。该社以《满庭芳》参加了国庆十年献礼演出、联合僧派诸乐社排出了《六调望吾乡全套》《上调普天乐全套》等、为西北文艺会演进行观摩演出、参加"西北音乐周·长安音乐会"的演出。2001年9月和西安交通大学合作，成立东仓鼓乐社。2006年7月，进驻大唐芙蓉园传承基地，大唐芙蓉园东仓鼓乐社正式挂牌。目前，在大唐芙蓉园西安鼓乐传承基地中，东仓鼓乐社正在以新的姿态传承西安鼓乐。

图 7　集贤西村手抄西安鼓乐谱
摄于鼓乐艺人家中

周至县南集贤香会（香会为当地称谓，实即鼓乐社）　集贤古乐，又称"集贤香会"。集贤，位于八百里秦川之南的终南山脚下、周至县东隅，村民逾万。唐初称集仙，开元时改为集贤。集贤旧称南集贤，以村中心的小河为界，分东、西两村。两村皆有香会。从乐社传存的乐谱来看，其鼓乐活动至迟不晚于清道光元年（1821年）。村民朴实敦厚，尚文好乐。据清代周至县志记载，唐安史之乱时，宫廷皇家乐队逃亡此地，乐谱及演奏形式遂流传于此。周至县集贤镇集贤村祖传一千多年的集贤古乐，古朴典雅、音韵独芳、节奏平缓、韵律悠扬、韶乐九成，阳春白雪的皇家大雅之气，使人听之心旷神怡，陶然醉哉。

据称，南集贤鼓乐为仙游寺和尚所传，本属僧派，但是艺人多为农民，故其风格渐呈西安鼓乐俗化流派，其乐章套曲结构等亦异于僧道两派，成了俗派的代表。

集贤鼓乐所用的乐谱谱式，均系宋代俗乐半字谱的直传。形式结构、宫调体系以及乐器技法等，也有着不少共同的规律。只是由于集贤鼓乐长期活动在农村，就必然具有一种适应于农村环境、条件，以及农民生活意趣的艺术风格。

集贤鼓乐演奏形式分为坐乐和路曲（相当于其他乐社的行乐），以鼓为主的打击乐器和笙、管、笛等吹奏乐器与古筝、琵琶、三弦等弹拨乐器浑然一体，构成集贤鼓乐庞大而复杂的配器结构。乐曲体系完整，博大精深，分"三吕四调"，曲目有念词、打札、耍曲、鼓段、套词、赞、鼓拍等。

集贤坐乐亦有六、尺、上、五四调，共分四套。套式相同，曲目丰富，可任意按调套用。坐乐的演奏，是以从秦腔音乐中移植过来的锣鼓段作为开场，接着是其他坐乐中没有的"打札子"。其代表曲目为《尺调坐乐全套》。

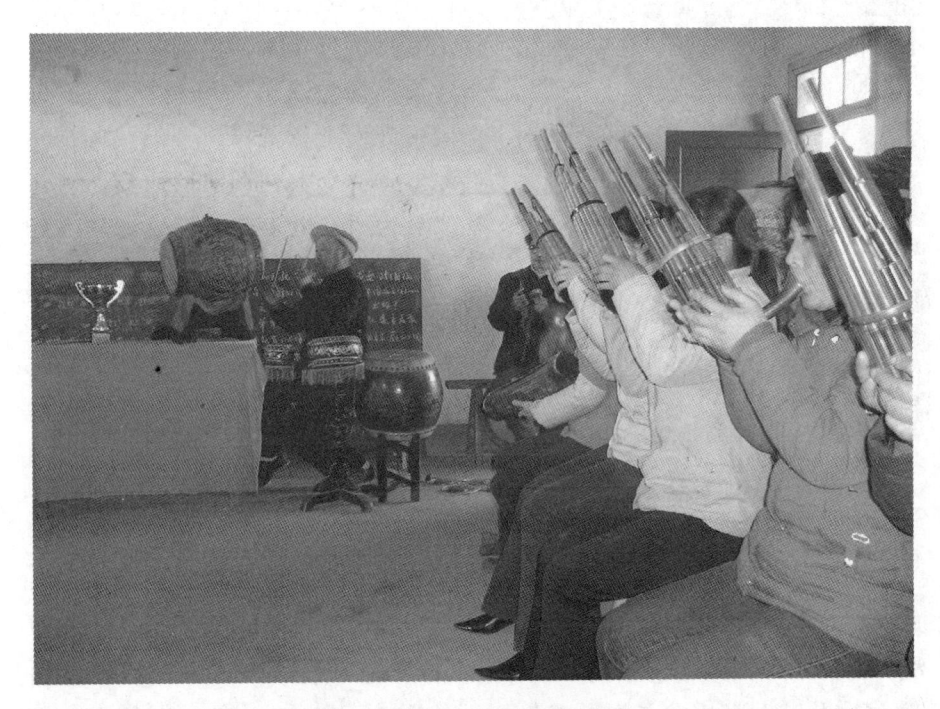

图 8　集贤西村艺人表演鼓乐
摄于集贤西村鼓乐调研表演现场

周至县志载，唐武德六年（623 年）南集贤为东瀛和西社两部分，当时是皇室大型宫殿区。东瀛是皇帝的行宫，西社为百姓聚居地。因中南山风景秀丽，山明水秀，气候宜人，令人视野开阔，沿途山水屈曲蜿蜒，唐时常有宫中人来此狩猎游玩，宫中来人时，夜夜笙歌不断，丝竹之声不绝于耳。宫中的宫廷乐师闲暇之时常到村中与民间乐师切磋技艺，天长日久，宫廷乐曲便传入民间。皇族常来此游玩、狩猎，闲时由西社人奏乐，传留下盛唐乐舞。1953年国家音协、陕西省音协派专家杨荫浏、李石根来集贤研究收集、整理集贤古乐乐谱及其他历史资料；1962年陕西音协派李石根、武文斌、何军来集贤挖掘、抢救、整理集贤古乐。他们又协助中央专家对鼓乐社进行了整顿，除添修乐器外，还培养了一批年轻的接班人。集贤鼓乐社在老艺师文明、陈友、王顺堂、张有明、蔺逢约的传教下，才得以恢复活动，乐社成员仍保持在30人以上，而且大多数青年人认识简谱。近年来，他们曾多次参加省、市、县的演出和接待外宾活动，为国内外人士所赞扬；参加咸阳地区西北五省群众文艺调演，南集东村乐社成员为西安电影制片厂电影乐曲配乐、接待日本音乐专家岸边成雄演出，参加亚太地区第五届华夏之声音乐会学术研演出，为123个国家驻华使节演出，为德国音乐专家学术研究、拍摄、编导节目制作表演，参加西安市"红五月音乐会"获一等奖，赴德国柏林交流演出，参加"癸未年重阳节公祭轩辕黄帝"典礼活动，参加西安市"长安古乐"抢救保护领导小组举办的"国际博物馆日——与无形遗产"、"文博之夜"西安鼓乐赏听会，获一等奖，赴江西赣州参加"客家文化节"演出，参加大唐芙蓉园"曲江之春文化旅游周"演出，赴京参加"原声黄河——百名农民演绎中国古代音乐史诗暨向文化部作西安鼓乐抢救保护演出"，活动参加"江西省第四届民间艺术节"演出，赴重庆参加"首届湖广会馆民间艺术节"演出，赴甘肃参加"首届皇甫谧

图9　集贤西村鼓手国家级
"非遗"传承人田中禾
摄于田中禾家中

文化艺术节"演出，参加广东省南雄中学百年校庆，成功承办"中国集贤·西安鼓乐文化节"并参加演出，等等。

西安鼓乐传统乐社在传承中华文化中做出了重要贡献。正是因为他们的执着努力，无私奉献，才使得西安鼓乐传承至今天，成为人类非物质文化遗产代表作，成为举世瞩目的世界文化遗产。

改革开放三十年西安鼓乐保护传承成果综述

西安鼓乐已收入世界非物质文化遗产代表作名录。西安鼓乐指唐代以来在唐代都城长安及周边地区盛行、传播的，脱胎于唐代燕乐并多方面继承唐宋音乐传统，在发展中不断吸收元明清历代艺术及各地民间音乐精华，至今仍存活在西安地区民间、被誉为"中国古代交响乐"的传统音乐。它采用我国古代文字谱的记谱形式，是吹奏乐器、弹弦乐器以及击奏乐器有机结合的大型合奏乐，是最具中国古代音乐特质的古老音乐，也因此被称为中国古代音乐史上的"活化石"。

1978年十一届三中全会以后，随着我国工作重心转移，我国改革开放30年在经济与文化上发生了翻天覆地的变化，西安鼓乐保护、传承也迎来了它的春天。

新时期以来，作为我国急需抢救保护的民族民间文化遗产，陕西省、西安市等有关方面对西安鼓乐给予了高度关注，无论是对今天分布在西安地区的古乐社的保护还是科学研究上都做了大量工作。

一 成立研究机构

20世纪80年代初，陕西省文化厅成立了唐代燕乐研究室，省艺术研究所成立了西安鼓乐研究中心，建立了何家营鼓乐陈列馆，西安音乐学院也成立了长安古乐学社和长安古乐研究所等研究机构。21世纪初，西安市政府、市委宣传部成立了非物质文化遗产保护研究学术机构——西安市长安古乐保护开发领导小组，下设办公室和专家委员会承担西安鼓乐的保护与传承研究。设立了西安市长安古乐陈列馆，并有大吉昌鼓乐社、西安佛教古乐社、周至集贤东村和西村鼓乐社、何家营鼓乐社、西安都城隍庙鼓乐社、东仓鼓乐社等，独立的鼓乐陈列馆（室）对外开放。

二 出版学术成果

20世纪80年代在抢救、保护民间传承的原生态音乐乐谱方面做了大量工作。先后出版了李石根、何均、樊昭明著述的《西安古乐曲集》（1981年八卷九册油印稿）、《陕西鼓乐译谱汇编》（五卷），拍摄了《中国古代的音乐》专题片。1992年人民音乐出版社出版了李世斌编写的《中国民族民间器乐曲集成》（陕西卷），1993年四川人民出版社出版了李健正著述的《最新发掘唐宋歌曲》，1994年三秦出版社出版了雷家铣的《西安鼓乐谱》，1999年陕西旅游出版社出版了武文炳编著的《西安鼓乐曲选》，2000年西安地图出版社出版了《西安鼓乐研究论文选集》，2004年上海音乐学院出版社出版了《中国民族音乐概论》，陕西旅游出版社出版了《触摸唐乐》。以及陕西人民出版社《陕西非物质文化遗产书库》收录的《西安鼓乐》专题。在2005年中国国家非物质文化遗产学术研讨会、西北地区非物质文化遗产保护学术研讨会和中国艺术与陕西省文化厅举办的"西安鼓乐学术研讨会"上，又有近百篇有关西安鼓乐研究的学术论文问世。

在民间存世的古乐抢救方面，出版了音响、音像资料，其中有：1985年陕西音像出版社出版的《陕西鼓乐》和《长安古乐》盒式磁带；中国唱片总公司出版的《长安古乐》CD；新加坡21世纪文化艺术促进会《唐传长安佛乐》CD、西安都城隍庙鼓乐社内部资料《西安鼓乐》CD；2006年西安市长安古乐保护开发领导小组出版的《长安古乐·现存社团演奏合辑》DVD、CD；2006年北京科影音像出版社出版的《长安何家营古乐》CD；2007年陕西音像出版社出版的《长安古乐·雨霖铃》CD、DVD。

随着西安鼓乐抢救保护工作的开展，研究范围的不断扩大，西安鼓乐文献资料整理也有了一定进展。如《西安古乐概述》《西安古乐简介》《西安古乐今昔谈》《西安古乐研究的过去、现在和未来》等文章对西安鼓乐命名、历史、现状进行了探讨，《西安鼓乐研究述评》对西安鼓乐在新中国成立后进行的抢救、保护工作做了全面回顾与总结。20世纪末出版的《长安古乐论文选集》，对西安鼓乐的律学、乐学、古谱学、乐器学、曲体学、古曲考证等音乐理论进行了多角度的研究。同时，西安鼓乐被列为西安市文物局非物质文化遗产保护重点项目和西安市软科学研究项目"长安古乐学"。在此基础上，西安市长安古乐保护开发领导小组专家委员会整理的西安鼓乐研究成果有《"申遗"还是长安古乐好》（《西部艺术》2004年第11期）、《长安古乐简介》（《西部艺术》2004年第11期）、《千年经幢说乐史》（《西部艺术》2004年第6期）、《长安古乐放响人声》（《西部艺术》2004年第11期）、《音乐活化石——长安古乐》（《西北航空》2004年第10期）、《为"长安古乐"正名》（《西部艺术》2004年第11期）、《长安古乐·[尺调]古、唱、简、线、律、调"六谱"对照表》（《西安市政府2004年科技计划软科学研究项目成果》2005年第4期）、《长安古乐·[上调]古、唱、简、线、律、调"六谱"对照表》（《西安市政府2004年科技计划软科学研究项目成果》）、《世界音乐活化石·长安古乐》（《中国艺术教育》2005年第12期）、《长安古乐社团一览》（《陕西今周好资讯》2007年6月20日）、《唐传乐器"七星锣"排列变化原因初探》（《中学历史教学参考》2007年第12期）、《丝绸之路上的活文物——长安古乐在西安地区的传承与分布》（《文博》2008年第1期）；整理出《长安古乐论文汇编》《长安古乐目前研究状况》《中国长安古乐历史长编》《长安古乐研究五十年论文目录检索》《长安古乐唐传古谱要目》，等等。在抢救、保护民间传承的原生态音乐理论方面做了许多工作。

三 开展课题研究

西安鼓乐的科学研究已日渐受到陕西省、西安市等有关方面的重视。2003年西安鼓乐被列为西安市文物局重点研究项目"长安古乐保护与传承、抢救工程"；2004年被列入西安市政府科技计划软科学研究项目"创建长安古乐学学科"、中国民族民间文化保护工程第二批专业试点项目；2007年被列入陕西省哲学社会科学基金项目《陕西活的历史——唐传长安古乐史的整理与研究》；2008年被列入陕西省教育厅研究项目《唐传长安古乐的传承研究》，等等。

四　进入学校课堂

改革开放 30 年在西安鼓乐保护、传承中比较突出的一个方面是将西安鼓乐引入学校课堂，在鼓乐传承后备力量培养上引起重视。从 20 世纪 90 年代末何家营小学首开西安鼓乐课，到今天在一些高等院校诸如西安音乐学院、西安文理学院、陕西师范大学、西安交通大学以及上海音乐学院、中央音乐学院等将西安鼓乐列入了教学计划与研究计划，在西安的一些中小学还被西安市教育局列为地方特色文化教育读本。西安鼓乐专家学者等还多次应邀到北京、福建及新加坡、澳大利亚等国内外进行讲座，受到各界好评。

五　受到社会重视

2004 年西安鼓乐被列入中国第二批民族民间文化保护工程专业试点项目名单，2006 年被列入国家级非物质文化遗产名录。目前，西安鼓乐有 5 位国家级非物质文化遗产项目代表性传承人，1 位获得西安市首次评选的"十佳民间艺人"中的"十佳民间艺人特别奖"。

六　引起社会反响

西安鼓乐已日益引起国内外相关人员重视。有关专业研究生与研究人员来陕西省市实地调研、采用相关的音乐和科研成果；西安鼓乐亦被西安音乐学院、新加坡莱佛士音乐学院列入科学研究与教学中；西安鼓乐主要成员被聘为新加坡莱佛士音乐学院客座教授并获得美国西南国际大学颁发的世界第一个西安鼓乐博士学位，有关论文进入该院学术资料论文库。同时近 10 年来现存 12 家专业和民间古乐社为中外游客表演上万场，有数以百万计的中外游客、市民聆听了西安鼓乐，并受到感染。1983 年接待日本音乐专家岸边成雄演出；1987 年为 123 个国家驻华使节演出；1991 年"西安鼓乐艺术团"访问了欧洲德、荷、比、瑞、法、西六国，行程月余，在 19 个城市演出 18 场，观众达万人；1997 年和 2002 年分别赴中国台湾和德国柏林交流演出；2005 年应邀参加中国唱片 100 周年庆典大型文艺演出，表演西安鼓乐古典名曲；2005 年参加中国法门寺佛指舍利赴韩国供养的迎送演奏，引起世界各国媒体聚焦关注，在多国电视观众中引起震撼和感叹；2006 年应国民党名誉主席连战女儿连慧心夫妇一行的邀请进行祭扫演出，前后表演三场次；2006 年参加八国与地区共同举办的"21 世纪国际华乐节"；2006 年应邀到新加坡参加表演，受到新加坡总理李显龙的高度赞誉，并获得世界华乐音乐文化遗产保护特别贡献奖等多个奖项；2006 年参加北京智化寺"京音乐"周表演与学术研讨；2007 年由中国外交部选送赴澳大利亚参加中澳建交 35 周年表演；2007 年参加日本遣隋使 1400 周年交流纪念表演活动；2007 年日本奈良和京都府的雅乐团在西安进行交流和演出活动；2007 年为中日韩三国体育代表团进行开幕式演出；2007 年应国民党名誉主席连战邀请在清凉寺为其祖母进行祭扫演出；2007 年受陕西省委派参加东方航空公司和国家旅游总局举办的"东方空中文化之旅"在空中首批展演，为来华的海外游客进行空中表演，受到国内外 200 余家媒体连续报道与电视转播；2005—2007 连续 3 年受邀参加中国铁道部和新加坡华鼎集团联办的"国际旅游专列"，为来华参加丝绸之路旅游的 20 余个国家、3 万余名游客在列车上进行全程旅途表演。并被国内媒体转载、报道数百次；国外媒体转载、报道近百次。

七　获得多项荣誉

西安鼓乐的 12 家乐社和数十名学术研究者在十余年中，在国内外的传统音乐文化交流与表演中屡获殊荣。

1991 年获法国"查理·考斯"学术唱片金奖；2002 年获西安市"红五月音乐会"一等奖；2004 年获西安鼓乐赏听会一等奖；2005 年获"曲江之春文化旅游周"一等奖；2006 年获八国与地区共同举办的"21 世纪国际华乐节"比赛金奖 2 项、银奖 1 项；西安市西安鼓乐保护开发领导小组和专家委员会获得"世界音乐文化遗产保护特别贡献奖"；2008 年 1 位乐社社长获得西安市首次评选的"十佳民间艺人"中的"十佳民间艺人特别奖"。

时光荏苒，岁月匆匆。弹指一挥间，30 年已过。西安鼓乐这个国家级非物质文化遗产的重要保护项目，已进入联合国教科文组织主持的五国联合丝绸之路申遗中唯一获中国陕西段非物质文化遗产打造入围项目。相信在政府各界、各个层面的关注下，西安鼓乐的保护、传承、发展和研究必将度过它的艰难时刻，在历史的长河中留下深刻的印记，为中华文明的崛起、中国精神的构建、世界中国文化资源的保存，做出更大的贡献。

下 篇
西安非物质文化遗产代表项目

【民间文学】

牛郎织女民间故事传说

[长安区　国家非物质文化遗产代表项目]

牛郎织女传说源于西安市长安区斗门镇，以在该地发现的汉代牛郎织女石刻雕像实物石婆和石爷造像为故事原型，在民间形成的带有神话色彩的爱情故事传说。

作为我国四大民间传说（《牛郎织女》《孟姜女哭长城》《梁山伯与祝英台》《白蛇传》）之一的牛郎织女传说，与我国古代对天象星宿的研究有密切关系。早在奴隶制鼎盛阶段的西周时期保留下来的我国最早的诗歌总集《诗经》中，就有星宿"牛郎"、"织女"的记载。

西汉时牛郎、织女从文字记载中的星宿落到地面，并演变为我国古代天地、神人间动人的爱情传说与西汉武帝开凿昆明池有密切关系。西汉武帝元狩三年为征讨西南诸国训练水军，在今西安城南开凿昆明池。池畔东西两侧分立牛郎和织女的石像，使其隔河相望。班固《西都赋》有"临乎昆明之池，左牵牛而右织女，似云汉之无涯"之句。李善注引《汉宫阙疏》云："昆明池有二石人，牵牛织女象。"① 从此，

图1　牛郎织女石刻
西安"非遗"保护中心提供

---

① （梁）萧统编，（唐）李善注：《文选》卷1，上海古籍出版社1986年版，第21页。

牛郎织女神话传说由天上来到人间,并成为家喻户晓的爱情传说。

牛郎织女传说上应天象,下启民意,表达了农耕时代百姓对爱情和家庭的理想追求,寄托了人们期盼美好生活的愿望。

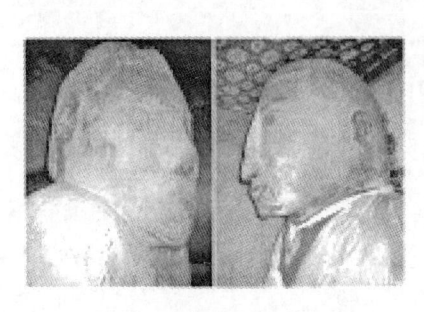

图2 牛郎织女石刻原形
摄于长安博物馆

今天,在当地留存的相关实物还有石床、石枕等。记载与表现其传说的文学、民俗作品、戏剧等如诗词、歌赋、散文及剪纸、皮影、秦腔剧、民谣、儿歌、壁画不胜枚举。从内容看,主题都是与当时青年人勇敢追求美好的爱情、敢于反抗恶势力有关。随着时间推移,织女、牵牛两个曾经的星宿被演绎为两个神人,昆明池畔的牛郎织女石刻造像也被当地群众尊称为"石爷神"、"石婆神"。

王莽乡轩辕寺传说

[长安区　区级非物质文化遗产代表项目]

轩辕寺传说源于西安市长安区王莽乡发现的轩辕黄帝庙。当地现存有传说中的轩辕洞、崖刻石槽、石臼、排水渠等。

轩辕寺传说与黄帝时期部落战争有密切关系。黄帝，名轩辕。相传当年黄帝与蚩尤争霸，黄帝兵败后在此发奋图强取得胜利，后来成为中华民族的先祖。后人为了纪念黄帝，便附会了种种神话传说。从当地的传说看，其内容主要由三部分构成。

一是黄帝在神爷洞练兵，得神力帮助，使其能够在战争中取胜。传说黄帝战败后，得到当地一位打柴人指点，到了神爷洞，在此祈求洞内的柏木神爷保佑他们，使他们能够重振旗鼓，取得胜利。神爷被轩辕帝的真诚感动，就给回营休息的黄帝托梦，告诉他所在地有一个山头，山高林密，易守难攻。在山头上有一个洞，洞前有一块平地，洞内冬暖夏凉，又有水源。轩辕帝梦醒后，很快按照梦中神爷指点找到了这个地方，并在洞外安营扎寨，指导士兵训练，强壮队伍。

图1　传说中的轩辕寺所在地
摄于传说地

在洞的东面山梁上，是黄帝的点将台。山梁对面悬崖大沟下是士兵练习射箭的地方，现在还能看到石崖上留有的类似箭头样的石柱，据说就是士兵练习射箭时留下的箭头。据说洞内墙上还有这段传说的文字记载，只是时间久远，现在已看不清楚。

二是黄帝在此得天力相助，使其能够丰衣足食，保证了用于战争的物资来源。传说神爷指点的山洞前平地是一块早种晚收的宝地（据当地人讲，现在这块地不论种菜、种粮，均旱涝保收），周围草木茂盛。这块宝地上的物产解决了黄帝军队的物资供给问题。

三是黄帝的威望令大自然折服。相传此处山中有一种长满倒钩刺的植物叫"倒钩牛刺"，常常挂破经过此处人的衣服或伤到皮肤。一天，"倒钩牛刺"挂破了黄帝的衣服，黄帝就责问："你为什么不长直，偏要长成弯的？"结果，一夜之间满山遍野的"倒钩牛刺"全部变直了。直到现在其他地方的"倒钩牛刺"仍然是弯的，而这里的"倒钩牛刺"却是直的。数年后，黄帝队伍强大起来，并且在战争中节节胜利，黄帝成为中华民族的英雄人物。当地百姓为了纪念黄帝，就在该山头上修建了一所寺庙，取名为"轩辕寺"。

尽管轩辕寺传说多为附会内容，但其中也反映了民间百姓对中华先祖黄帝的热爱，对中华民族先人的崇敬。

仓颉造字台传说

[长安区　陕西省非物质文化遗产代表项目]

仓颉造字台传说记载的是中华文字产生的历史，其传说源于今西安市长安区长里村。传说中，仓颉创造了中华文字，他在发明文字的过程中，受到大自然鸟兽足迹如飞禽走兽在雪天留在大地上的足印等启发，有了感悟，创造了中华文字，这也是今天在汉字构成中能看到象形、指事等汉字原始造字的依据。

文字的发明是中华民族智慧的结晶，因为有了文字，结束了原始社会刻木结绳记事的时代，开辟了中华文明史上的一个新纪元。据史书记载，"昔苍颉作书而天雨粟、鬼夜哭，以为鬼恐为书所劾，故哭而悲之"。[1] 因为发明了文字，仓颉也被后人尊为文字始祖。为了纪念仓颉的功绩，后人在他的老家陕西省白水县史官乡杨武村修建了仓颉墓，在他创造文字的今西安市长安区长里村（史书记载为宫张村）修建了造字台。

关于仓颉造字台，在史书上确有其"在昆明池左，不知何时改为三会寺宇"记载。[2] 昆明池是西汉武帝时在长安城南（今西安长安区）所建，而"三会寺在城西南二十五里宫张村内"。唐景龙时，"中宗尝幸其寺"。大诗人岑参曾来此地游览，并留下《题三会寺仓颉造字台》诗一首，其诗"野寺荒台晚，寒天古木悲。空阶有鸟迹，犹似造书时"，[3] 道出了仓颉造字台遗址在唐代保留情况。

---

[1] （宋）罗愿：《尔雅翼》卷21，宋刻本，第7页；何宁：《淮南子集释》卷8，中华书局1988年版，第571页。

[2] （清）沈青崖：《陕西通志》卷89，雍正十三年刻本，1985年，第39页。

[3] （清）沈青崖：《陕西通志》卷97，同上，第22页。

今长安区仓颉造字台

清时，此处只剩下孤台古庙。乾隆年间，陕西巡抚毕沅亲笔书写"仓颉造字台"石碑立于台旁，残部石碑至今犹存。现在此基础上修建了"仓颉造字台"。

今天，民间流传的有关仓颉造字台传说，不仅仅是中华文字创造的历史传说，而且是中华民族对人类文明贡献的历史记录。

翠华姑娘的传说

[长安区　区级非物质文化遗产代表项目]

　　翠华姑娘的传说在西安市长安区家喻户晓，故事主要讲的是一个叫翠华的姑娘为了追求自己的爱情，敢于反抗封建礼教，最后感动上天，帮助其在今长安区太乙山升天成仙的事。

　　翠华姑娘的传说由三部分构成，一是翠华姑娘早年父母双亡，长大后自己不能做主自己的感情生活，而是被其兄嫂逼嫁。二是翠华姑娘对自己的婚姻进行抗争，离家逃走。三是翠华姑娘对爱情的坚贞，得到天助，使其上天成仙。

　　相传很久以前，在陕西省泾阳县有一个叫翠华的姑娘，由于父母早亡，与其兄嫂一起生活。随着年龄的增长，心灵手巧、美丽出众的翠华姑娘有了自己的意中人，并私下与爱慕她的本村青年潘郎订了终身。然而，受封建礼教影响很深的兄嫂贪财爱富，得知妹妹私定婚姻的行为后，不能容忍

翠华山翠华姑娘的白玉塑像

妹妹所作所为，而是将她许配给了咸阳城里一位王姓富豪为妾，并逼她与之成婚。为防止翠华姑娘逃跑，他们将她关在家中，不许她出门。翠华姑娘没有办法，只有在家日夜纺线以度过难挨的日子。

一天夜里，翠华姑娘脱身来到潘郎住处，正欲上前敲门，突然有狗狂叫，翠华姑娘意识到是兄嫂来抓她回去。于是她就把随身带的纺线系在潘郎门前树上，手拉纺线直奔位于今西安市长安区城南的太乙山，藏在山上，期待意中人能够顺着纺线找到她。

妹妹跑了，兄嫂无法向王家交代，就四处打听寻找。一天，其兄找到太乙山上的一个石洞旁，看到头戴山花、身披女萝、绿叶遮面、不露红颜的翠华姑娘就坐在那里，其兄兴奋至极，忙上前想要拽住妹妹回家，正在此时，只听天空中响起霹雳，紧接着，地动山摇，流水成泉，音乐响起，一群身着彩衣的仙女缓缓来到翠华姑娘坐的石洞旁，她们陪伴翠华姑娘驾风冉冉升空，瞬间消失在天空中。

翠华姑娘对爱情忠贞不渝、敢于反抗封建礼教的故事，在当地广为传颂。为了纪念这位美丽善良的好姑娘，当地每年农历六月初一，在太乙山翠华姑娘升天的地方都要举办庙会。每到庙会时，善男信女们都是披星戴月赶上山来祭拜这位翠华姑娘，以至于今其庙会香火仍然不断。

翠华姑娘的传说是我国古代女性敢于追求爱情，追求幸福生活，不畏恶势力，反抗强权的写照，折射了民间对真善美的追求，对好姑娘翠华姑娘的喜爱。

丈八沟的传说

[雁塔区　区级非物质文化遗产代表项目]

丈八沟位于西安西南角，史料记载其"去城西南十五里地"，[1] 是今天西安较有名的地方。丈八沟的传说讲述了唐太宗李世民与大臣魏徵的一段正义与诚信的故事，极具神话色彩，在民间流传较广。

丈八沟的传说，民间有两个版本，故事的主人翁都是人间皇帝唐太宗及其大臣魏徵、天上玉皇大帝及其主管司雨的龙王，结果都是龙王的项上头颅落地。

第一个版本的传说讲的是唐贞观十三年（639年）西安泾河老龙王违抗玉皇大帝之命被斩的故事。故事大意是龙王违逆天条，擅自呼风唤雨，搅得天下不安，要依法处斩，而执行监斩的则是唐代名臣魏徵。老龙王为避一死，请求人间皇帝唐太宗帮忙说情。到监斩这天，唐太宗以下棋为名拖延魏徵前去监斩。临到监斩时辰，魏徵不得脱身，只好边下棋边打盹，于梦中斩了老龙王。老龙王头颅硕大，直径一丈八尺，从云中落下，掉在长安城西南角。当地老百姓以此传说为由，也叫今天的丈八沟为丈八头。

第二个版本的传说多了两个人物，一个是巡河夜叉，一个是算卦先生，这两个人在故事中起到穿针引线作用。相传，唐太宗年间，泾河巡河夜叉到长安街上游逛，无意中听说长安城南有个算卦先生卜卦极其灵验，所算之事无不应验，在百姓中威望很高。尤其是他为泾河两岸以捕鱼为生的渔民能算出什么地方鱼多，什么地方鱼少，极大地帮助了渔民生活，使他们能够天天网不空收，百姓都很感激他给大家带来的福祉。夜叉回去把

---

[1] （清）沈青崖：《陕西通志》卷39，雍正十三年刻本，第38页。

听到的话禀报给泾河龙王，龙王听后紧张起来，如果真有这样的事，那么龙宫鱼族不就麻烦了。于是，为了试试这个算卦先生卦的内容虚实，决定亲自去探个究竟。

泾河龙王巧扮书生，与算卦先生斗智斗勇，最后败下阵来，仍然遭到身首分家的故事与第一个版本大致相似。故事中，泾河龙王与算卦先生唇枪舌剑，并违背天廷旨意，遭到惩罚后求救于唐太宗，唐太宗虽采取措施，但仍然没有挽救龙王性命。

龙王在凡界听到算卦的能算出老天下雨时间及雨量多少，忠告百姓赶紧抓紧时间选种，准备春耕，龙王认为自己在天上执掌雨布，掌管人间下雨之事，自己还没有接到要下雨的雨布，算卦的怎么能信口雌黄说下雨。于是上前追问算卦先生是否能断定什么时候下雨和雨量多少。算卦先生知道眼前这位就是泾河龙王，就告知什么时候下雨和雨量多少。龙王不服，算卦的不点透，两人你来我往，互不相让，最后，龙王放话，言卦准的话，愿给千两黄金供其生活。但是不准，怎么办？算卦的回应，卦若不准，可砸卦摊，永不算卦。二人一言为定。未曾想，泾河龙王刚回到水晶宫，玉皇大帝就降旨，要他下雨，下雨时间和雨量与算卦先生所言一样。泾河龙王明白算卦先生非等闲之辈，但又不甘心顺了算卦先生意，于是，斗胆违抗玉帝圣旨，一通狂风暴雨，使百姓房倒屋塌，庄稼淹没，无处立身。

泾河龙王以为报复了算卦先生，就面见算卦先生并嘲讽他虽料事如神却也会失算，等等。而算卦先生却反过来讥讽龙王会有杀身之祸，其偷改雨布给人间带来灾难，必恶有恶报，令其准备后事。龙王琢磨算卦的言语后，后悔后怕，求算卦的救命，算卦先生看其可怜，只告诉他导致其杀身之祸的是其自作自受的结果，因其行为致使人间百姓伤亡过多而无法救他，并告诉龙王执行他死刑的监斩官是唐宰相魏徵。

泾河龙王回宫后，果然传来圣旨，令他接旨后第三天去天宫受刑，泾河龙王惊惶万状，急忙备了厚礼去见唐太宗，请他帮忙给魏徵说情。当时，唐太宗李世民正在宫中睡得迷迷糊糊，梦见泾河龙王前来求他，告诉他事情来龙去脉后，放下礼物急忙走了。李世民一觉醒来，看见睡榻前放了许多奇珍异宝，回想起刚才梦中情景，就想帮龙王。于是，到龙王被行刑这天，唐太宗李世民把大臣魏徵召进宫中和他谈古论今拖延监斩时间。魏徵心中有事，人间的皇帝不能得罪，天上玉帝命令也要执行，眼看午时三刻马上就到,没有心情聊天,又不好直接拒绝,只好硬着头皮相陪,结果晕晕乎乎趴在桌上迷糊了。监斩龙王时间过了一会,魏徵清醒过来,只见他浑身冒汗,显得十分疲惫。唐太宗问魏徵为何如此汗流浃背?魏徵赶忙跪下回奏说刚才驰往天宫,奉玉帝旨意监斩泾河龙王,怕怠慢万岁,仓促赶回,故而浑身冒汗。

斩后的泾河龙王头从天上掉下来,落在长安城西南(今西安雁塔区丈八沟村),把地面砸成一个一丈八尺长的深沟,后来这个地方的村名就叫丈八沟,俗称丈八头。

户县民间歌谣

[户县　县级非物质文化遗产代表项目]

　　户县民间歌谣主要是指户县民间保留的儿歌、民谣等。民歌是人类社会出现较早的口头文学创作形式，它源于早期人类的生产劳动，以其通俗易懂、朗朗上口的特点，流行于社会。民间歌谣是劳动人民集体的口头诗歌创作。民歌初期创作的作品，往往与音乐密不可分，有的还与舞蹈、音乐等融为一体。后来的民歌，仍然与音乐有密切关系，如歌词的重叠、衬字等。

　　户县民歌主要以户县定舟村、甘亭镇为主，包括劳动歌、仪礼歌、时政歌、生活歌、情歌以及针对幼儿的儿歌等。儿童歌谣范围较广，有的是成人教儿童唱，有的则是儿童之间互相传唱、互相补充、说唱较长的串歌。

　　民歌是一种用语言记录当地社会发展、风俗民情、百姓生活的形象资料。户县民歌中有大量上述内容，这些用艺术表现形式再现当地历史的记录是今天研究户县历史的重要资料。在户县民歌中，如《高高山上种大麦》上唱道："高高山上种大麦，两口打捶把娃摔（sui），大呀妈呀你要摔，娃长大给你挠（náo）脊背。旦旦馍打红点儿，媳妇来了坐烧炕儿，她婆高兴的蛮挤眼儿。掬来一掬核桃枣儿，吃核桃，生娃子（男孩）；吃花生，生女子（女孩）；吃枣儿早抱宝贝旦儿。"民歌中用极其生活化的语言将当地育子、生子习俗展示出来，成为研究当地生活习俗、民间文化的重要资料。

　　再如《乞巧歌》，则表现了当地"七七"乞巧风俗内容。其歌中唱道："豆芽芽，生的怪，盆盆生，手帕盖，七月七日取出来。妹妹呀，姐姐呀摘朵巧芽照影花。盆盆清，影影明，看谁手巧心又灵。"这种民歌上口、易记、形象，很容易流传，也有一定的研究价值。通过民歌形式将民间"七月七"中民俗流传下来，为今天了解当地风俗历史留下了宝贵资料。

户县民歌中也记录了大量的旧社会百姓受欺压的歌谣，如《菜籽歌》："菜籽苦，菜籽苦，菜籽受苦一冬冬，长下叶子绿盈盈，上来秆秆直挺挺，开出花儿黄澄澄，结下角角繁蓬蓬，磨下油，香喷喷，菜籽这才放下心。催粮派款民倒霉。领头的是徐向前。要声张，要闭门，今夜黎明过红军。领头的是徐向前，听说是咱自己人，那回红军过南山，身上穿的补丁衫。宿露地，吃淡饭，没拿咱穷人一根线。"民歌表达了百姓受统治阶级剥削压迫，被强迫"催粮派款"的被奴役的情况，也唱出了红军为受苦的劳动者打天下以及红军队伍的优良传统和作风，生动再现了不能忘却的历史，它是今天研究当地历史的形象资料。

户县民间歌谣是民间百姓文化生活的反映，它朴实、率真、原生态的表达方式，自然真实地记录了百姓的生活，表现了百姓对生活的热爱与追求，对于今天了解当地民间文化生活具有重要价值。

【民间美术】

长安烙画

[长安区　区级非物质文化遗产代表项目]

　　长安烙画，亦称烙花、烫花、火笔画、"火针刺绣"，是今天民间流传下来的宝贵艺术珍品。烙画是利用碳化原理，通过控温技术，在制画材料上烘烫作画，将绘画艺术与烙画艺术巧妙自然地融为一体的高超技艺。

图1　寿星图
摄于西安"非遗"保护中心

　　据史料记载，烙画源于西汉宫廷画院、盛于东汉，专为统治者服务。后由于连年灾荒战乱，逐渐消亡。清光绪三年时，被河南南阳民间艺人重新发现并进行整理，建立了烙画厂，使烙画曾经有过发展的鼎盛时期。今天知晓烙画技艺的艺人已极其有限。

图 2　观音烙画
摄于西安"非遗"保护中心

图 3　烙画及其传承人
摄于西安"非遗"保护中心

  其工艺流程包括根据画面规格大小处理板材，用铅笔在木板上勾线，进行烙制、烘面、装潢、油漆等。制作材料与工具有特制电烙铁、烙丝、三合板、油漆等。

  作品题材多为人物、花鸟、山野等，主要用于室内装饰、欣赏，代表作品有《酒中八仙》《四大伟人像》等。

哑柏刺绣

[周至县　西安市非物质文化遗产代表项目]

在西安周至县哑柏镇流传有这样的习俗，即当地姑娘出嫁的时候，必须要有表现女方刺绣技艺的上等绣品做陪嫁，姑娘才能进婆家的门。这些陪嫁绣品包括生活用品的门帘，床上用品的被面、枕头，娘家带过去的服饰、凤冠、霞帔、裙袄等以及一些小的装饰品如荷包、香包、飘带等，都是极具当地民间手工技艺特色的绣品。因为这个原因，当地女性多会刺绣，也使当地刺绣名闻周至。

男耕女绣是周至的特点，"衣画而裳绣"。① 当地妇女手巧好绣、对生活中美的追求使在周至民间风俗中，刺绣成为女红的头等大事。周至纺轮和骨针等与刺绣相关的物品出土，也能证明历史上周至是一个善于织布、制衣，讲究穿衣的地方。

哑柏刺绣独具盛名与周至历史上尚刺绣传统有关。周至刺绣历史悠久，早在班固《西都赋》中就有"囊以藻绣，络以纶连"的记载。白居易《骆口驿旧题诗》中也曾写过"绣衣不惜拂尘看"诗句。

哑柏刺绣所用材料有圆形、方形的绣绷以及金线、银线、红线等各类丝线和绣花针。按其绣法又分为手绣和机绣两种。手绣则用圆形绣绷，上下走针；机绣则是手握绣绷，依据图案四面摆动，并根据花色变化而不断换线。随着绣机转动、走线，各种花形图案亦即展现出来。如今，随着电动绣机、专用绣花机等的问世，大大地提高了当地绣品工效和质量。与此同时，哑柏刺绣的抽纱刺绣，花形秀雅，款式新颖，选料考究，做工精

---

① 李学勤主编：《尚书正义》，北京大学出版社1999年版，第119页。

良，绣品更是远销海内外。

哑柏刺绣是秦绣的代表之一，其作品具有浓厚的乡土气味和地方特色。绣品多为绣花枕头、门帘、桌布、台布、床围子、被套、鞋垫及身边所用之物等。从绣品的内容看多以表现人们对美好生活的向往与期盼为主，如其代表性的绣品《五谷丰登》《四喜临门》《喜鹊登枝》《五福临门》《龙凤呈祥》等。

一幅绣品一幅画，哑柏刺绣既展示了当地妇女灵巧的手工技艺水平，也表现了她们对生活的审美态度和美的追求，绣出了她们对美好生活的热爱与聪明才智，也为当地的经济发展做出了贡献。

周至剪纸

[周至县　陕西省非物质文化遗产代表项目]

　　周至剪纸是很值得研究的文化现象，其分布地域之广、地域特色之鲜明都是在其他地方不多见的，仅就其命名而言，既有以具有代表性剪纸的地名命名的，如富仁剪纸、豆村剪纸、东火剪纸、哑柏剪纸、马召剪纸、集贤剪纸、九峰剪纸、四屯剪纸、双明剪纸、司竹剪纸，也有以当地有代表性的人物或者家族命名的，如周金莲剪纸、路家剪纸等。

图1　祈福图
摄于西安"非遗"保护中心

图2　老鼠娶亲
摄于西安"非遗"保护中心

周至乡村城镇剪纸者云集，喜好剪纸者众多，地方特色鲜明，这与当地习俗、剪纸环境有很大关系。周至有个传箱底的风俗，即在女儿出嫁时，母亲会把自己平生所剪纸的底样装在一个小箱子里作为嫁妆送给女儿，以表达母亲对女儿的美好祝福与希望。正是如此，周至剪纸中以女性居多，且技艺多传自母亲。

周至剪纸因各地风格不同，所以在剪纸工艺处理上也有不同，或复杂，或简单，各地不尽一样。比较复杂的剪纸技艺，整个剪纸过程包括：（1）备纸、画样、拨样，即先准备好剪纸材料，根据想要剪的图案，在纸上画出图案"底样"，用刀刻下来画好的"底样"；（2）捋纸、撒粉子、熏样，即将因刀刻而褶皱的"底样"抚平，清除刀刻时留在纸面上的杂物，然后在纸样上撒上白粉，清除粉子末，用油灯或蜡灯烟熏剪出的各式花底样；（3）订活儿、闷活儿，待剪纸底样熏好后，则用剪子剪去多余的边角，将纸坯压实，用铁夹子把纸坯夹起来挂在铁丝上晾干；（4）刻制、染色，对晾干的纸样进行刻制和染色等处理，一套复杂的剪纸工序就完成了。

程序简单的剪纸工艺，则是在备好剪纸材料后，经过构思、设计所要的剪纸图案，然后画出图样，依照图样直接进行精雕细刻，图案染色后，剪纸过程就完成了。也有的是在备好的剪纸材料上先画纸样，再把几张红纸用大头针钉在一起，剪出所要图样的基本轮廓，经过剪刀精细裁剪、修饰后，完成剪纸。有的则更简单，即备好剪纸材料后，直接在纸上面画出想要的剪纸图案，然后通过手工将纸折好，就开始剪图样，图样剪完后，将纸展开，剪纸即完成了。

过去，周至农村女性在农闲后就开始剪纸，其剪纸主要用于家中装饰、春节时窗花、结婚时喜房装饰布置上。这些剪纸既能装饰门窗，也可观赏、收藏。有的地方在每年十月十日庙会时还用剪纸装饰村中庙宇。

剪纸是现实生活的艺术表现，它反映了周至百姓生活的一个历史侧面。周至剪纸内容丰富，按其剪纸内容可分为如下几类：

一是人物，包括传统戏剧人物和神话故事人物。在传统戏剧人物中，主要有穆桂英，《二进宫》《白蛇传》人物，薛平贵、王宝钏，《拾玉镯》的傅朋、孙玉姣，三娘教子，打柴劝弟，千里送京娘，八件衣，采桑，小姑贤，赵匡胤，秦香莲告状，观表，马武闹馆，《藏舟》的田玉川、胡凤莲，《火焰驹》的李彦贵等；在神话故事人物中，有《封神演义》的三霄人物,《白蛇传》人物,《水漫金山》的龟、虾、鱼、蚌、螃蟹等诸拟人化人物,《八仙》的铁拐李、吕洞宾、汉钟离、韩湘子、兰采和、何仙姑、曹国舅、张果老等。

二是自然,包括四季变化、花鸟树木、瑞兽飞禽等,如春、夏、秋、冬图,四季花瓶,梅、兰、竹、菊等;面花图,花草树木及用于刺绣的各种小花等;松鼠、艾虎、狮子玩绣球、梅花鹿、二龙戏珠、凤戏牡丹、虎豹等。

三是百姓生活,既有百姓精神追求,也有物质向往以及民间生活。如连年有余、三羊开泰、锦上添花、喜上梅(眉)梢、喜鹊登梅、金鸡报晓、花开富贵、万事如意、莲生贵子、一路清廉、官上加官、福、禄、寿、喜、门贴贯钱等包含吉庆祥和、美好生活向往的剪纸;宣传伦理道德的百童贺寿、集贤十贤人剪纸;还有二姐娃逛会场、十六娃烧麦人以及石榴、葡萄等瓜果和蔬菜。

四是动物,如十二生肖、猴子娶亲、七鼠拜寿、五猴偷瓜、猴鼠嬉戏、金猴闹春等表现属相与动物情趣的剪纸。

这些不同类别的剪纸表现了百姓对美好生活的热爱,对未来的期望与憧憬。

周至剪纸中剪刀与纸是最基本的工具与材料,由于各地剪纸技法有差异,因此,在剪纸时,根据需要在其他工具与材料的选择上会有不同,如有的用磨石、刻刀、煤油灯、膏子,有的用大头针、镜框等。

周至剪纸细腻生动、立意新颖、栩栩如生、柔中带刚、粗中见细,具有鲜明的关中地域特点。

周至剪纸在当地民间很普遍,特别是在乡村,这种利用业余或者农闲时间开展的文化活动对当地社会的稳定与和谐有积极的促进作用,它不仅丰富与充实了当地百姓的物质文化生活,而且为中华优秀文化的传承与研究提供了鲜活的实物支持。

户县民间布艺老虎

[户县　陕西省非物质文化遗产代表项目]

户县民间布艺老虎制作源于当地的满月习俗。过去，由于生活条件差，小孩出生后夭折的多，于是，民间就有了用布老虎来给孩子驱魔、除病、除灾的做法。在孩子出生前，外婆就开始做布老虎，到了办孩子满月礼的时候，外婆就会把布老虎送给外孙（女），久而久之，做满月给外孙（女）送布老虎就成为孩子满月礼的一项重要仪式。在小孩周岁生日时还要送虎头帽、虎头鞋、虎头娃、虎头裹肚、虎头套袖等。因为这个原因，户县大多数农村妇女都会做布老虎。

布老虎制作技艺对制作者技艺要求高，且工艺复杂，它是兼美术与针线活技艺为一体的非物质文化遗产项目。首先，需要制作者具有美术功底，即能在制作布老虎原材料的布上画出老虎的布样，并依据老虎皮毛纹路给布样上颜色，画出清晰的虎纹等，使画布具有布老虎的外形。其次，需要扎实的针线活技艺，即在画好老虎的布样上，缝布面、镶耳朵、绣眉毛，完成整个老虎外表缝合，然后再在已缝合好的"老虎"里填上令其饱满的里料，这个工序不仅讲究技巧，而且还需有气力。所以民间制作布老虎，对制作者而言，必须要具备美术功底、缝制技艺、灵巧的双手和一定的体力。制作时，要照图样剪裁、拼合、填充锯末或棉花（有的不需要填充物）、缝制装材料入口，待布老虎成形后再进行外部装饰。

布老虎制作主要材料有纯棉土布（白色），各色彩色丝线，染料（黄色），弹过的棉花，红、黑、绿等布料，锯末等。器具有剪刀、针、尺子、漏斗竿等。

布老虎在民间主要用于辟邪，其老虎枕、虎头帽、虎头娃等手工布艺

图 1 户县布老虎传承人制作布老虎
西安"非遗"保护中心提供

图 2 刘随军布老虎工作室
西安"非遗"保护中心提供

既有装饰性,又有实用性,是当地百姓很喜欢的手工制作。如今,在不断兴起的旅游市场上，布老虎已经成为当地特色旅游产品，为活跃市场经济发挥着积极作用。

目前，布老虎在户县农村虽村村都有，但大多数村子能做布老虎的只是一些老年人，且做的数量也有限。布老虎制作这种技艺还需结合市场经济予以保护，使其作为一种民间技艺在历史长河中传承下去。

户县李氏木刻工艺

[户县　西安市非物质文化遗产代表项目]

木刻，是用刀在木板上刻画，再用纸拓印出来的一种艺术表现形式。户县李氏木刻技艺源于李家的先祖李万发。李万发是民间做木工的艺人，据传承人所言，大约在清光绪三年（1877年），李万发在长期的木工实践中，将木工技艺和绘画技艺融合起来，独创了李氏家族具有地方特色的木刻技艺。

李氏木刻所用材料主要是用红椿木、石榴、桃木、核桃木、柏木、枣木、柿子木等树木的树根。在雕刻时，首先是选择材料，根据所要雕刻的图案内容选择树木品种。其次是加工制作，包括木料加工、平板抛光、雕琢打磨等过程。制作时，将已选好的材料加工成平板后，进行抛光，利用木料自然生长的纹路与形态，稍加雕琢，再用砂纸进行多次打磨。再次是形成新的造型，在已打磨好的材料上，由匠人手绘与木料本身花纹相融合的图案，经过精细雕刻，使木料自然形态与人工雕刻图案有机地融为一体，呈现出生动逼真的新的造型。最后是后期制作完成，对新造型雕刻完成后进行上色，待油漆干后再用细砂纸、头发、瓦灰等反复打磨、修整直至完工。

李氏木刻作品质感细腻，图案纹理清晰，表现手法细腻，线条优美流畅，图案内容丰富。尤其是以物赋形的根雕作品，其自然形成的天然木纹清晰可见。经过作者精湛的雕刻技法呈现出的图案平添了自然的本真与古朴，表现了自然美与艺术美的完美结合。其根雕代表作品《石榴魂》《平安富贵》等将木刻工艺巧妙地结合在生活用具上，将作者对生活的感悟与理想寄托于其中。

李氏木刻中大自然的静态与作者思考的动态合二为一，充分展现了民间工艺的魅力所在，具有极高的审美价值和收藏价值。同时，由于李氏木刻对所用木料进行过严格的防腐处理，因此其所做木器结实耐用，既能装饰美化室内环境，如为户县商铺雕刻的精巧木器，也能作为具有地方特色的旅游产品开发，还具有实用价值与观赏价值。

阎良新兴剪纸

[阎良区　西安市非物质文化遗产代表项目]

龙凤图
摄于阎良文化馆

剪纸是我国具有独特艺术风格的民间艺术，它用手工刻制，再点染以明快鲜丽的色彩而成。过去百姓把它作为年节的装饰，贴在纸窗上，所以又叫做"窗花"，是我国广为流传的手工艺剪贴艺术。

我国剪纸起源于汉，至南北朝时期剪纸技艺已很成熟，清朝中期以后走向繁盛。古老的剪纸多在乡间，以剪刀铰出为主，生活情趣浓郁，趣味浑朴天然，剪纸者多以农村女性为主。

剪纸进入城市后，丰富多彩的市民生活进一步丰富了剪纸内容，其简单操作的工具，别致精巧的图样，为城市生活带来了视觉上的冲击，成为需求量很大的艺术作品。剪纸艺人为了省工，创新剪纸技法，从一刀多张改为以刻刀雕刻为主，风格也转向精巧，参与剪纸的艺人范围也扩大为不仅是妇女了。

剪纸艺术地域特色鲜明。西安新兴剪纸艺术从清代中期开始以家传的形式流传至今，有近200年的历史，主要分布在阎良新兴街道办事处屈家村一带。

新兴剪纸内容主要包括人物（吉庆、舞蹈、图腾、戏剧人物等）、动物（十二生肖图、五毒图、飞禽、走兽等）以及婚庆图、寿诞图、各式花鸟等，也有反映现代生活的剪纸作品。

剪纸使用工具主要有大小剪刀、刻刀、铳子、熏灯、绘制纸、笔等。其中有画样、拨样、熏样、折纸、刻制等工艺流程。

从剪纸题材看新兴剪纸主要展示代表吉祥、如意、长寿之意寓意的内容。目前代表性作品有"鼠年迎奥运"80公分团花、"神六"飞天、纪念改革开放三十周年等剪纸作品。

苗春生泥塑

[长安区　陕西省非物质文化遗产代表项目]

泥塑，俗称"泥人"，是以观音土为主要原料加入糯米汁增加黏度后精制而成的民间艺术品。中华民族始祖传说中的女娲就是一个擅长捏泥土造人的高手。我国民间泥塑流行于农村据传始于元代以后。

苗春生泥塑是长安地区特有的民间手工技艺，它的起源与民间艺人苗春生有密切关系。苗春生对泥塑执着的热爱，使这门以特有艺术形式再现关中民俗风情的传统技艺保留下来，并成为外界了解关中民俗的"活化石"。

苗春生泥塑代表作品反映的主要是历史上长安民间习俗、节气、农耕生活等内容，代表作品有水浒108将、陕西八大怪、七十二行、关中风情系列作品、陕西民俗系列作品、赶集、关中记忆、陕西民居、关中小吃以及以汉唐历史文化为背景的大型历史故事等泥塑作品等。其中，有老腔表演，有街上的钉鞋，有夫妻吵架，有农村开会，有看热闹，

图1　苗春生与泥塑
摄于陕西省第六届旅游博览会"非遗"展

有耍社火，还有最经典和生动的狗吃小孩拉屎，等等，作品中透露着作者对关中农村生活的细腻观察与表现，是当地农村风情的艺术再现。

"关中风情"系列作品现存于西安博物院，从麦收季节的农忙到农闲时节，关中的吼秦腔等，作品表现了关中农民的朴实生活。如反映关中民间手工技艺的"七十二行"弹棉花、箍瓮、捞桶、剃头、钉碗等将大部分已经在今天失传的民间手工技艺等展现出来。"关中记忆"塑造了 1000 多个神态各异、活灵活现的泥塑小人、100 多个袖珍家禽牲畜以及劳动工具、农家小院等 30 多种，以泥塑的形式再现了 20 世纪关中农村生活的场景，艺术地展示了原汁原味的关中民间生活情况，具有视觉的冲击力和泥土艺术的强烈震撼。

图 2　关中生活
摄于陕西省第六届
旅游博览会"非遗"展

苗春生泥塑曾被中央电视台"新闻 30 分"栏目，陕西电视台、西安电视台、四川卫视、长安电视台及《陕西日报》《西安日报》《西安晚报》等报道，绘画作品曾在"陕西人才杯"、陕西省首届花鸟画展、"陕汽杯"画展等获奖，在上海世博会泥塑现场进行表演和作品展览。其中《咱村来了电影队》《关中记忆》等泥塑作品先后被陕西省和西安市推荐参加西部文博会、上海世博会、台湾花博会。他的泥塑作品"吼秦腔"、"华阴老腔"、"陕西八大怪"、"关中记忆"等被西安"非遗"保护中心和陕西省群众艺术馆非物质文化遗产展厅陈列和永久性收藏。

苗春生曾获得"西安市首届十佳民间艺人"、"陕西民间艺术一绝的泥塑状元"、"农民艺术大师"等荣誉称号。

苗春生泥塑具有研究关中民俗文化的重要价值。其作品展现了关中农村民风民俗，是后代了解地方民俗的生动教科书，增加了对关中民俗文化的深层认识。栩栩如生的泥塑，具有视觉上的强烈冲击，有观看价值。独

图 3　老汉与牛
摄于西安"非遗"保护中心

具特色的泥塑，对参观者和收藏者都富有文化价值，并产生经济效益。

泥塑工艺流程：一是采集原料，亦即备土，准备好泥塑用的特制的土，也称观音土。二是制土，即将采集来的观音土进行粉碎，筛出石子和杂质、沤泥，然后加米粒使其增加黏度，进行和泥，用木杵反复砸，使泥土均匀，然后醒泥，上大泥，上细泥，阴干，打光，刮腻。三是成型，将制好的待用土阴干后进行彩绘、固色，然后包装。

泥塑特点：一是生活气息浓郁。苗春生泥塑作品生动、夸张、细腻，来自生活，表现生活。二是地域特色鲜明。作品凸显关中民间百姓生活、风土人情，是关中文化的艺术表现。

泥塑作品主要用于装饰、欣赏，繁荣群众文化生活。其相关制作材料有观音土（黄陵采集）、棉花；制作工具有泥塑刀、斧头、铁锤、灰抹子、毛笔、刷子、防腐剂、胶等。

【民间音乐】

西安鼓乐

[西安　人类非物质文化遗产代表项目]

西安鼓乐是中华民族的文化瑰宝。它曲目丰富，内容广泛，风格迥异，曲式复杂，记谱独特，被中外专家誉为"活在地面上的兵马俑"、"中国古代的交响乐"，"陕西千年活文物，盛唐遗音原生态，世界音乐活化石"，在国内外享有盛誉，是世界级的非物质文化遗产代表作。

图1　西安鼓乐获得国家"非遗"代表作
摄于陕西省艺术研究所

一 源远流长的鼓乐历史

西安鼓乐是流行于西安及周边地区民间的一种原生态音乐，产生历史久远。距今约 4000 多年前的客省庄龙山文化遗址（位于西安市长安县）中就发现了陶铙，它是西安鼓乐打击乐器"铙"的前身。西安鼓乐中有西汉时期我国西南少数民族乐器锣、南北朝时期乐器钹，以及来自不同历史时期西域或更远国家的乐器。这些乐器至今仍在西安鼓乐中演奏，记录了西安鼓乐悠久的历史，揭示了中华文化的深厚底蕴。

西安鼓乐现存曲目中，其历史可以追溯到魏晋南北朝时期。在我国宋代音乐家王灼《碧鸡漫志》中就记载了西安鼓乐现存曲目《乌夜啼》《玉树后庭花》等。西安鼓乐曲目绝大多数出于我国南北朝时的曲牌，也有唐大曲、唐杂曲、宋诸宫杂调、元明杂剧以及隋唐以后部分古老民歌和民间小曲等，例如，见于唐宋大曲的《群仙会》《小梁洲》《后庭花》《霓裳》，唐代曲牌曲的《风入松》《浪淘沙》《水龙吟》《苏幕遮》《点绛唇》，唐杂曲的《迎客仙》《柘枝引》，宋代词牌曲的《好事近》《贺新郎》等，经过长期演变、融合与吸收，形成了西安鼓乐保留曲目。

西安鼓乐曲牌曲目内容丰富，艺术地再现了中国古代社会生活的真实情况。如《绕仙堂》《八仙位》《头鬼儿》《绕佛堂》《法弥陀佛》等曲目，带有浓厚的宗教色彩；《张公背张婆》《割韭菜》《放牛》《老管家打锅》《拾麦子》《两亲家打架》等，惟妙惟肖地展现了老百姓的日常生活。这些从不同角度表现社会生活的曲目，生动地反映了音乐在不同历史时期社会生活中的作用和影响。

二 西安鼓乐的主要流派及音乐形态

（一）主要流派

西安鼓乐自古以来流传于西安及其周围乡村民间，是一种市民、农民业余生活自娱自乐的音乐形式。他们或在庙会、社火上表演，或在天旱时，祈雨祭祀时表演，因此，其演奏环境和生存环境或多或少地受到宗教音乐和民间音乐影响，这种影响使得鼓乐社根据其师承关系、演奏风格、乐曲选取，配用乐器及其组合、人员构成以及流布范围等情况，分为僧、道、俗三个流派。

僧派鼓乐传人与僧人有关。演奏者多为农民、工人、小贩和僧人。道派鼓乐传人与城隍庙道士有关。演奏者多为工人、农民、小手工业者、小贩和道士。活动场所主要在城隍庙。俗派鼓乐则与农民艺人有关。他们吸收民间音乐，脱离僧、道鼓乐，形成俗派。

上述三派所演奏的乐曲，或音调高，悠扬热烈；或音调低，平和幽雅；或音调高扬，深厚热烈，生活气息浓厚。不同流派对西安鼓乐的传承，丰富了西安鼓乐内容，创新了表现形式，增强了感染力，扩大了影响力，显示出它经久不衰的艺术魅力。

（二）演奏形式

西安鼓乐的演奏形式分为坐乐和行乐两种。坐乐是在室内演出，演奏人员围坐在一张长条桌案的四周演奏，听众围在演奏台的周围聆听；行乐是在行进途中或是在室内外站着演奏。

两种形式的演奏用的吹奏乐器相同，但在弹拨乐器和打击乐器的组合方面则有变化。坐乐有笛、笙、管、锣、铙、钹及木梆、摔子、木鱼等乐器；行乐主要使用高把鼓和单面鼓。

坐乐演奏的多是多乐章的乐曲和与鼓段有机结合的套曲，且套数多，乐调齐全，旋律乐段与节奏乐段始终交替穿插进行，有些乐段则是同时并列，显示出轻快活跃的气氛。行乐演奏的曲调一般为节奏比较规整的小曲，且自始至终都是旋律乐器与节奏乐器同时并行。表演时随着乐曲的旋律节奏，轻快缓慢，高低起伏，由鼓师自由敲击，烘托乐曲的情感，从而使乐曲的演奏一直保持着新颖多变、引人入胜。坐乐表演由古乐散曲、打击乐曲"鼓札子"和唱呗、歌章、赞词组成。

（三）主要乐器

西安鼓乐乐器分为旋律乐器和打击乐器两类。

旋律乐器又分为弹拨乐器与吹奏乐器两种，包括筝、阮、琵琶、箜篌、笛、管、笙以及双云锣等。

打击乐器由鼓类乐器、锣铰类乐器以及木类乐器构成，包括堂鼓、战鼓、乐鼓、豆鼓、单面鼓、高把鼓，贡锣、单云锣、小吊锣、大锣、勾锣、三星锣、开口子、铰锣、马锣、手锣、云锣、疙瘩锣、双云锣和方匣子、大铙、川铰、小钹、苏铙、苏铰、大铰、小铰、京铰、大梆子、手梆子及木鱼等。西安鼓乐所使用的多种不同形状、不同音质、不同技巧的鼓，突出了鼓在鼓乐中的独特地位，也是国内民间音乐中少见的用鼓最多的乐种。"鼓乐"也因此得名。

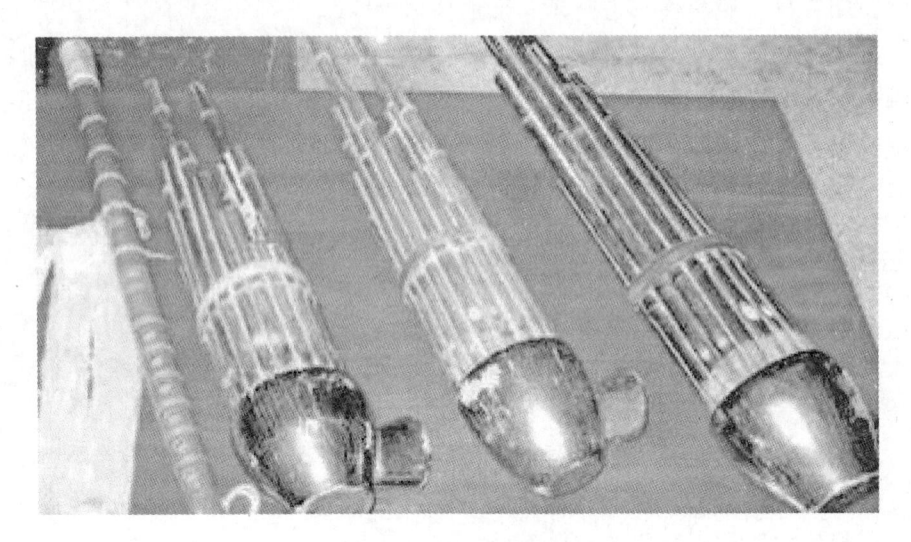

图 2　西安鼓乐用笙
摄于西安市长安区何家营鼓乐展览馆

西安鼓乐乐器秉承西安音乐历史发展足迹，吸收各个时期优秀音乐文化遗产，形成了它独具特色的音乐系统，在传承中华优秀文化中发挥了重要作用。

（四）鼓乐乐谱

西安鼓乐乐谱是目前国内少见的采用我国古代字谱记录音乐的乐谱。这些文字谱传世，对古代音乐文化保留起到了积极作用。西安鼓乐乐谱包括旋律乐谱、鼓谱和唱谱三种。旋律乐谱用于旋律乐器，诸如笙管笛等；鼓谱又称为"札子"、鼓札子，它有两种记写方法，一种是以鼓的状声字记写，一种是以锣、钹等铜乐器的状声字记写，用于演奏各类鼓乐器；唱谱则是把古代乐谱按音韵完整的唱出来，且符同音不同，乐器在演奏时只奏唱音而不奏符音。

这些不同的乐谱由谱字与各种演奏符号构成。谱字是记录旋律音高的符号，是以专创的业内术语曲折回旋的笔画记录，加上艺人口传手法，用来表录音高和旋律节奏的一种乐谱；各种演奏符号是用来表现音乐的特殊记号。常用的演奏符号有"0：板号"、"×或、：眼号"、"行拍"等，民间称之为"哼哈"。

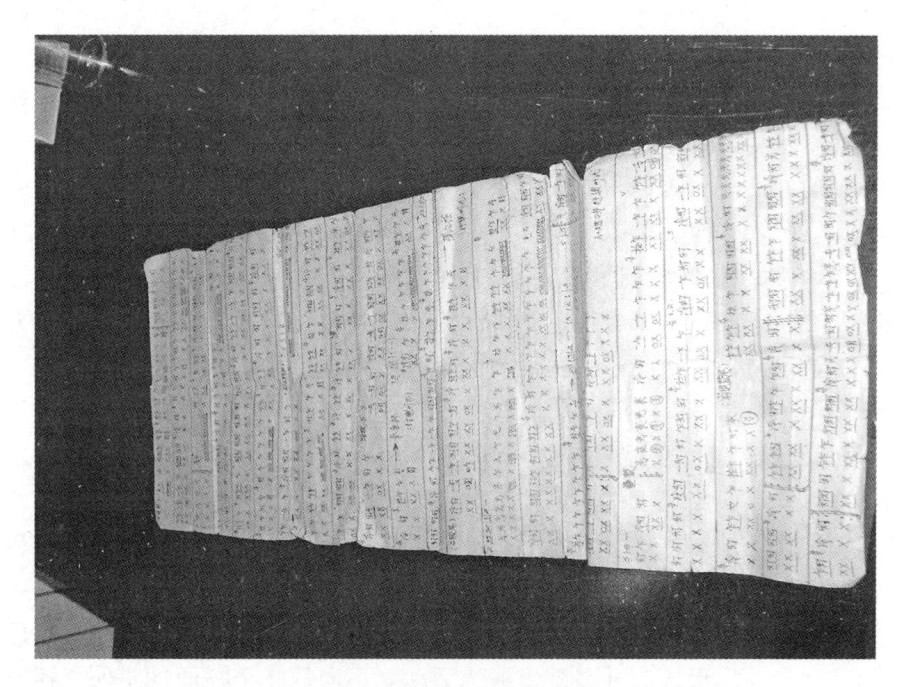

图 3　西安鼓乐鼓谱手抄页
摄于西安市都城隍庙鼓乐社

西安鼓乐乐谱在乐器演奏过程中有指挥乐队的作用。鼓乐演奏时，由于演奏乐器型制与材料不同，以及它们不同的音色音域和演奏技法，及其合奏时所产生的各种差异，因此，各类乐器很自然地形成了一定的复调效果，如吹管乐器中就有"笛繁、管简、笙辅"或"笛紧、管慢、笙和"之说。形成这种特殊的复调关系，与乐器在同一乐谱约束下沿着同一方向演奏有关，主奏乐器和伴奏乐器在演奏过程中，自然区分开来，但同时又产生不同的音色共鸣。

不仅鼓乐乐谱奇特，而且其记拍方法和现代的规范习惯也不同。绝大多数的西安鼓乐曲，尤其散曲正曲都是弱始强落，凡是强拍均为乐句的终止拍，整篇大小长短乐曲均为弱始强落，极少有以弱拍结束的。

西安鼓乐在保护与传承中华民族优秀音乐文化中做出了贡献，为当代研究中华音乐文化史提供了鲜活的证据，具有很高的历史研究价值。

三 西安鼓乐的保护传承

新中国成立后，党和政府对西安鼓乐保护传承非常重视，在振兴西安鼓乐方面做了大量工作。西安鼓乐有了陈列馆，在中外专家、学者和参观者考察学习中发挥了重要作用。民间艺人在国内参加各种庆典与民俗活动，到国外演出，宣传与弘扬中华优秀传统文化，使西安鼓乐焕发了生机与活力。目前，西安鼓乐是世界、中国、陕西省、西安市以及各相关区县五级非物质文化遗产保护项目，它有国家级和省、市级非物质文化遗产传承人，有技艺娴熟、流派特色鲜明的西安鼓乐传统乐社，作为中华民族文化的一块瑰宝，它在传播中国传统文化、增强中国文化软实力方面发挥着积极作用。

西安鼓乐传承的主要方式，一是利用民间的庙会、朝山进香等开展鼓乐演练活动。西安地区终南山南五台和西五台从唐代起就逐渐成为长安地区佛教文化圣地，加之山清水秀，神奇之地的天然魅力，使"朝香"和"观景"成为民间音乐传承的一种重要渠道。从古至今，西安城内民间鼓乐社由于朝台的竞技推动，使艺人坚持天天演练，使鼓乐代代相传。二是利用民间的斗乐形式，开展鼓乐演练活动。不同的鼓乐社通过斗乐、赛乐等乐社之间的演奏竞赛形式，开展鼓乐传承活动。像西安周至集贤东村和西村，每年到斗乐的时候，两个鼓乐社你一曲我一段进行鼓乐比赛，演的曲目多、表演得好、获得围观者认可的鼓乐社就成为比赛赢家。这种民间斗乐形式使鼓乐社表演有积极性，也有助于提高音乐表演水平，传承鼓乐。今天周至集贤西村、东村能出现两个国家级非物质文化遗产鼓乐传承人，就与民间斗乐有密切关系。三是利用老艺人口传身授，开展鼓乐演练活动。老艺人传帮带，使鼓乐社艺人掌握演奏技巧，传承演奏技艺，保留演奏乐谱。

西安鼓乐保护虽然成效显著，但是由于社会环境、审美观念等时代变化，它的保护传承也面临乐社减少、学艺人减少、缺少演出平台、亟须培养传承人等问题。随着国家对非物质文化遗产重视程度的不断提高，也应进一步加大对西安鼓乐的保护力度,加强对非物质文化遗产保护法律法规宣传,增加财政支持,建立人才培养机制,采取多种保护形式,改善传承环境。

保护与传承西安鼓乐是弘扬中华民族优良文化的具体体现,也是历史赋予我们的神圣使命。我们有责任将这块瑰宝保护好,传承好,使她伴随着人类文化的江河流长,绽放出更加夺目的光辉。

高陵洞箫艺术

[高陵区　国家非物质文化遗产代表项目]

　　洞箫是我国民间流传下来的古老吹奏乐器之一。陕西高陵洞箫不仅继承了我国传统洞箫演奏技法，而且在经过传承者创新后，又有了独特的演奏技法。高陵洞箫传承人胡道满独创的"双音代唱"和"喉音"两种吹奏技法在我国民族音乐文化发展中起了重要作用。因此，又常把高陵洞箫称为胡道满洞箫技艺。

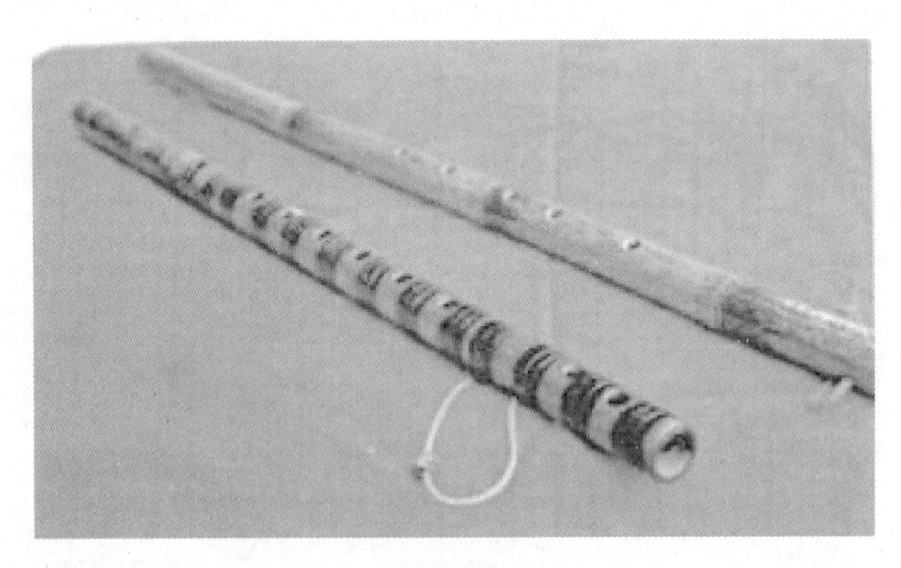

图1　箫
摄于西安"非遗"保护中心

胡道满洞箫技艺源于清同治年间，成熟于民国时期，鼎盛于新中国成立后。洞箫在吹奏过程中的一些特殊技法，如能灵活运用喉音、滑音、打音、颤音、双音等，能变传统的低沉、苍凉、绵长的演奏为宏亮、明快、欢乐的演奏，使箫音婉转悠长、醇厚有力、圆润清扬、美妙动听，通过箫声表现秦之声，传达秦之韵。

胡道满洞箫技艺的代表曲目有《大金钱套柳生芽》《苦中乐》。

图2　洞箫传承人吹奏洞箫
"非遗"保护中心提供

新兴特技唢呐

[阎良区　西安市非物质文化遗产代表项目]

　　唢呐是我国民间广泛存在的一种古老乐器，各地唢呐演奏因地域差异与文化背景等因素影响而表现出不同。陕西关中唢呐受秦腔影响较大，其表演时以吹打居多，主要用于乡村红白喜事、年节庆典等场合。经过长期的历史传承和演变，关中唢呐出现了众多的流派和演奏表演方式，新兴特技唢呐即是其中的一种。

　　新兴特技唢呐是以唢呐为主，并配以鼓、锣、钹等其他乐器表演的民间艺术。表演时，随着曲调的高低，节奏的快慢，表演者用音符给观众吹奏出了丰富的生活内容。当曲调欢快、含蓄、优雅时，观众似乎置身于丰收的喜悦、田间的小路、郁郁葱葱的大自然中，犹如看到含情脉脉的少女；当曲调时而高亢，时而低沉时，观众仿佛看到眼前的暴风骤雨，见到血气方刚的少年。表演时真可谓惊心动魄，表演者或口衔刀具顶砖，令人心惊胆战；或口喷火焰，使人热血沸腾。演奏到高潮时，只见演奏者口鼻同吹八支唢呐与吹气球同步，直叫观看者为表演的独门技艺称绝，显示了其表演的独特魅力。

　　新兴特技唢呐演奏难度大，它需要演奏者嘴鼻同吹八只唢呐、唢呐吹气球、唢呐出对联、唢呐喷火、鼻吹唢呐口出彩条、鼻吹唢呐噙刀顶砖、鼻吹唢呐转彩盘；对演奏者要求高，不仅要会吹唢呐，而且还要掌握特技唢呐需要的其他器具如刀具、花瓶、彩条、彩盘、对联、砖头、气球等在表演中的技巧。

　　目前，新兴特技唢呐传承人不仅继承了传统的口吹演奏方式与口鼻同吹唢呐的绝技，而且还独辟蹊径，练就了鼻吹唢呐与噙刀顶砖同步的演奏

新兴特技唢呐表演
西安"非遗"保护中心提供

方式,加大了表演难度,创新了表演形式。

新兴特技唢呐表演主要有曲艺演奏、嘴鼻同吹八只唢呐、唢呐吹气球、唢呐出对联、唢呐喷火、鼻吹唢呐口出彩条、鼻吹唢呐噙刀顶砖、鼻吹唢呐转彩盘等内容。其鼻吹唢呐是将唢呐演奏与传统魔术相结合,边演奏边吐出几丈长的彩条来,使唢呐表演出神入化,令人叹为观止,堪称一绝。

新兴特技唢呐是当地百姓民俗活动中具有表演难度的特色民间艺术形式,其植根于民间,为百姓喜爱,在今天活跃地方文化艺术舞台上仍然发挥着积极作用。保护与传承这种地方民间艺术,保护多姿多彩的民间文化多样性,也是今天文化强市、彰显地方文化软实力的重要内容。

厚畛子山歌

[周至县　西安市非物质文化遗产代表项目]

　　山歌是我国民歌的体裁之一，它源于民间百姓在行路、上山砍柴、放牧、割草时或在歌会上自娱自乐而唱的歌曲。山歌歌词主要是民间百姓的口头语言，由于其来自百姓的生活和生产实践，因此，歌词富有表现力和感染力，歌唱时曲调优美，旋律悠长，节奏自由，表现了民间百姓的情感与生活。

文化馆传授山歌
西安"非遗"保护中心提供

周至厚畛子山歌的形成与其特殊的地域有密切关系。厚畛子是一个充满神秘色彩的地方,这里位于秦岭腹地,百姓来自全国各地,他们白天在山上劳动,业余时间,就以对歌来打发贫困与单调的生活。每到此时,这些来自不同地方的百姓,你唱湖南民歌,我唱四川民歌,各地民歌此起彼伏,交相辉映,煞是热闹,形成了厚畛子特有的山歌,即各地民歌"大杂烩"。

厚畛子山歌,来自大自然,表现着大自然,其悠远绵长的曲调,柔婉动听的歌声,充满着当地百姓对生活的激情,对幸福生活的憧憬,听厚畛子山歌,仿佛被带入大自然,进入行云流水般的意境。

根据曲调、旋律、节奏、乐器等,可将厚畛子山歌大致分为山歌号子、山歌调子、风俗歌曲等几大类。其歌词内容中80%都是以爱情为主题的情歌,如"我和情姐门对门,眼看情姐长成人,花花的轿儿抬上走,你看怄人不怄人……"歌唱时以男女对唱形式为主。在这些言情歌词背后,折射出当地青年男女对于爱情的渴望,对幸福生活的追求。听这类歌曲令人有一种让感情自由宣泄的味道,坦率奔放,直抒胸臆。山歌中还有一些表现当地民风民俗的歌曲,如姑娘婚嫁时,唱哭嫁歌,老人去世时唱孝歌,等等。这些山歌唱出了当地百姓的心声,表现了当地百姓生活的侧面,为今天了解和研究这一地方历史提供了重要资料。

厚畛子山歌中有当地百姓丰收的喜悦,有山里青年对爱情的憧憬。当大山里麦子和高粱成熟之后,传递丰收喜悦的山歌就从山里老乡嘴中哼出来,让你远远就能闻到一股呛人的旱烟味,闻到一股辛苦劳作一年后的收获期盼。在大山里长大的姑娘与小伙,他们嘴中唱出来的是对甜蜜爱情的向往与追求,唱出来的是幸福与快乐。

厚畛子山歌是即兴歌唱,没有曲谱的原生态的、接近自然语言形态的歌曲,真实地反映了当地百姓生活的现实,表现了当地百姓思想情感和精神世界寄托,是一种以口耳相传方式传承的民间艺术载体。今天,厚畛子山歌已逐渐被社会了解,已成为当地打造旅游市场的特色文化内容。

渭旗锣鼓

[周至县　陕西省非物质文化遗产代表项目]

周至渭旗锣鼓是以战国时期秦王征战击鼓助威，鼓舞士气，建立大秦帝国的历史为背景，集民间鼓乐、舞蹈、武术表演于一体的民间锣鼓表演，是周至县二曲镇渭旗村在各种民俗表演中的传统保留节目。

渭旗锣鼓表演时场面宏大，鼓手威武，表演强劲，鼓风粗犷，鼓声震撼，具有关中锣鼓催人奋进的气势。

渭旗锣鼓演出阵容庞大，基本表演人员有150人，另有50人为更换替补人员。乐器有传统的鼓、钗、锣及长号等。表演以鼓舞为主，同时融入了夹板舞、绸舞等形式。

渭旗锣鼓全套表演分为三节，第一节为开场锣鼓，又称为战前锣鼓，主要表现将士即将开战的状态。表演开始时，身着黄色演出服的鼓手全体同时击鼓，小鼓及手鼓齐敲，大镲与小镲同响，大锣和小锣共鸣，场面气势恢弘，爆发出强大的震撼力，渲染将士临战的士气。第二节为战争锣鼓，表现将士在战争中进行厮杀的壮观场面。表演时，鼓、锣、镲配以夹板、伞扇舞、翻跟头，手持战旗的演员在演出队伍中往返穿梭，打锣演员随着鼓点的变换，时而起伏，时而肃穆，时而喜悦，使锣鼓表演鲜活生动，令人眼花缭乱，展现出两军对垒兵将拼力厮杀、气吞山河的气势。第三节为喜庆锣鼓，又为凯旋锣鼓，表达战争胜利的喜悦。表演时，鼓声欢快、明朗、喜庆、热烈，充满了将士前线大捷的豪迈之情。

渭旗锣鼓编排紧凑，演奏鼓点随表达内容变化而变化，具有很强的艺术感染力。曾荣获陕西省民间艺术锣鼓大赛一等奖，西安市锣鼓大赛一等奖，两次赴"黄帝陵"参加公祭庆典。

渭旗锣鼓是当地百姓喜爱的艺术表演形式，挖掘、整理、包装渭旗锣鼓，使其进入市场化运作，有助于提高它的经济效益和社会效益，有利于它更好地保护与传承，对于丰富当地群众的业余文化生活，构建和谐社会也有积极作用。

十面锣鼓

[临潼区　陕西省非物质文化遗产代表项目]

"十面锣鼓",当地也称为"十面锣十面鼓",是西安市临潼区群众喜爱的一种象征吉祥、喜庆、欢快的民间鼓舞艺术。临潼区零塬村十面锣鼓、宋家村十面锣鼓、高寨十面锣鼓、樊曹村十面锣鼓、麦刘十面锣鼓都是当地活跃的十面锣鼓代表。

据传,"十面锣鼓"源于楚汉相争中著名的"垓下之战"。当年在楚汉两军对峙的关键时刻,汉高祖刘邦用谋士萧何计策,设埋伏于九里山,待楚霸王项羽入伏击圈后,突然四面锣鼓大起,使项羽误以为被汉军十万人马包围,退至乌江岸边,拔剑自刎,楚汉战争结束。据考证,当年刘邦使用的锣鼓与西安临潼区"十面锣十面鼓"一样,《临潼县志》等也有"十面锣十面鼓"记载。

新中国成立初期,当地每年春节时,群众自发组织敲锣鼓活动,后来成立了着装整齐的十面锣鼓队,并发展成为一种参与人员多、气氛热烈的广场鼓舞。各村"十面锣鼓"队伍数量构成不完全一致。初期活动时,表演者有10人的,有21人的,后来由于各种原因,演出者人员扩大到100人,甚至更多。演出时,表演者十面锣,十面鼓,对称排列,队伍整齐划一,规模庞大。

表演以传统的鼓点为节奏,团体组合形式表演,演出形式多样。

"十面锣鼓"的乐器分为锣、鼓、马锣三种,其中,锣由直径40厘米的响铜制作而成;鼓为直径40厘米、高20厘米、形状成圆形、鼓面中央印有直径20厘米的太极图、用牛皮制作而成;马锣是由直径20厘米的响铜制作而成。最早的锣鼓是靠手工制作,今已变为机械模具加工制作。

锣鼓架是用槐树枝弯成。伴奏乐器是以铜器制做的铛铛鼓、扇子和牛皮大鼓、小鼓及木制的鼓槌。

表演者一身关中农民古朴憨厚的装束，头扎白毛巾，腰间插一锣鼓花架悬挂锣鼓，在花架主枝上用白、兰二色花布缠成锯齿形，枝上端插上用色纸做的纸花，并挂上妇女们做的各种戏文工艺品刺绣，引马锣者为指挥，背后高插一杆帅字旗。

"十面锣鼓"表演最初人员较少，10人敲锣、10人打鼓、一人引马锣。后来在参加各种表演时，随着表演场面的扩大，表演人员增加，由原来的10面锣和10面鼓发展为20面锣和20面鼓，人数也增加到41人。服饰也发生变化，敲锣者为一身黄色服装，打鼓者一身绿色服装，引马锣者为一身红色服装，马褂统一为紫色。后来表演者又扩大到100人，更名为"百面锣鼓"。近年来，由于农村剩余劳动力纷纷外出打工，故年轻妇女也开始从事锣鼓表演。

"十面锣十面鼓"的打击鼓调全曲分为三个部分。第一部分缓慢低沉，中间部分则为长行歌，最后部分锣鼓密集，紧张激越，是全曲的高潮部分。"十面锣鼓"的表演队形多样、变化复杂。在游行演出中分列两行，锣鼓各一行；在广场表演时队形多变，常用的队形有"剪子交"、"三杆旗"、"游四门"、"五角星"、"五马卷蹄"、"白马分鬃"、"百鸟朝凤"、"太极图"、"珍珠倒卷帘"、"龙摆尾"等十个图形。表演队伍前有三位彪形大汉，手持"三眼枪"对空燃放，使锣鼓表演甚有气势。因此，"十面锣鼓"在游行集会、文艺游演中常被安排为开道节目，民间逢年过节、过古会，常被邀请去助兴。其表演场面宏大，气势磅礴，给观演者一种强大的震撼力。

留南村锣鼓

[户县　陕西省非物质文化遗产代表作项目]

户县北乡锣鼓是当地的文化品牌，其沿县城以北至渭河南岸的广大乡村每村都有锣鼓队，一到传统节日或者重大的活动，村村都有自己的锣鼓阵营，敲击玩耍，好不热闹，形成了当地很有特色的锣鼓文化。留南村锣鼓是户县北乡锣鼓的代表。

户县北乡女子锣鼓队表演锣鼓
西安"非遗"保护中心提供

留南村锣鼓历史源远流长，其代表鼓曲《得胜秦鼓》即与我国历史上第一个统一的封建王朝秦有关。相传秦朝军队出征凯旋归来，皆有隆重的宫廷鼓乐相伴，后来逐渐形成了千古流传的《凤凰三点头》曲牌。《得胜秦鼓》是在《凤凰三点头》中的《丹凤朝阳》鼓曲基础上改编而成。鼓调前后略有变动，表演可长可短。

留南村锣鼓在汉代曾经用于纪念大将纪信的祭祀活动，唐代时有了一定的规模，明代时已成为当地农民业余文化生活的组成部分，今天则是当地很有影响的锣鼓代表。

1991年之前一直由男性表演，后因舞蹈需要加入了女性。

留南村锣鼓为集体表演，开场前以缓打为主，鼓队中带有夹板、梆子、大锣、后跟牛拉鼓（早期），现为堂鼓，鼓点变化有固定模式，表演粗犷豪放，具有很强的震撼力和节奏感，不用指挥即可表演。

留南村锣鼓鼓谱主要有《凤凰三点头》《十样景》《一串铃》。

伴奏乐器有堂鼓、小堂鼓、铙、大锣、马锣、小锣、大镲、小镲、大钹、小钹以及大号、甩子、梆子等。

留南村锣鼓基本特征：一是历史悠久。留南村锣鼓艺术起源于汉，经过长期的发展，形成了今天较有规模的民间艺术品牌；二是与当地的其他民俗相互依存。留南村锣鼓表演时，一般都是与其他的民间艺术形式融为一体，表演活泼，生动；三是关中地域特色鲜明。表演者质朴自然、率性自在、大气从容，将关中地域的粗犷与细腻有机地融为一体；四是音乐结构严谨精炼，配器科学。表演中的鼓调，加一句则多，减一句则少，环环紧扣，前呼后应，结构非常完美。五是群众参与广泛。锣鼓是民间群众参与广泛的大型文化活动。每至锣鼓练习、表演，参加者众多，烘托出了锣鼓的热闹场面。

锣鼓象征着吉祥，锣鼓代表着乡情，锣鼓传承着生命生生不息。

【民间舞蹈】

周至牛斗虎

[周至县　陕西省非物质文化遗产代表项目]

民间舞蹈《牛斗虎》源于周至县楼观镇八家庄村的民间舞蹈，周至庙宇中就留有清朝时"乾隆年间八家庄耍牛斗虎"的字样。

周至八家庄的牛斗虎最早流传在清朝乾隆年间，所谓牛斗虎，指的是一种模仿动物形体与活动形态的舞蹈，牛斗虎表演要求高，难度大，今天只有在八家庄（今八一村）能够看到这一传统舞蹈表演。

周至牛斗虎舞台表演
西安"非遗"保护中心提供

关于牛斗虎，民间传说与牛救牧童有关。据传，有一天，山下有个牧童正在放牛，这时从山上冲下一只豹子直奔牧童，眼见就要扑倒牧童。说时迟，那时快，只见一头正在吃草的牛后蹄一蹬，顺势而下，直把豹子顶了个跟头。翻到坡下的豹子大怒，便与牛斗了起来。几个回合后，牛的眼睛斗红了，越斗越猛，豹子见敌不过，落荒而逃。后来这一题材经过艺术加工演变成了民间舞蹈《牛斗虎》，将传说中的豹子变成了舞台上的老虎。

《牛斗虎》舞蹈主要表现的是牛与老虎格斗的场面，因此，在舞台上的表演者多要装扮成老虎和牛的形象，表演由五人组成。表演时，其中两人扮成牛头、虎头，两人演牛尾、虎尾，一人扮演牧童。整套舞蹈由"深山放牧"、"老虎觅食"、"牛虎争斗"三组组成，"牛"与"虎"在场上表演动作复杂，尤其是"老虎"的动作四大势和八小势，将老虎在山中打斗的所有姿势全部囊括进来，使老虎的舞台动作鲜活，表演难度极大。四大势，即趔虎势、搜山势、望山势和捕食势，八小势，即立、卧、坐、缩、滚、上山、下山和跳涧势以及用二十四个平阳势贯穿于整个舞蹈之中，表现虎的勇武凶猛和顽皮情态。"牛"有趔叉舔背、吃草、缩叉等动作，将牛的机灵、护主、顽强展现得惟妙惟肖，表现得淋漓尽致。二者舞斗起来，场面紧张激烈，进退有序，忙而不乱。虎有虎威，牛有牛劲，幽默诙谐，妙趣横生。经过一番搏斗，劲牛取得胜利，保护了小主人。整个舞蹈将原野的粗犷、动物的凶悍、勇猛、敏捷和智慧融为一体，舞蹈难度大，具有关中地域文化特征。

舞蹈主要用竹子、麻纸、油布、颜料等材料做成老虎和牛的道具。表演时，有固定的服饰，牛有牛披，虎有虎披，伴奏乐器有小鼓、勾锣、大镲、中镲等。

《周至牛斗虎》是当地民间百姓在农忙闲暇之余、喜庆丰收、节日庆典等举办的自娱自乐的活动形式，它源于生活，服务于生活，丰富了当地人民群众的文化生活。发掘、保护与抢救《牛斗虎》，对于保护与传承中华优秀传统舞蹈、发展民间舞蹈事业有积极意义；对于当地推进新农村精神文明建设，创建和谐社会有积极意义。

阎良牛拉鼓

[阎良区 西安市非物质文化遗产代表项目]

西安市阎良区关山牛拉鼓是一种农村庆祝丰收的活动形式,过去,人们为了表达丰收的喜悦,常常用耕牛拉鼓,边走边跳进行敲打,游行于田间地头,这种表达丰收的方式被称为"牛拉鼓"。后来,人们在庙会、逢年过节、喜庆丰收、祭祀、婚嫁、婴儿满月等场合就用这种"牛拉鼓"形式助兴表演,增添喜庆气氛。久而久之,"牛拉鼓"成为当地有影响的民间艺术表现形式。

论起"牛拉鼓"的源头,还与陕西蒲城老爷庙地区有关。清道光年间关山民间艺人冉庭奇等人到蒲城老爷庙赶庙会时,当地表演的"牛拉鼓"引起了他们的兴趣,后来"牛拉鼓"这种表演形式就在他们的努力下落户关山。

关山"牛拉鼓"表演由人、鼓、牛三部分组成,表演时融鼓舞、武术与耕牛动作为一体,表现不同的生活场景与历史人物,形成独具特色的地域民间文化。

"牛拉鼓"中鼓舞的武术动作要与鼓乐敲击一致,拉鼓的耕牛步伐快慢必须与鼓舞动作节奏吻合,要把握好节奏和表演的度,不得过快或过慢。关山"牛拉鼓"中乐器的打击节奏有特殊的含义,不同的节奏,代表不同的历史人物,如"八锣"代表吕布,"紧三"代表张飞等,鼓乐随着表演内容,或高亢,或低沉,使观演者浮想联翩。

关山"牛拉鼓"乐器主要有大型鼓、中型鼓、铍、大锣、小锣等。表演队伍一般为10—20人。如果有大型庆典活动,则要加仪仗队,加表演人数,常常表演人数达上百人,使演出阵容声势浩大。表演时还需20

阎良牛拉鼓演练
西安"非遗"保护中心提供

面红、黄战旗左右护队,由戏剧武生装扮的鼓手随着鼓的移动而跳跃敲打鼓。拉鼓的耕牛,牛头上挂红绸,牛角吊小灯笼和铃铛等物。

关山"牛拉鼓"突出用牛拉鼓,鼓舞动作皆来源于中国传统的武术动作,动作变化多样,鼓音高亢有力,深受当地群众喜爱。

西里和尚斗柳翠

[周至县　西安市非物质文化遗产代表项目]

《西里和尚斗柳翠》是周至当地的一种民间哑剧表演形式，源于周至马召镇纪家村。据当地所传，剧中故事发生在清乾隆元年，主要内容是讲天上仙女下凡试探修行僧人是否清心寡欲的故事。

话说在该村有一个老佛爷庙，庙里住着一老一少两个和尚。老和尚法号"西里"，60多岁，是个瘸子，其修行50年，功德深厚，六根清净，五戒俱足。一天，天上神仙柳翠下凡，变成一年轻少妇。在行路中遇到瓢泼大雨，无奈到老佛爷庙中借宿。进庙后，先是呼喊肚子痛，做疼痛难忍状，呼喊不断，让老和尚给她揉肚子，老和尚慑于戒律，不好出手相帮。无奈少妇苦苦哀求，老和尚见少妇痛苦不堪，本着出家人行善本意，心想救人一命，胜造七级浮屠，便抛弃了男女授受不亲的规矩，为少妇揉了肚子。接着，少妇又要求老和尚为其暖肚子，之后，少妇挑逗西里和尚做非分之事，只见老和尚禅心未动，坚决拒绝。这扮成少妇的天仙柳翠几经挑逗和试探，确认老和尚六根清净，不染红尘，就用手指弹瞬间老和尚的瘸腿。刹时老和尚的瘸腿不瘸了，神仙柳翠随即现了真身。老和尚感激涕零，从此到处化缘，积攒银两，筹建老佛爷庙。咸丰十年，人们为纪念老和尚的功德，在周边村寨的资助下，修建了老佛爷庙。从此，西里和尚斗柳翠的故事就被人们一直传诵至今。

该剧表演时，剧中人物主要有老和尚、小和尚和柳翠三人，使用乐器有木鱼、二胡、笛子、爆鼓、更锣、小锣等。舞台人物造型以布或纸粘贴的大头娃娃形象出现。

在纪家村民俗活动中，该剧是各种娱乐表演的保留节目，其惟妙惟肖的表演，富含哲理的故事内容，带给观众的不仅是笑得前仰后合，享受观看表演的乐趣，而且还富有深刻的教育意义。该剧以哑剧的形式表演，补充了民间艺术表现形式，展现了民间文化的多样性特点，对于丰富当地群众文化生活，寓教于乐，弘扬良好的社会道德风尚具有积极的现实意义。

雨金舞龙社火

[临潼区　西安市非物质文化遗产代表项目]

雨金舞龙社火，也称为龙灯社火，相传在明朝时，西安临潼雨金就有舞龙活动，清末民初在"二月二"庙会上，还有龙社火游演。新中国成立后至今，每至年节，当地都要举行舞龙社火活动，舞龙社火是当地民间有影响的群众广泛参与的民俗活动之一。

雨金舞龙社火阵容庞大，参演人数众多，一般由100人组成，参加者在平时的训练中，即按参演者在舞龙表演中扮演的不同角色进行分工，如表演的两支主力队伍龙队和旗队在人数分配上，龙队30人，旗队20人，龙队负责舞龙表演，旗队在龙队表演时穿插在队伍中助兴；在队伍前后负责两架锣鼓的艺人和根据锣鼓鼓点进行表演的人员有40人；在表演队伍中负责打横幅、放炮、放烟花、指挥、拿绣球等给舞社火时营造气氛的有10人。

社火表演中所舞的龙有两条，一条为黄龙，另一条为绿龙，各长30米。舞黄龙的表演者身着黄色龙服、黄帽，舞绿龙的表演者身着绿色龙服、绿帽，鼓队也一样着龙衣，指挥者着白色服装，手执指挥旗，口吹哨子。表演时加入旗队、秧歌队助兴。

雨金舞龙社火在行进表演时，主要依靠鼓声进行指挥。队伍行进时，所有参演人员脚步都要踩在鼓点上，使队伍行进整齐有序；随着鼓调节奏变化，担任舞龙的龙队则边走边变化队形，变换表演造型，进行高难度的表演，如"龙示海"、"龙盘柱"、"二龙戏珠"、"金龙缠身"等，在激烈的鼓声中，龙队的精彩表演将舞龙社火推向高潮，表演现场不断传来观众热烈的掌声和观看者的叫好声。

雨金舞龙社火表演还夹杂有秧歌、大头娃娃、大流星等其他民俗节目，内容丰富，形式多样，观看者人山人海。舞龙社火表演场面热闹，传递了节日的欢乐气氛，营造了民众参与节日活动的祥和氛围。

雨金舞龙社火主要在当地村镇举行，是当地农民非常喜爱的一种民俗活动，参加者多以农民为主，他们平时种地，农闲时集中起来排练、演出，社火活动培养了农民表演者的团队精神、拼搏精神，提高了他们精神生活质量，活跃了当地百姓的文化生活，和谐了村民关系，稳定了一方水土。

周至竹马

[周至县　陕西省非物质文化遗产代表项目]

　　竹马是西安周至农村在传统节日春节时表演的一种民间舞蹈艺术。竹马源于农村村民欢庆丰收，祈盼人间太平，以竹马表演的一种娱乐活动。

　　周至竹马表演分为两部分，一部分是竹马制作，一部分是竹马表演。表演时，锣鼓、音乐、戏剧行头、武术动作掺杂其间，场面极其热闹。

　　竹马制作，材料有竹篾、棉纸等，制作时，首先是用竹篾扎成骨架，其次是在骨架上糊上棉纸制做的马头、马身、马尾，在骨架上点上蜡烛。

　　竹马表演时，上场的有竹马和驾驭竹马的儿童演员。一般上场的竹马有8个，在马的前胸和臀部各立一根蜡烛，这些蜡烛晚上表演时，使竹马非常醒目，能够引来很多人观看。参加竹马表演的孩子平均年龄在七八岁左右，他们在演出前，要按照传统剧目中的人物进行装扮，头上戴上头冠、身体套上竹马、身后插上彩旗，经过一番细心的装扮，这些小演员似乎就变成了传统戏台上、古战场上策马扬鞭的威武军士。装扮好的这些小演员上场后，只见他们戴着头冠，背上插着彩旗，身挂马铃、手拿彩鞭，将身子套在竹篾和纸糊的竹马里，跟随着引马人开始"排兵布阵"，马尾随风摆动，犹如军士骑在马上一样，煞是威风，将竹马表演推到高潮。

　　竹马跑动队形有白马分鬃、老龙缠树、钓花蛇退壳，里撂城，外撂城等。

　　竹马表演有许多套路，花样也很多，常见表演的有三齐王乱点兵、凤凰展翅、双引马等名目。表演时，在隆隆的战鼓和军号声中，只见"马娃"被"引马人"引领着，灵活自如地迅速跑出各种队形。演出到高潮时鼓声急促，跑马场里彩旗翻飞，烟雾缭绕，纵横交错，呈现在眼前的是两军对阵的激烈场面。

竹马表演着统一的传统服饰，红的，绿的，颜色非常鲜艳，表演乐器主要有中鼓、小鼓、镲、锣等。竹马表演时，各种乐器夹杂一起，锣鼓喧天，吸引了周围村庄的人来到现场，使参加表演与观看表演的人数众多，场面非常热闹，让过节的气氛更加浓厚。

周至的竹马表演是当地群众喜爱的一项民间娱乐活动，其在周至各地分布较广，有新建堡竹马、朱家查竹马、渭永竹马、富饶竹马、永泉村竹马、营西竹马、和平村竹马、沙河岸竹马、新建堡竹马、鹿马竹马等，各地的竹马表演丰富了百姓业余文化生活，充实了民俗活动内容，对于当地社会稳定与和谐也起了积极作用。

药惠竹马

[高陵县　西安市非物质文化遗产代表项目]

　　西安高陵药惠竹马据传源于明末清初，距今已有 400 多年历史。药惠竹马又称跑竹马，它有三个特点，一是"马"的制做特别；二是骑"马"的人多是年龄很小的"跑马娃"；三是表演内容以民间传统经典历史剧情为主。这三个特点使它有别于周围竹马民俗，成为当地百姓喜闻乐见的一种民间表演形式。

药惠竹马表演
摄于高陵竹马表演现场

药惠竹马中"马"是用竹篾与纸制做而成。做"马"时：首先是做"马"的框架。由艺人按照马头、马尾、马身做好"马"的框架，用细泥糊住外观，塑成"马"的样子。其次是加工纸"马"。竹篾制成的"马"，外身包裹纸盔甲。在制作过程中，艺人们在泥巴做成的马模型上涂胶，糊上牛皮纸或麻纸，反复去糊，然后裁剪整齐，再涂上油漆，勾勒出马的形状。最后，制作完成竹马。在前面做纸马的基础上，将马的"骨架"连接起来，上面开出一个孔，在孔边糊上"战裙"，然后固定在表演竹马的马童腰间，完成"竹马"制作。

药惠竹马表演由于多是传统经典历史剧情，如《古城会》《三国演义》等战争场面，因此，它在演出时，常常需要刀、枪、棍、棒、马鞭、马号、花药、排灯、马灯、宝剑、长矛、鼓、镲、锣等与表演内容相关的道具。表演者则着娘娘服、公主服、小姐服、文官服、武官服、士兵服等传统戏剧人物服装。表演内容有出马、巡城、移旗、游四门、连三交、对马、马坊困城、龙摆尾等，其中观众最喜欢"缠四柱"、"围城"、"长蛇脱壳"、"白马分鬃"等特技表演。

竹马演出到高峰时，随着阵阵鼓声，几名七八岁孩童装扮的"马娃"进入演出队伍，他们被"引马人"引领着，灵活自如地快速跑出各种队形，在其身后挂马铃、担任护卫的武士们则手执牙旗，和"马娃"呼应。

药惠竹马表演场地似一座城墙，其四周固定有四面旗，表演者中扮演巡逻的人马则在四面旗构成的"城"里"城"外游走。演出到高潮时，随着鼓声的急促，跑马场里牙旗翻飞，鞭炮不绝于耳，展现出两军对阵的激烈场面。

药惠竹马是一种传统民俗表演形式，它的表演，惊心动魄，回味无穷，给百姓带来了开心与快乐，是当地百姓年俗不可缺少的一道民俗佳肴。

【传统戏剧】

周至大玉木偶戏

［周至县　陕西省非物质文化遗产代表项目］

　　木偶表演艺术在我国有着悠久的历史，早在1978年山东莱西县的汉墓发掘中，就再现了汉代操纵的木偶实物。唐玄宗时曾作过一首咏吟傀儡的诗《傀儡吟》，"刻木牵丝作老翁，鸡皮鹤发与真同"，形象生动地写出当时木偶戏的逼真及观看者的感受。

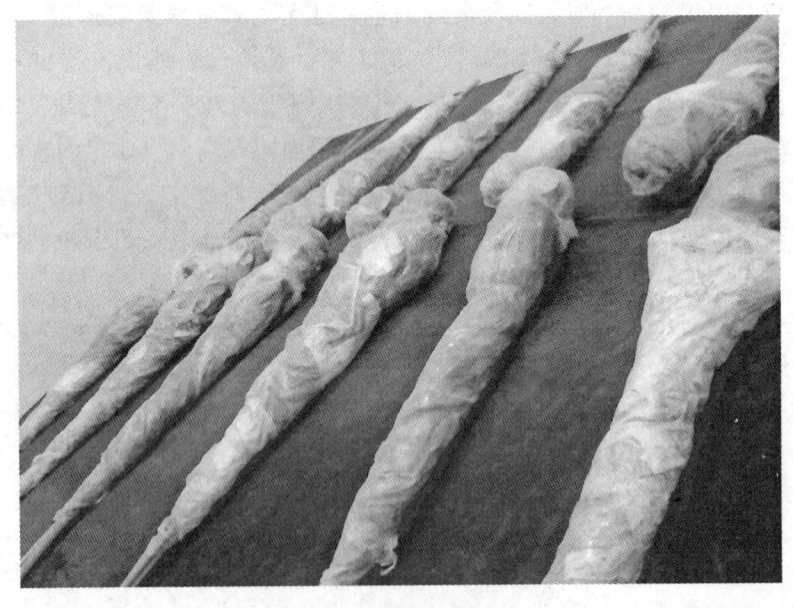

关中原始木偶
摄于西安市长安区关中民俗博物院

西安周至是有木偶戏表演传统的地方，今天在周至农村还有侯家村木偶戏、司竹乡木偶戏、青化乡木偶戏、大玉木偶戏等木偶戏表演，大玉木偶戏具有浓郁地方特色的表演就是周至民间木偶戏表演的代表。

大玉木偶戏传入当地的时间大约是在清末，木偶戏表演是由三部分构成，一是在前面活灵活现进行表演的木偶，二是在后面掌控木偶者的唱腔，三是对舞台上的人物情感有影响的曲目。木偶戏表演考验艺人操纵木偶的技能与唱腔水平，表演难度较大。

大玉木偶戏的木偶道具制作工艺较复杂，要经过选料、雕画和雕绘几个步骤。首先是选料，一般是以直径6—7寸的柳木为主，从中间掏空，给其装眼、装嘴，具备人的粗略外形；其次是雕画，整个过程中，艺人先将木偶头部（造型）雕出来，再画人物脸谱作为区别，使木偶造型越来越清晰；最后是雕绘结合，即将造型、雕刻、绘画三者同时并举，进行木偶创作。雕刻完成的木偶即定位好它在表演中的角色，形象鲜明，脸谱细腻，神情兼备。同时，在制作木偶中还需准备斧子、刨子、铁尺、凿子、扁铲、砂纸、木锯以及（大中小）刻刀、木杆、锥子等雕刻工具以及黑色、黄色、红色等各种料颜料和狼毫笔等。

木偶戏唱腔以秦腔为主，艺人表演时慷慨激昂，凝重沉郁，边舞边唱。伴奏乐器主要有四面鼓（即报鼓）、干鼓、战鼓、堂鼓、小鼓、大锣、小锣、大铙、小铙、板胡、二胡、扬（洋）琴、大提琴、笛子、唢呐、号等。

周至大玉木偶戏主要剧目有《白丁本》《春秋传》《下河东》《兴汉图》《四贤册》《斩李广》《金沙滩》《剪红灯》《乌山寺还愿》《唐王征西》《乾坤带》《百花庵》《云萧剑》《玉凤簪》《孙膑坐洞》《孙庞斗智》《八阵图》《雁塔寺祭灵》《孝廉卷》《长坂坡》《七剑书》《上梅山》《双凤帕》《墩台挡将》《黄雀寺》《双官诰》《忠保国》等近30本。

此外，木偶戏表演还需要用幕布围成一人多高的方形舞台，以遮蔽表演者。艺人操纵木偶时要依剧情进行表演及念唱，对演员技艺要求较高。大玉木偶戏表演技艺精湛，绝活多，保留的传统剧目丰富，唱腔刚柔并济，旋律浑厚淳朴，在当地有一定影响。

随着现代化进程的加快，周至木偶戏等传统文化精华能够传承至今，与周至的文化氛围浓厚有密切关系。木偶戏表演的保护与传承对陕西秦腔的表演、木刻艺术和传统剧目的传承都有积极的推动作用。

周至皮影戏

[周至县　陕西省非物质文化遗产代表项目]

周至皮影戏是一种用陕西地方语言演唱的具有浓郁乡土气息的地方表演艺术，是当地民间艺术的重要组成部分。

周至皮影戏的唱腔吸收了陕西秦腔与流行于陕西西部地区的弦板腔，演唱时爽朗明快，热烈亢奋，将西北人开朗、乐观、豪迈的情感尽释于其中，具有很强的感染力。它的音乐属板式变化体，包括唱腔、吟诵调、击板和曲调部分，唱腔有慢板、二六板、"滚百"等。与陕西地方戏曲的道情、眉户、碗碗腔、老腔等在结构等方面有许多内在联系，其独特的音调和板式，具有浓郁的地方特色。

周至皮影制作，从选皮到影人成形，包括制皮、画稿、过稿、镂刻、敷彩、发汗熨平到缀结合成等需要多道工序，才能完成一个皮影的制作，工艺复杂，难度较大。做皮影时需要有炮制好的牛皮、各种颜料、蜡板、灯光、桌、凳、小竹棍、小铁环、专用刻刀（圆刀、尖刀、铲刀、凿刀）等材料和工具。

周至皮影戏表演的曲目多是各地皮影戏中的经典曲目和群众喜闻乐见的传统剧目，广济乡皮影戏曲目有《二十八宿闹昆阳》《三英战吕布》《马跳潭溪》《三困锁阳向虎关》《双凤钗》等；蔡家村曲子皮影戏曲目有《张连卖布》《寡妇自由》《全家乐》《讲卫生》等30多种；西楼皮影戏曲目有《花亭相会》《大战虎牢关》《进新府》《唐王游地狱》等；侯家村皮影戏曲目有《破冤池》《孙春秋过沙江》《嗤火龙盗》《履险如夷》《高西代鲁》《走夜路》《乌江岸》《盗宗卷》《夜断阴曹》《鸳鸯告状》《三结义》《三请诸葛》《北平借将》《马跳潭溪》《秦俭开弓》《战宛城》

《曹逼宫》《征东》《征西》《白虎关》《罗通扫北》《罗呈征南》《火牛记》《社堂官》《包龙国》《追风车》《四花如宝》《西帆驹》《神州还愿》《康熙游陕西》《逼明剑》《赤壁之战》等。

周至皮影戏的伴奏乐器有月琴、三弦、二胡、板胡、梆子、板子、马号、唢呐、小鼓、战鼓、大鼓、大铙、小铙、小锣等。皮影戏表演时，演员坐在幕后一边舞皮影，一边念唱，坐唱和动作表演有机地融为一体，使皮影表演和谐自如。周至皮影戏曲调独特，声音悦耳动听。

皮影戏表演，一般由4—6人组成，在幕后每个人都操作着3—5件乐器，却忙中有序，忙而不乱。他们中有负责演唱的"前声"、负责操作皮影表演各种动作的"签手"、坐在后台负责敲锣击铙、打梆子等乐器的"坐槽"，负责拉二弦、弹琴、吹唢呐的"上档"以及拉板胡、吹长号和签手配合工作的"下档"。演出主要道具有纱幕、亮子、影人、方桌等。

周至皮影戏是研究周至民间传统艺术的"活"的表现形式，它将文学、动作、造型、地方戏曲等融为一体，达到了完美和谐。对于今天研究当地历史文化、进行精神文明建设有重要意义。随着社会的发展，现代文化的不断渗入，皮影戏演出已面临危机，急需抢救。

关中（临潼）道情皮影戏

[临潼区　陕西省非物质文化遗产代表项目]

关中（临潼）道情皮影戏源于道教文化，其历史悠久，唱腔独特，声音高昂动听，是极富关中地方色彩的皮影表演艺术，由临潼李世忠家创立。

临潼道情皮影戏的代表曲目有《韩湘子拜寿》《八仙拜寿》《朝阳沟》《东郭先生救狼》《隔门贤》等。在声腔上，属板腔体的戏曲种类，唱法多变，音韵独特。它使用的伴奏乐器有鼓、板胡、板、唢呐、扬琴、渔鼓、二胡、梆子、大鼓、竹笛等，最有代表性的伴奏乐器是渔鼓。

临潼道情皮影戏与当地精通道情表演的村民李世忠有关。李世忠精通临潼道情皮影戏中的挑、唱、吹、拉、弹、敲等多种技艺，是一位艺高技全的民间皮影戏表演艺术家。三代人中，每人都能包唱四五十本戏。

临潼道情唱腔独特，声音高昂动听，不论上句还是下句唱法都变化多端，音韵千变万化，三字句、四字句、五字句……直到十字句。在起法上分快、中、慢三种。

临潼道情皮影戏在演唱上要求严格，几句一腔，几句一韵，不能马虎。其场面小，舞台简易，容易表演。对演员要求较高，要具备唱、拉、弹于一身，个别还要能挑，演出观看对象多为农村群众。

【民俗】

栎阳马踏青器山社火

[临潼区　陕西省非物质文化遗产代表项目]

西安临潼栎阳马踏青器山社火是集乐器、歌舞、艺术形象等多种艺术表演形式为一体的民间社火。它有马踏青器山、竹马的民间艺术创造，有民间喜闻乐见的秧歌、锣鼓以及增加表演气氛的大头娃、高跷等，动静结合，内容丰富，形式多样，是当地百姓喜爱的社火形式。

马踏青器山社火中的"马"，是在人工制成的铁架上糊的纸马。

青器山，是指用彩色细瓷碟子围绕装双马的芯子围成鲜艳夺目的山形。将青器山架于表演的桌子上，是马踏青器山社火制作难点。

一座青器山的完成，不仅需要彩色碟子、胶、麻丝等材料，还需要将这几者有机联系起来，使表演者能够在上面进行表演的技艺。

制作青器山时，如何"漂"（即粘连）大小相同的五六百个彩色碟子，是完成"山"的关键。民间制作时，首先是在土炕上烘热制作青器山所用的盘子，将大蒜放入胶里增加黏稠度，把麻丝粘在烧热的碟子背面，围成山状。用熬好的胶（给胶里加上大蒜），将盘子背面逐个粘连成环，用绳子穿过粘连的环，连接全部碟子，一般以每桌芯子的底部向上围"山"，约八尺高样子，碟子缝隙用花朵点缀。

青器山社火中还加入儿童表演。当青器山做好后，青器山上有两匹马，双马各单足立于碟子上，呈三足蹬空状，参与表演的儿童着戏装坐在人工铁架做成的纸马上进行表演。社火表演时，由四人抬着装有青器山芯子的桌子上街表演，并与秧歌队、高跷队、锣鼓队等汇合，形成场面壮观的盛大表演。

马踏青器山社火表演人数众多，一般需200多人。各种相关的乐器、道具有锣、鼓、铜镲，铁架芯子底座及推架，细瓷花纹碟子，铁架纸马，大头娃娃，葡萄架，古柏，秧歌，戏衣，耍驴等。

马踏青器山社火表演作为一种民俗活动，展示了民间高超的道具制作技艺和水平，高难度的场景布置展示了我国民间百姓无穷的创造力和聪明才智，扣人心弦的惊险表演展示了我国民间表演者勇于挑战、不怕困难的精神。社火表演传承的不仅是中华民族优秀文化与积极向上的精神，而且给为生活忙碌的人们带来了节日的喜庆与享受，留下了无限的回味与快乐。

户县社火

[户县　陕西省非物质文化遗产代表项目]

西安户县社火与古人祭祀社神有关。古人祭祀社神时，"以雷鼓鼓神祀，以灵鼓鼓社祭"。① 以激烈的鼓声昭告上天，祈求风调雨顺，国泰民安。历史上就曾在户县祭过社神，史载夏启征战有扈氏时所作《甘誓》"启与有扈战于甘之野，作《甘誓》"中的"甘"就在今户县南郊，"京兆鄠县即有扈之国也，甘，有扈郊地名"。② 鄠县即户县。

西安户县的社火种类繁多，形式多样，有芯子社火、平台社火、牛拉社火、马社火、背火、掮火、高跷、竹马、旱船、大头和尚、打钱杆、热鳖、火龙、地龙、舞狮子等近二十种形式。著名的有凿齿南村社火、宋南村社火、乔家庄社火、定舟村社火。

凿齿南村社火，俗称"闹春风"，是凿齿村四堡（凿西、凿东、凿北）及户县县北社火的代表，社火有平台社火、掮社火以及芯子社火等形式。

平台社火是凿齿南村社火的代表，也是清末以前该村的主要社火形式。"平台"，是指在大方桌上进行神话、戏剧或生活中的人物或故事表演。最初是由人在行进中抬行表演，后变为车拉表演。主要以黑虎灵官，福、禄、寿三星和四季公等神话人物为扮相。

掮社火，顾名思义，主要是在人的肩上进行表演。表演时，装扮成戏剧人物的儿童站在成人肩上进行跑动表演。

---

① 杨天宇：《周礼译注》，上海古籍出版社 2004 年版，第 183 页。
② 李学勤主编：《尚书正义》，北京大学出版社 2000 年版，第 206 页。

芯子社火中，凿南村的高台芯子一般高达7.5—8.5米，分四五层，芯子上系扎小孩最多时能达到24人。造型拙中见巧，创新了社火传统，增加了声、光、电等现代元素。

宋南村社火中的热蹩表演较有代表性。热蹩，因不说不唱，又叫哑巴戏，是草堂镇的上草村、下草村、水寨等村在元宵节前后晚上表演的一种舞蹈。以锣鼓伴奏，演员着戏衣，画脸谱，随着剧情蹦、跳、翻、转，做出互相呼应的戏剧动作。

乔家庄的背社火，亦称背芯子，在清末时已盛行，距已有150年历史，被称为社火的"活"化石。背社火，主要是用人背，它由背架人、芯子（1.8—2.2米高）和芯子上表演的儿童三部分组成。背架人要身强体壮，表演时要能和芯子上的演员配合默契，并随着伴奏的锣鼓节奏边跑边舞，舞蹈时还要有花式，诸如踩四角、跑花尖、跑八字、跑八卦、卷白菜心等，表演难度大，尤其是背架人技艺高超。

定舟村的芯子社火在当地有"好看"之说。该村独特的社火文化，保留的历史留传的社火场子和代代相守的社火规矩，使该村社火又有自己的特点。村中的社火表演以芯子社火、马社火独具特色。

芯子社火是将儿童扮成戏剧中的人物固定在芯子的铁杆上，杆子可以转动，每转一次芯子杆就是一出戏，表演时最多能转20多转，300多人参加。芯子高的可达五六米，可站七八人。空中表演难度大，动作惊险，令观众感叹。

定舟村历史上曾有三村九社，村社都有独立的社火活动。所谓马社火，即是在当地正月耍社火时，以马为交通工具来联络三村九社村民共同玩社火，对于没有融入社火的村社，采用激将法，使其加入社火活动中来，形成三村九社闹社火的热闹气氛。

定舟村马社火一般是在正月初二下午开始，只要有村人提议闹社火，就要想办法让周围有社火的村庄都动起来。于是，有好事者便搬来锣鼓，牵上一两匹马，让一两个小青年装扮成戏剧人物骑在马上，到周围村社利用各种方式进行鼓动。如村南社火动起来，村北社火没有反应，则随村南社火看热闹者，就会用各种办法，或用语言，或用行为，等等，使其参加社火活动，形成三村九社闹社火场面。马社火调动了村民参与社火的热情，热闹了全村过节气氛，娱乐了全村的节日生活，在当地影响较大。

户县社火表演曲目有《黑虎开道》《龙凤呈祥》《下河东》《吴王采

莲》《虎口缘》《文王访贤》《十美女进膳》《盗灵芝》《古城会史》《洛阳点炮》《七郎带箭》《五女兴唐》《走雪》《唐僧取经》《青白二蛇》《苏三起解》《大闹天宫》《拾玉镯》《三娘教子》《三回头》等。

社火使用乐器主要有大堂鼓、墩鼓、铙钹、大锣、小锣、铜号等，与社火相关的物品有社火桌子、芯子、绑带、锣架、梆子、夹板、彩旗、横幅、动物造型、花木造型、假山楼阁造型、兵器等，社火表演时还有秧歌队、锣鼓队、夹板舞等一起穿插表演。

社火表演队伍前有仪仗队、锣鼓队，后跟大头娃、高跷、竹马、龙灯、旱船等，参加演出的民间艺术种类多样，表演形式活泼，场面热闹。

草堂镇宋南村社火时间一般集中在正月，正月初六至初七晚开始酝酿，正月十三至十五进入高潮，活动时上演的社火形式有近二十种，如打钱杆、舞狮子等，观看的人群里三层外三层，场面很热闹。

户县社火表演多以民间自发为主，内容以传统戏剧故事居多，社火形式与民间音乐、民间美术、民间舞蹈、民间传说、民间民俗、人文环境紧密相关，具有鲜明的地域性特点，是我国地方历史演变中民俗风情、群体观念、群体意识"活"的表现，是研究我国乡村精神文化生活、社会和谐与精神文明建设的生动内容。

侯官寨迎春牛老爷社火

[长安区　陕西省非物质文化遗产代表项目]

西安长安区侯官寨迎春牛老爷社火源于我国古代重农的一种民间艺术表现形式。过去，每年到立春时，当地县令就要组织农事活动，扶犁吆牛，以示重视农业生产，令百姓积极开展农业活动，久而久之，在民间就演化成为一种群众性社火娱乐形式。

牛老爷是侯官寨村民给春官起的小名，是村民们推选出来的"春官"。最早把牛老爷叫"春官"，后来民间就将此演变为村民自发组织的民间迎春社火方式，因为是"春官"牛老爷的原因，取名迎春牛老爷社火。在古代农耕社会里，春官是皇帝派来报春的官员，耕牛是农耕社会中最能代表劳动力的牲畜。因此，历史上春官的形象都是骑牛到田间报春。

牛老爷社火主要内容有逗社火，即用稻草逗狗，牛犁地，敲锣鼓，烘托气氛；选"牛老爷"，则是由上堡子的社火头挑选威武高大的人来当"牛老爷"；"牛老爷"选定后敲钟鸣示，请出"牛老爷"；接下来，选牛选马，装社火；插社旗，牛老爷上任后，第一件事就是插社旗，民间认为"下了场子的地能长出好庄稼来"；搭"侯官府"，即社旗插好后，要在耍社火的场子里搭"侯官府"，为牛老爷上香耍社火；牛老爷传令出巡，一路上有开道府衙，完全的官衙气派；牛老爷升堂看社火，牛老爷骑着牛，走到搭好的"侯官府"后，从牛背上下来，在衙役的欢呼声中升堂，热热闹闹看社火；侯官寨的社火结束时，各社还要送牛老爷回上堡子。社火第二天各社总结会后，牛老爷的"春官"使命完成。

旧时侯官寨有7个宗社，即上堡村社、北堡村社、狮子村社、东南村社、大庙村社、土地村社和龙门村社。其中，上堡子村单独为一个宗社，

侯官寨牛老爷审案场景
西安"非遗"保护中心提供

称为上社。上堡社为迎春牛老爷社火领头的上社,北堡社为副头社的次上社。7个宗社要联合耍社火迎春,上堡子负责推选牛老爷,其余6宗社负责抬出社火桌子请牛老爷观看,并听从牛老爷指挥。

每年正月初五开始。侯官寨村所辖的6个宗社就开始烧社火。即在宗社之间互相下战书,以此为开展活动的由头,准备在当年的社火活动中一比高下。

正月初十,6个宗社要到上堡子烧香,上堡子看到6个宗社抬上来的社火芯子质量好,有诚意耍社火后才着手推选牛老爷,而且一个宗社不到或者社火不精彩,上堡子社火局就不开会选牛老爷。因此,真正的牛老爷社火要好几年才会闹一次。牛老爷诞生后,正月十一到十三,是牛老爷和各宗社社火局酝酿、商议社火如何闹的阶段,各个宗社成立的社火局也随之正式诞生,并且服装、道具、化装等闹社火必需的准备也具体分工到人。正月十四,牛老爷正式亮相,侯官寨社火隆重登场。正月十五社火最隆重。

侯官寨迎春社火表演各社除准备好抬社火外,在扮演角色方面,即民间所谓要备好不同的底子（即扮演的角色），各有分工。如上堡社扮演牛老爷，北堡社扮演跑旱船，狮子社的底子是秃和尚和柳翠，东南社的底子为棍，大庙社的底子为货郎娃，土地社的底子为走马子，龙门社的底子是莲湘。底子内容事先由各社协商，要求幽默有趣，要有艺术性，且形式奇巧。

各社每年正月初四晚开始组织耍社火，每次社火表演从组织到结束分为三个阶段：初四到初九为准备阶段，初九到十五为逗耍阶段，十六和二月二为摆场阶段。准备阶段时，初九必须抬社火在全村转一圈。逗社火时，也必须在初九这一天抬社火在全村转一次。

侯官寨迎春社火表演具有凝聚人心的作用。该社火之所以能够存在下来与参加社火的各宗社之间相互斗社有密切关系。由于社火表演参加的宗社多，因此，社火表演就不单纯是民间的民俗表演活动了，往往成为各宗社之间展示演出实力的难得机遇。所以，每每到迎春社火时，各个宗社都是铆足劲，希冀用社火戏的内容比拼高下。为了在社火表演中引人入胜，他们每年都要绞尽脑汁，使出浑身解数，想招出新戏，出复杂的戏，以胜出别的宗社。迎春社火表演在长期的发展中又成为当地乡村凝聚人心，和谐村社，增强各宗社凝聚力的重要平台。

侯官寨迎春社火表演是传统农耕文化重农表现形式，它的存在，让我们看到了中华民族先人重视农业，重视百姓衣食的朴素生活观，"民以食为天"，只有解决了农耕问题，解决了粮食问题，百姓丰衣足食，社会才能和谐，国家才能安定。迎春社火表现的当地重农民俗，对于今天仍有积极意义。在今天社会主义经济建设中，结合地方民众观赏水平和审美需求转变，吸取其社火活动的有益成分为今天所用，使其成为劳作后的百姓放松心情、开心快乐的节日活动，将传统民俗文化中优秀的内容保留下来为今天社会建设所用，将有益于社会的和谐。

大白杨社火芯子

[未央区　陕西省非物质文化遗产代表项目]

西安未央区大白杨社火芯子是一种由"傩"表演发展而来的芯子艺术。它在表演时，将民间耍狮子、舞龙、走马、旱船、抬花轿、武术、杂技、耍花杆、采莲、大头娃等各种艺术形式融为一体，艺术造型精巧，表演阵容庞大，表现形式多样，是当地百姓喜爱的民间社火表演形式。

芯子表演内容主要以民间百姓喜闻乐见的民间传说、神话故事、戏剧情节、宣传党的方针政策以及借古讽今、褒贬时事等为主。表演时突出芯子制作的巧妙，内容的新奇，与众不同的独特，表演技艺的险绝，令人叹为观止。

大白杨社火芯子队伍造型是当地历代相传的前紧后松的龙的阵势，表演该村位于西安龙首塬上的"龙形"村型，并以此体现"龙人"的精神风貌。整个社火队伍是，铳子手排列在前，其后是仪仗队、锣鼓队、平台车，芯子车队排在最后，列队数百米，队形总的来讲呈"龙"行之势，势在头，力在尾，呈龙摆尾队形。

社火表演时，随着社火队缓慢前行，位于队伍最前面的铳子开始交替鸣放，以其震天般的鸣响，拉开社火开场序幕，同时令远处的百姓能闻声赶来观看表演，参与热烈的气氛中。行进时，前面的队伍和后面的表演者距离很远，待彩旗飘扬的仪仗队及锣鼓队、平台车、又高又长的芯子车队到来时，前面的队伍已只能闻其声，不见影了，游演队伍之长，有"神龙见首不见尾"之势。表演中，一车又一车造型各异、精巧玄妙的芯子，使观众眼花缭乱，目不暇接。游行的队伍和观看芯子表演的人群汇合一起，人数参与众多，场面甚是热闹，犹如汇成一条人群的海洋。

大白杨社火芯子在表演时需要置放芯子的桌子，用于起重演员到汽车芯子的芯架处所用平台案子，各种芯子造型（一般每个芯子高 5—7 米，用钢筋或钢管，随社火表演需要打制而成），芯架等。芯子可分为花草类、跟斗类、鸟兽类、兵器类、可转动类、仿真工艺类等。

大白杨社火保留的芯子有传统戏剧芯子，如三打白骨精、织布机、大龙、笏板、单刀、双刀、鹤棍、背棍、扛棍、单剑、双剑等，有与宗教有关的禅杖芯子，与自然有关的花盆、大鹤莲花等芯子，与生活有关的算盘、灯、耙子、伞、磨子、斧头、椅子等芯子，与历史建筑有关的钟楼、亭子等芯子。各种芯子反映了民间百姓的精神文化追求和对农耕生活的热爱，表达了当地百姓质朴的情感。

社火表演者表演时着传统戏装，同时还要准备绑扎演员的长凳、保护演员的拐子以及用于遮挡芯子底座的古式花栏杆、车围等。

大白杨社火芯子将芯子艺术与民间传说、民俗风情、人文地理、社会时政等融为一体，具有鲜明的时代性和地域特征。社火表演中将民间音乐、美术、舞蹈等艺术形式融为一体，创新了表演形式，增强了艺术感染力，更具有艺术欣赏性。尤其是在游行演出时，"抬芯子"、"车拉芯子"，热闹异常。表演时，不同的"芯子"带有明显的"斗"的意识，为了比个高低，参加表演的芯子队伍都在芯子上做文章，提高了芯子制作技艺，团结了表演队伍，对于地域和谐有积极影响。

研究大白杨社火芯子对于今天了解历史上当地民间艺术渊源、研究城镇社会和谐稳定因素、传承中华民族优秀传统文化血脉具有重要意义。

船张芯子

[高陵县　陕西省非物质文化遗产代表项目]

高陵县船张芯子起源于明末清初的庙会奉神活动。据传，当时庙会时，船张村就已有芯子活动，奉神和为村民驱邪、接受群众敬奉是船张芯子表演的主要内容。

高陵县船张芯子表演有平头芯子和二级芯子两种。平头芯子是指在表演的桌子上只固定一个铁杆，铁杆上面最多只能支撑两名演员。表演时，铁杆从演员演出服中穿过，从外表看，演员好似腾空表演，而实际上则是站在桌子上演出。

二级芯子是指表演者站在悬挂在高空中的芯子上的表演形式。二级芯子上的表演者，人抬芯子时是三名，车载芯子后达到八名。船张芯子主要以二级芯子表演为主。二级芯子由铁杆、搭头、胸子、木桌和木杠组成。

船张芯子表演历史悠久、表演惊险且具有宗教色彩。表演时间一般在春节前排练一场，正月十五前演一至二场。

船张芯子代表作品有《嫦娥奔月》《借雨伞》《三娘教子》《路遇》《三打白骨精》《荒郊义救》《三对面》《西厢记》《刺目劝学》等。

伴奏乐器有锣、鼓等，配合表演的用具主要有铁杆、胸子、搭头、木桌、木杠、麻辫子以及各种颜色布料、戏剧服装、伪装性装饰等。

过去，农历二月二娘娘庙会期间，芯子是先去拜庙，再到村里驱邪接受群众敬奉。如今，芯子主要是在各种民俗节日、大型庆典活动中参与当地街道游行表演。

长安王曲城隍庙祭祀和庙会

[长安区　国家非物质文化遗产代表项目]

长安王曲城隍庙祭祀始于我国汉代，城隍庙内所供奉的是汉初刘邦麾下的大将纪信。由于纪信在楚汉之争中代刘邦而死，因此，刘邦称帝后，追封纪信为"地皇"，择上林苑（在今王曲镇）修建庙堂并祭祀，每年举行大规模的祭祀活动。文景时期，将"地皇"庙改为"城隍"庙，并被后世皇帝封为总城隍，其庙亦为总城隍庙，接受来自"分布区域"中所列各地民众的祭祀。

农历二月初八是各地民众到王曲总城隍庙祭祀纪信的日子。这一天，来自四面八方的百姓纷纷到此，祈求城隍爷庇佑。由于规模大，各地商贾也借机到此做生意，逐渐形成声势浩大的庙会。庙会上有大戏、杂耍、各地锣鼓、社火以及武术等民间艺术表演，受到广大民众的欢迎。

祭祀城隍时，要有负责完成祭祀礼仪的祭官、司仪和主祭人。礼仪内容包括：选出德高望重的"祭官"先进行祭神。在祭祀时有赞礼者（也称礼宾）司仪，由主祭人恭读祭文，祭文内容包括感激城隍为民众带来福祉的诚意，以及"财力绵薄、礼仪生疏、经验浅斟"类客气话，请求城隍继续保佑，读毕，摆放祭品，依礼致祭。

祭祀地点在总城隍庙，祭品一般有百合、山药、五牲祭品、点心、油炸面食、海产品、干果、水果等。

长安王曲城隍庙现存城隍庙大殿一座，大殿内有城隍神及所管的神金身塑像数尊。神像前设立香案一方，大殿外有铸铁烧香架一副。

城隍信仰是民间的一种文化现象，是民间价值取向的表现形式，它有助于社会稳定和促进当地经济发展。

户县北乡迎祭城隍民俗活动

[户县　国家非物质文化遗产代表项目]

户县北乡迎祭城隍民俗活动是中国古代城隍信仰背景下产生的一种民间信仰形式，其祭祀时，数村一社轮流祭祀一个城隍，即城隍神纪信。自明代中叶起，户县北乡民间这种自发迎祭城隍活动未曾中断。

户县北乡迎祭城隍民俗活动形式独特，它包括接"爷"（迎祭城隍程序）、交接仪式、守"爷"（守城隍职责）等内容。

城隍社迎祭城隍，在当地是很隆重的事，被称为接爷。户县北乡城隍在每个村子要享祀一年，至来年正月十五前后，由下一个村子将城隍迎至本村祭祀。届时将由接城隍的村子派出庞大的迎神队伍到城隍所在村子，待双方举行过祭祀交接仪式后，才能把城隍接回本村祭祀。接城隍时，迎神队伍由报马开道、锣鼓队、社火队、武术和杂耍、秧歌队、打钱杆、扇子舞、伞舞等组成，一路上锣鼓喧天，载歌载舞，热闹非凡，表示迎神村子对接神回村的重视。接爷是村子的一件大事。

交接仪式包括报官入庙、路神乌梢开道、礼乐起奏、送神村举行恭送仪式，迎神队伍回村后，先在庙外进行神器进庙仪式，抬城隍神轿绕场表演一周后进庙，在庙内进行神像落座仪式。

在接回城隍的当天晚上，各村的善男信女（阿婆们居多）前来烧香、礼拜、庆贺其搬迁新址，如人们住进新房，乡党祝贺一样。

从城隍神迎进村子的这一天起，全村人要挨家挨户轮流守护，直到来年下一个村子迎走。当地人将这一习俗称为守爷。守爷人的职责，一是续香火，保证城隍香火不断。二是伺候城隍夫妇的起居。城隍有夫人，在城隍庙里要摆设城隍夫妇的床铺，以及脸盆、毛巾等生活用具。守爷人每晚要给城隍夫妇铺好床铺，第二天早上再把被子叠起来，并给爷洗漱。

迎祭城隍有大城隍和会城隍之分。大城隍是指城隍神生日的二月初八日，夫人是六月初八日。以庆贺大城隍生日为由头，城隍所在村的负责人，召集全村人张罗生日饭食，从早至晚，要安排好餐饭，招待好来宾，使大城隍生日成为一个参加人数众多的盛大招待会。此时，不仅村中忙碌热闹，而且商贩也云集于此，更是增加了大城隍过生日的气氛。

会城隍是指城隍的会期，时间在农历十月中、下旬，乡人故称十月会，最迟不得超过冬至节，也叫冬会。会城隍时要在庙外搭起经棚，把城隍夫妇的神像供奉在棚里，并且要在神案上摆放丰盛的祭品，以示祭祀的隆重。此时，十里八乡的善男信女争先恐后前来烧香祭祀。祭祀时，经棚里还要请僧道居士，在棚内做法事，如焚香、敬神、诵经等，并伴有悠扬的笛声、鼓声、锣音，给人一种神秘感。会城隍时，在经棚附近搭戏台，唱大戏数日，并有集市贸易。

户县北乡迎祭城隍民俗活动中需要备彩亭、芯子社火、万人伞；鼓、铙钹、龙凤锣架、小铜锣等锣鼓队乐器；木鱼、铜铃、梆子等细乐队乐器；黄旗、高杆红灯、万人伞、檀香炉、摆放香蜡祭品的供桌、城隍神轿、城隍婆神轿等神器、祭器。

户县北乡迎祭城隍民俗活动是一种独特的城隍信仰形式，它综合了民间信仰、宗教祭祀礼仪和民间艺术等多种表现形式，迥异于遍及我国大江南北的城镇城隍信仰方式，这种地域性极强的迎祭城隍活动，对于研究我国古代城隍信仰和宗教文化极具学术价值，而迎祭城隍活动中群众的广泛参与，也有利于和谐社会建设。

西安都城隍庙民俗

[莲湖区　国家非物质文化遗产代表项目]

西安都城隍庙建于明代，位于今西安繁华的西大街，供奉的是汉代大将纪信。都城隍庙自其建成以来，香火一直旺盛，游人信士众多。每逢正月初一、十五庙会、四月初八祭祀盛会，都是人山人海，鼓乐喧天，格外热闹。

西安都城隍庙庙会时，有春节祭灶、清明祭祖、本命年祈福、城隍巡游与一些地方戏如老腔、秦腔、皮影及社火表演等活动。其中最热闹的是新春祈福庙会，在庙会上送春联，点新年头炉香，祭城隍，迎财神以及进行民间艺术表演，艺人们施展各种民间绝活，演唱秦腔，踩高跷，玩社火，进行茶道表演、鼓乐表演等，场面热闹，往往吸引周围民众数十万人前来观看。

西安都城隍庙在当地影响很大，这里不仅有人们对城隍信仰的精神追求，而且还有人们购买生活用品的物质场所。都城隍庙为现代文明留存了一个多元的、内涵丰富的文化空间，它满足了人们日常祭祖活动的需求，给人们提供了精神信仰的场所。而民众对城隍的信仰，又使其以宗教独特的向善教化作用，发挥着净化人们心灵、教人行善，有利于社会稳定、和谐的积极作用。城隍信仰的长盛不衰，与民众渴望生命延续和追求财富的向往有密切关系，人们希冀以城隍信仰来获得自我保护，寄托对生活的希望。因此城隍信仰在民间众多的原始信仰中，成为最具生命力和影响力、最深入人心的自然信仰。

西安都城隍庙周围平时布满摊贩，人来人往，是人们购买生活用品和祭祀上香用品的交易之地。庙会时，热闹异常，进香的，看节目表演的，购物的,熙熙攘攘,道路挤得水泄不通。仅正月新年庙会就有50万人参与,不仅扩大城隍信仰文化活动影响,而且成为一种带动地方经济的庙会经济活动。

庙会丰富与活跃了人们业余的文化生活,保护与传承了西安鼓乐的道派鼓乐与民间艺术表演,填补了民众业余文化活动的不足。正确引导西安都城隍庙庙会活动对于今天社会发展的积极作用,将有助于社会和谐与稳定,有助于地方经济与文化的健康发展。

与西安都城隍庙庙会民俗相关物品有城隍神像,各州、府城隍神牌位,法器,乐器,神像前香案,大殿外铸铁烧香架;经文、祭文、乐谱、碑文;相关经忏法事及古戏楼的鼓乐、戏剧与歌舞等。

骊山女娲民俗

[临潼区　陕西省非物质文化遗产代表项目]

女娲是我国远古时期中华民族起源中的传说人物。西安临潼保留的骊山女娲民俗是人们对远古先祖纪念的一种方式，它与现代生活仍然有不可分割的联系。在传说中女娲炼石补天的临潼骊山一带流传下来的与女娲民俗有关的人祖庙会、过年送包子、小孩穿五毒裹兜、农历二月二烙饼等习俗，都与这位传说中创造了华夏民族的人物有关。

女娲民俗主要包括女娲传说故事以及女娲与民间节日、节气相关的故事、庙会等，如正月二十日的"补天补地"。在临潼骊山一带，每年农历正月二十日为"补天补地节"，这一天，家家户户都要烙形似"铁饼"，且可以食用的"面饼"，其中，一块"面饼"抛到房上寓意为"补天"，一块"面饼"撂到井里意思是"补地"，以此纪念传说中女娲为拯救黎民于大自然的灾难而"补天补地"。由此习俗衍生出来的当地特色饮食如"蒸饼"、"煎饼"、"石子馍"（又称石头馍）等，也随着当地旅游开发成为临潼著名小吃和中外嘉宾来临潼旅游必带的美食佳品。正月初七的"人日"、六月六老母会、七月十五人祖庙会等，都是当地很重视的盛大日子。传说农历七月十五为女娲生辰，在此前两天，方圆百里的群众，就开始登上骊山九龙顶上的"人祖庙"，祭拜女娲，乞吉求福，成为当地规模盛大的民间庙会等。民间春节拜年时送"女娲（娃）包子"，中秋拜月，重阳送糕（高）等都与女娲民俗有关。

与女娲民俗相关实物有蛙图、蛙鱼图、蛙鸟图、蛙娃图等剪纸，逢年过节、娘生娃满月等送"蛤蟆娃"、"蛤蟆脊背"、"瓜瓜"等面花礼馍，送"人日"稀沫糊、包子等食物。

骊山女娲民俗传承着远古时代的中华文明，延续着博大精深的中华文化，这种独具特色的女娲民俗，反映了人们对中华民族始祖女娲与天斗争、与大自然抗争、顽强生存、繁衍人类功德的敬仰之情，人们制作女娲图腾裹肚，并绣上五颜六色的蛙图案，希冀能够得到人神女娲的庇护，保佑后代身体健康，使中华民族永远传承下去。

华夏财神故里祭祀活动

[周至县　陕西省非物质文化遗产代表项目]

财神赵朗，字公明，周至赵大村人，以财神故里筑庙奉祀历史悠久，在国内外影响很大。

财神故里祭祀活动内容丰富，它包括正月十五的求财节、农历三月十五日的神诞节、六月初六的古庙会、八月十五的还愿节。每到祭祀节日时，财神故里都要举行盛大的祭祀礼仪活动，内容有敬神、迎神、求签、还神、送财气、财神舞等。每逢庙会日，财神故里还要举行盛大祭祀礼仪活动，并有集贤鼓乐、大戏马角、社火助兴。

祭祀礼仪中，敬神是指斋戒、净手等上香礼仪，迎神即向神祈福求财，求签即向神求签问事，还神即在求神应验以后向神还愿谢神，送财气习俗指大年初一清早财神故里赵氏后裔装扮成财神或抬上财神像，到周围店铺发喜送财气。店主收到财礼后，将神帖安祭店中，应验后到财神庙还愿。

财神舞是在各神节举行的一种财神舞蹈。分迎祭财神、财神礼（五路财神出场表演）和赐财宝三节。迎接贵宾大型舞蹈演出的是财神显圣故里行。整个舞蹈包括三部分，其一是担柴卖草、扶贫济困、上山伏虎、除瘟剪疟、食桃为仙；其二是黄河布阵、祭坛受封、魂归故里、财赐天下、喜送财气几节；其三是生意兴旺，方圆几十里百姓有施之礼仪道场一场，富甲保民一方，来过财神庙一趟的说法。

华夏财神故里祭祀礼仪使用的祭品有香火、蜡、转运宝牒、平安符、金斗、大元宝、冥钱银纸、衣、钵、花纸、禄马、糖果、茶、酒、三牲（金猪、鸡、鱼）等用品以及钟、鼓磬、神签、香炉、锣鼓、乐器、鞭炮等乐器。

华夏财神故里祭祀用品有财神神帖、签文、财神像、财神法器及《上香经》《朝圣经》《赐财经》《财神经》《消灾度厄经》等。

华夏财神故里祭祀活动兴盛与人们祈求财富心愿有很大关系。供奉财神，祈求财神降福降财，求得平安富贵，是推动财神故里祭祀活动的主要原因。祭祀和敬奉财神的民俗礼仪在国内外都有影响。海外华人也到财神故里进香祭拜，追宗怀祖。

今天，挖掘祭祀财祖礼仪，研究中国古代财富民俗文化，对于增强民族凝聚力，加强大陆和周边地区与海外同胞友好往来，开发财神旅游产业，促进当地经济发展将起积极作用。

青山索圣母庙会

[周至县　西安市非物质文化遗产代表项目]

青山索圣母庙会与当地传说中的人物索仙姑有关。索仙姑,传说其为抗婚避嫁逃至翠峰山,并广行善举,为当地百姓医病造福,后人为纪念她的善行,立庙纪念,并将其居于人神牌位,称为索仙姑、索圣母。索圣母庙会所在地的遇仙宫,"宫在甘泉之下,渼陂之上"。[①] 现在此处与索仙姑有关的历史遗迹有车峪口大庙、煎茶坪、梳妆楼、索圣母祠、系马桩、上马石等,当地还有许多附会的索仙姑传说故事。

索圣母庙会主要有两个会,即每年农历三月初六至初十日的上山会和三月十二日至十五日的下山会。庙会期间,周围四里八乡登山朝拜的群众,人山人海,多时每天可达到 10 万多人次。自有庙会以来,每到庙会时间,纪念与朝拜索仙姑的百姓蜂拥而至,络绎不绝,以至于将一年一度的祭神庙会演化成了大规模的群众性登山旅游与经济交易活动。庙会时民间唱大戏给庙会添人气助兴的,卖地方特色小吃的,卖生活用品的以及善男信女祭拜索仙姑的,将庙会烘托得热热闹闹,给人一种生活的享受。

索圣母庙会中相关物品有用于庙会活动的乐器钟、磬,法物有神画像、文板、香炉、香火、蜡、裱、祭品以及用于表演的戏服、道具等。

---

① (元)程矩夫:《程雪楼集》卷28,影刊洪武本,第 8 页。

【传统手工技艺】

北张村传统造纸技艺

[长安区　国家非物质文化遗产代表项目]

西安市长安区北张村传统造纸是指以楮树皮为原材料，用传统造纸技艺制成的纸。清时楮皮纸被选作奏折和科举考试用纸，嘉庆年间曾用北张村楮皮纸编写了《长安县志》，1949年前这种纸也是西安市印刷报纸用纸。

图1　北张村传统纸
西安"非遗"保护中心提供

北张村传统造纸主要采集原料为隔年生的楮树枝条，在制纸过程中，通过剥皮、浸泡、蒸皮、碾压、再浸泡、再蒸、漂洗、踏碓、切翻、捣浆、抄纸、除水、晒纸、揭纸等程序，一张传统技艺造的纸就完成了。

图 2　传统造纸用具
西安"非遗"保护中心提供

造纸时，要先将剥下的楮树皮切成条，捆好晒干备用。具体制作时，一是软化树皮，即将剥下的树皮通过在河水中进行浸泡、置于蒸锅中使之蒸软，来加速树皮软化；二是碾压浸泡，将蒸过后的树皮放在石碾上反复进行碾压，再放在生石灰水中浸泡，上锅再蒸后放置过夜，在流水中浸泡；三是纤维帚化成形，利用杠杆原理反复碾压楮皮，使其纤维帚化后切块，放进石臼捣碎，在纸槽中搅拌均匀，用竹帘捞起，除去水分，形成纸砖；四是晾晒成纸，将纸砖从竹帘上层层揭下来，贴在墙上晒干后，揭下来整理成沓。

造纸用原料有楮树皮，其他用具有石槽、架子、帘子、切翻凳、切翻刀、踏碓、石臼、蒸锅等。

如今，北张村从事传统造纸者极其有限，这种以传统家族式口传心授传承的北张村造纸技艺急需保护。

豆村大蜡制作技艺及民俗

[周至县　陕西省非物质文化遗产代表项目]

　　大蜡主要是供于寺庙、民间丧葬所用，与民间宗教信仰有关。周至豆村大蜡制作相传与唐高僧玄奘传授灌制大蜡技术有关。历史上，"四月八，游大蜡"是周至豆村最热闹的时候，届时，豆村把当年主要用于寺庙祭祀活动的大蜡演变成每年四月初八的庙会活动主角，将做好的大蜡放在蜡亭里，由四个壮汉抬行在豆村大街小巷，给庙会增添了热闹的气氛，成为当地人喜欢的一种民俗活动。

　　周至豆村大蜡原料取自蜂蜡，制作时，首先是溶解蜂蜡，去掉杂质，使在铁锅里熔炼开的蜂蜡变得纯净。其次是灌制蜡体，使蜡成形。待去掉杂质的蜡凉至一定的温度时，用铁勺将其灌制在空中悬挂转动的铁芯上，铁芯中间有木头或竹子制成的蜡杆以及可供点燃的棉质蜡芯。灌制完成后，倒立铁芯上的蜡，按顺序将大小不同的几个蜡撂起来，大蜡主体成形。最后，装点蜡体表面。用五色彩线缠绕蜡体四周，在大蜡主体上做蜡芽、花鸟虫鱼、飞禽走兽，用木、竹、纸扎糊成蜡亭，套在蜡体上作为装饰。大蜡高温下不化，液体不流。

　　大蜡制作材料有蜂蜡、清油（菜油）、五色丝线、各种颜料、红薯、棉花等。制作工具有灌蜡铁芯、铁锅、铁勺、刀具、烙铁、抿子、铁丝、木料等。大蜡的装饰蜡亭有木、竹、纸张扎糊的亭子，四周饰有花鸟走兽，套置在大蜡外围。

　　豆村大蜡历史悠久，工艺讲究，制作独特，是当地有代表性的民俗用品。挖掘和保护豆村大蜡，传承有利于当地和谐稳定的民俗文化，丰富群众精神生活，具有重要的社会价值。

阎良核雕技艺

[阎良区　陕西省非物质文化遗产代表项目]

西安阎良核雕技艺是中华民族核雕技艺的组成部分。它主要以桃核雕刻为主，传说桃木能驱邪去灾，象征吉祥、幸福和平安，且质地坚硬，不易破碎，民间百姓比较青睐核雕。

阎良核雕作品完成，需要下列步骤：第一步，选料并进行处理。核雕雕刻前首先要选好桃核，以纹路清晰、质地良好的桃核为上乘桃核，桃核选好后，去其果肉，对其表面进行清洗、消毒，入锅蒸后，再清洗，然后置于阴暗处晾干。第二步，雕刻桃核。以桃核的自然纹路进行构思，或直接雕刻，或先勾画草图再下刀。下刀雕刻是核雕的关键，用刀者需注意力高度集中，要做到眼、手与心的合一。雕刻时需用核桃油去除桃核表面的碎末。第三步，进行打磨处理。核雕成型后，对桃核还要再做果肉处理，防止作品变质。接下来，用砂纸对成型作品进行打磨，所谓"三分刻，七分工"，用核桃油浸润擦拭，作品完成。

阎良核雕是立体微雕中的绝技，其工艺难度大，耗费时间长，对雕刻技艺要求高。目前，阎良核雕主要作品有《核舟》《长安八景》《十二生肖》《一百零八罗汉》《钟馗护身符》《陕西八大怪》《八仙过海》等，其中，《一百零八罗汉》《十马战车》等被视为果核雕刻界中的珍品。

核雕雕刻刀具主要有剜刀、刻刀、削刀、刮刀、钻刀等，相关用具有钢针、砂纸、钻子、锉子等，所用刀刻技法有剜、刻、拨、挑、刮、削等。

阎良核雕主要反映的是百姓生活和民间风土人情，其方寸之间造就乾坤万物，小小桃核刻写的是人生百态，雕刻的是艺人传递的人间真善美，是对生活的感悟和热爱，它不仅给人美的享受，而且展示了我国民间艺人的高超雕刻技艺，是难得的民间雕刻艺术。

阎良核雕曾作为我国民间艺术代表进行过国际间民族文化交流，在世界上享有一定的声誉。今天，充分发挥阎良核雕的文化交流作用，发挥其丰富百姓生活的文化作用，对于构建和谐社会和促进社会主义新农村建设有积极意义。

蔡氏核雕技艺

[灞桥区　西安市非物质文化遗产代表项目]

西安灞桥区蔡氏核雕与山东海洋蔡氏有密切关系，今西安蔡氏核雕传人即是山东蔡氏后人。

蔡氏核雕
摄于西安"非遗"保护中心

蔡氏核雕雕刻时，首先是选原料，原料品质决定核雕作品质量，蔡氏核雕所用原料主要是当地所产的山桃核、毛桃核、水蜜桃核，这类桃核质地好，容易雕刻。其次是画样、成形，桃核选好后，根据桃核的形状决定需要雕刻的人物造型、面部表情，进行构思，勾勒出要雕刻的作品样式，雕刻出成品形状。再次是雕刻、开脸，雕刻是核雕技艺的关键，要求艺人在雕刻时要手眼并用，精雕细琢，尤其是雕刻眼睛及面部其他器官表情，通过艺人精湛的雕刻技艺，使核雕作品具有活力。最后是抛光、上油、包装。雕刻完成后进行打磨抛光处理，去掉瑕疵，上油，使雕刻作品光滑圆润，核雕作品完成。

蔡氏核雕使用的刀具主要有本口刀、斜口刀、尖锥、钢刷、锉刀、三角槽刀、圆弧刀以及相关的砂纸等材料。

蔡氏核雕刀功娴熟，从小小果核上表现出作者对生活的热爱与人生追求，其雕刻手法细致，使作品具有生命力和艺术感染力，代表作品有"梁山英雄谱"、"佛像"、"十二生肖"、"仕女"等。

蓝田玉雕工艺

[蓝田县　西安市非物质文化遗产代表项目]

西安蓝田玉雕工艺与蓝田出美玉有关。"蓝田出美玉，色如蓝，故曰蓝田。"① 蓝田作为我国境内人类起源地之一，早在旧石器时期就有先民们开始佩带打制的蓝田玉，在蓝田已发现的龙山文化与仰韶文化遗址中，就有先民磨制使用的玉璧玉戈等。

蓝田玉被加工制作屡见蓝田出土文物，如春秋战国时期的玉质礼器，秦并六国后"传国玉玺"，汉代宫廷鸠杖，大玉铺首，铜镂玉衣，玉琀等。唐代杨贵妃的绿玉磬，王公权贵冠冕、玉带和玉步摇等。

在文字记载中也记录了大量蓝田玉采掘给当地百姓带来沉重负担的史实。如："采玉采玉须水碧，琢作步摇徒好色。老夫饥寒龙为愁，蓝溪水气无清白。"（李贺《老夫采玉歌》）。"官府征白丁，言采蓝溪玉。绝岭夜无家，深榛雨中宿。独妇饷粮还，哀哀舍南哭。"（韦应物《采玉行》）

蓝田玉雕工艺使用的原料就是蓝田玉，选好玉料后，进行：一、设计与切料，即对选好的玉料根据要求进行设计，对整块大玉进行分割。二、过图与雕刻，即对玉料设计图纸进行审视，并依据图纸设计样式进行雕刻。三、抛光与高温处理，玉料样式出来后，进行抛光，使其光滑，有亮泽度，进行细致打磨，令其圆润，有质感，进行高温处理，使其雕刻图样经久保持。四、成形与装潢，各种玉件浮雕、摆件和挂件加工好后，或装入镜框，或进行装饰，使其为进入市场做准备。五、验收与出售，上述工序完成后，经过检验合格，玉料雕刻完成，可以进入市场。

---

① （清）沈青崖：《陕西通志》卷43，雍正十三年刻本1985年版，第59页。

蓝田玉雕刻主要工具有开料机、旋剜机、打眼机、丝子锯以及电动磨玉机、金刚石工具、蛇皮钻、电动角磨机、电动抛光机、切割机等。产品主要有挂件、摆件、玉首饰等。主要采取圆雕和浮雕的形式进行雕刻。蓝田玉雕中利用蓝田玉石多色的特点，创新设计了蓝田玉浮雕，挂屏成为蓝田玉雕工艺品的拳头产品，使其具有生命力。

蓝田玉雕工艺是中国玉文化不可缺少的重要组成部分，除传统的文化与美学价值外，还具有重要的保健作用。

狄寨徐文岳泥哨制作技艺

[灞桥区　陕西省非物质文化遗产代表项目]

泥哨，又叫泥叫叫，是民间儿童喜欢的一种口哨，曾经在西安民间有很好的市场。徐文岳泥哨是传统泥哨技艺保留至今的代表。

徐文岳泥哨制作的主要原料是当地深壕的土，这种土黏性好，易操作。制作泥哨过程较为复杂。首先是制作模具。根据不同的人物造型，用泥作成范（凸起）与模（凹进）。其次是入泥于模。将取来的土和成泥后放进模具，在泥胎顶部用竹筷穿孔，使其通气。最后，泥胎成型。一是将哨子泥模外沿缝隙捏实，使里面形成空腔；二是将立起的竹管轻捻后取出，从模型底部取出泥胎，置于制作案上，墩平底部；三是将泥胎从模具取出后放在阴凉处晾晒数分钟，按平泥胎背部小孔，以使顶部进来的气流能够顺利通过；四是晾晒泥胎

徐文岳现场制作泥哨
摄于西安"非遗"保护中心开馆日

约半个月，把已经晾晒干的泥胎放在铁箅子上，先预热烘烤，反复两三

次，然后放进大火，烧至人物的手、脚变红，再放进炉灰中大火烧制，最后烧制成陶取出着色即可。

徐文岳泥哨道教色彩浓厚，泥哨表面画有八仙、福禄寿、二进宫、放饭以及西游记等，历史景观有兵马俑等。

泥哨制作造型小巧、色彩绚丽、声音清脆、响亮，曾经颇受当地百姓喜爱，并将其作为民间藏品收藏。

徐文岳泥哨制作多以家族直系亲属传承，时代的变化，制约了传承。

目前，由于市场经济的影响，徐文岳泥哨制作也面临缺少传人，随时有失传的危险。为能使该项民间艺术得到流传和延续，作为非物质文化遗产的泥叫叫，急需得到保护、传承、开发，使其延续和发展。

鱼化"泥叫叫"制作技艺

[雁塔区　陕西省非物质文化遗产代表项目]

"泥叫叫",又叫娃娃哨,是一种民间流行的手工陶泥儿童哨子,它以泥土为原料,成品吹时呜呜作响。

西安申报非物质文化遗产"泥叫叫"的地方有两处,一个是西安灞桥区狄寨"泥叫叫",一个是雁塔区鱼化寨"泥叫叫"。鱼化寨"泥叫叫"的历史据传比狄寨"泥叫叫"历史早,它始于20世纪三四十年代,发明者是两个由户县流落到此地的张、薛老汉,出于生计,他们以当地的泥土制作发声的哨子卖钱维生,因以土为原料,故将所作哨子称作"泥叫叫"。当时做泥哨子的两个老汉住在雁塔区鱼化寨东围墙村(现鱼东村)外的娘娘庙,所以将"泥叫叫"称为鱼化寨"泥叫叫"。狄寨"泥叫叫"据传是在学习了鱼化寨"泥叫叫"技艺的基础上不断改进、创新,形成了自己的特色。

鱼化寨"泥叫叫"是一种经低温焙烧而成的单音声响哨子,是当地名气响亮的特色民间文化遗产。

鱼化"泥叫叫"从题材、造型、色彩等方面具有鲜明的地域文化特色。作为一种民间文化的载体,它色彩鲜艳,展现了关中地区民间美术的生活理念;造型多样,有动物造型,有人物塑像。动物造型非常生活化,有鸡、狗等十二生肖,也有制作者的发明创造。人物塑像主要与传统文化中的历史人物、神话人物和秦腔中的戏剧人物有关,造型逼真,个性鲜明,生动活泼,表现了关中粗犷、厚重的审美追求。

鱼化"泥叫叫"带有民间文化的原始特征,它将本土文化理念和其他民间艺术融为一体,构成具有个性鲜明的地域民间文化,朴实、实用,具有艺术、历史等多方面的研究价值。

鱼化"泥叫叫"制作材料主要有泥土、木棒、颜料、毛笔等。

鱼化"泥叫叫"近百年中经历五代工匠，其中创始人及其后两代传人已故，现第四代传人已到古稀之年。到第五代传人时，由于市场销路不畅，也只是偶尔少量制作，以惜业保技而已。

鱼化"泥叫叫"的近况折射的是非物质文化遗产在当代如何保护与传承的现实问题。

竹篾子灯笼编织技艺

[灞桥区　陕西省非物质文化遗产代表项目]

西安灞桥竹篾子编织是一种有历史传统的地方民间工艺。明末清初，从嘉定南门至马陆石冈村就已形成了具有一定规模的"竹篾街"，这一带几乎人人都会编竹器，竹器编织品有竹灯笼、竹篮、竹箩、针线匾、竹丝盘、篾席等不下百余种的日常农家用具与工艺品。

图1　竹篾子灯笼

竹篾子编织一般选取当地或陕南优质竹子为材料，制作时对竹子的处理至关重要。选好竹子后，一是破竹和泡竹，即按所编竹器大小，截取尺寸，然后浸泡数日待用。二是进行破篾、起篾和划篾，即将竹篾子从竹子

上用力均匀地扯开，把撕扯好的竹篾按一定数量摆放在一起，踏（编）

图 2　竹编制作
摄于西安"非遗"保护中心

好底子。三是盘篾踏底子、分篾（捻篾），按照一分为二的方式，把踏好

图 3　竹篾子灯笼简介
摄于西安"非遗"保护中心

的底子一一分开，使其逐渐扩大，并一一捻开；进行竹节分层，把泡好的竹节分为四层，把挑选好的竹片再分成两份、四份……四是编织、收口，编织时手劲要均匀，收口，再把刺出的篾子插进灯笼里面，使其表面光滑无痕迹。成型的竹篾子灯笼上面口大，下面口小，下面可放蜡烛、煤油灯。五是烘烤捏圆、滚浆，将成型的竹篾子在火炉边烘烤、捏圆，使其达到理想的效果；如果是做灯笼，则把捏圆的灯笼在浆糊上面滚均匀，只滚中间部分，把皱纹纸裁成一定宽度，糊于灯笼中间，糊好的灯笼要及时在火炉上烘干。

灞桥竹篾编织主要用具有竹子、小刀、皱纹纸、火炉、浆糊等。竹器编织品主要有竹灯笼、竹篮、竹箩等农家用具与工艺品。代表性灯笼作品有葫芦灯笼、花瓶灯笼、火葫芦灯笼等。

随着农村城镇化和现代工业的发展，社会对竹篾编织产品的需求量日渐减少，以至于现在从事竹编技艺的人越来越少，竹篾编织这项传统手工技艺已逐渐走到消亡的边缘。传承这项技艺，保护民间文化多样性，在今天已是刻不容缓。

长安寺坡村"添碟子"制作技艺

[长安区　陕西省非物质文化遗产代表项目]

长安寺坡村"添碟子",又名"花碟",起源于清末当地村民对祭祀"关帝庙"供奉祭品的艺术性加工,是一种集木工、雕塑、彩绘等多种艺术表现形式于一体的、寺坡村独有的民间传统手工技艺。

长安区寺坡村"添碟子"工艺
西安"非遗"保护中心提供

"添碟子"是指用红、白萝卜切成柱体，摆成碟状，即所谓的第一层碟子，在萝卜柱上插上竹子，再架起第二、三层碟子，每层碟子的萝卜柱体四周粘满各色的杂豆，萝卜柱上摆放用面捏的小人和小动物，摆出各种漂亮的图案，中间以黄豆、玉米等点缀。

　　"添碟子"所用材料有各种豆类、瓜子、木料、浆糊、漆、面、丙烷颜料、清漆、蜡、染料、小米、铁丝、彩纸等。相关器具有刻刀、炉子、耐火容器、清水。工艺有搭台、彩塑、扎花等。

　　添碟子工艺观赏性极强，艺术性很高，由于主要原料为五谷杂粮，难以长期保存，所以传世的作品很少，保护与传承是当前面临的主要问题。

　　寺坡村"添碟子"技艺代表性作品有亭台楼阁、雕梁画栋、戏剧人物、鸟兽虫鱼以及戏楼盒子《三娘赛翠》《二堂舍子》等。

　　寺坡村"添碟子"技艺展现了人民群众的智慧与创造力，它不仅体现民众对忠义精神的崇尚，而且有对美的追求。激发了人们的创新精神，增强了集体的团结协作性，有利于推动社会主义精神文明建设和和谐社会建设。对于传承中华优秀传统人文精神、道德和价值观具有重要的现实意义。

张氏风筝制作技艺

[碑林区　陕西省非物质文化遗产代表项目]

西安张氏风筝制作技艺源自清时其先祖于每年清明时节扎制的风筝，到当代传人张天伟时，将机械传动与传统风筝结合起来，以风力为风筝动力，使风筝众多部位活动起来，由静止画面变成活动画面，形成别具一格的具有鲜明地方特色的西安"张氏风筝"，在海内外有很大影响。

图1　猪八戒背媳妇风筝
摄于西安"非遗"保护中心

"张氏风筝"有数十种不同类型的系列风筝，其制作特点是将传统静态风筝创新为动态风筝，使其不仅具有艺术欣赏价值，而且还有科学研究价值，如象征中华民族的龙风筝，龙头上的眼睛、眼皮、眉毛等多处活动。令人捧腹的"猪八戒背媳妇"风筝，其身后背的媳妇会随着风筝拉线不停地摇摆。喜剧大师"卓别林"风筝，其滑稽的表情和夸张的动作也会在风筝的活动中让观看者想到曾经的"摩登时代"等。其"秦始皇铜车马秦俑军阵"风筝及"秦始皇万里长城奥运"风筝，被风筝界誉为我国最复杂的顶级风筝作品，具有很高的收藏价值和经济价值。

"张氏风筝"制作包括备料、构思、设计、做龙骨架、合成五部分。第一是备料，讲究较多，一是备好主料，根据所要制作的风筝选取风筝骨架和蒙面材料，风筝骨架以传统竹材为主，要求有一定年限的生长期及做风筝要求的质量如密度、弹性、竹节等，蒙面材料以各种轻薄的绸绢类为主；二是备好辅料，备好用于捆扎风筝的各类线，薄尼龙绸，绘画颜料，铝合金，铜或不锈钢薄板，各种金属丝，胶木板，黏结剂等。第二是构思，制作什么风筝，需先设定题材，进行构思。第三是设计，根据设定的题材按比例画出图纸，设计动态部位，并画出零部件图。第四是做龙骨架，根据风筝骨架要求制作粗细薄厚

图 2　会唱歌的龙头风筝
摄于西安"非遗"保护中心

不同的竹条，依照图纸将各部位竹条进行加工，捆扎成形。同时进行机械传动零部件加工，将二者合一，风筝骨架制作完成。第五是合成，将丝绸面料逐块裱糊到风筝骨架上，涂以颜料，拴好风筝引线（提线），风筝制作完成。

"张氏风筝"在制作材料上主要工具有劈竹刀等各种相关刀剪、相关钳子与老虎钳、手电钻与台钻、锯、酒精灯、绘图仪器以及竹子、不锈钢丝、铝合金、丝绸、绘画颜料等。

"张氏风筝"利用风力舞动风筝的技术开创了风筝历史的新的一页，可舞动特技风筝在继承传统的基础上，对在室内外条件下进行的风筝演放技术的提高则是风筝制作史上的进步。传承这种风筝制作技艺在今天仍有积极的现实意义。

西安同盛祥牛羊肉泡馍制作技艺

[莲湖区　国家非物质文化遗产代表项目]

牛羊肉泡馍是西安著名的特色饮食，其制作历史悠久，宋代著名文学家苏轼就有"秦烹惟羊羹，陇馔有熊腊"的诗句（《和子由除日见寄》）。同盛祥牛羊肉泡馍在西安同类饮食中独享盛名，其泡馍馆创设于1920年，现坐落在西安市中心钟鼓楼广场中央。

图1　羊肉泡馍展示
摄于陕西省第六届旅游博览会

制作牛羊肉泡馍，要经过选肉、煮肉、掰馍和烹制四道工序。首先是选肉，牛羊肉泡馍对食用的牛羊肉要求比较高，肉的部位有讲究，肉能否炖烂有说法，宰杀要求就更高了。由于该饮食属于清真食品，因此，其在制作时，非常讲究"净"，即屠宰时必须要有指定的精通《古兰经》（部分）的专人进行宰杀。其次是煮肉，牛羊肉泡馍的煮肉是其最关键的环节，煮肉的加工人员只选择本民族员工，他们在进入煮肉间时，必须对个人卫生进行彻底清洁，确保所接触食品的"净"。煮肉时要加一些葱、姜、花椒、八角、茴香、桂皮等作料。肉煮好后捞出待用，肉汤也留下备用。再次是掰馍，牛羊肉泡馍的"馍"，是一种制作精致的白面烤饼，当地人将这种饼叫饦饦馍，一般在饼烙到八九分熟时出锅待用。整个掰馍过程，就是在吃泡馍前，食者将这种未完全烤熟的饼掰碎入碗，然后交给厨师加工制作。最后是烹制，即将提前煮好待用的肉和交给厨师掰好的饼合在一起重新入锅烹煮，在回锅的过程中，加入各种作料，如料酒、盐、味精等和入味的配色的菜丝，如香菜末、葱末、白菜丝、粉丝、辣子酱等。最后这道工序完成，一碗色香味俱佳的牛羊肉泡馍就基本告成。

图 2　羊肉泡馍全套
摄于羊肉泡馍店

当然，牛羊肉泡馍呈现在食者眼前的时候，它会让食者眼前一亮，因为在特制的大碗里，除了放有一定量的熟牛羊肉、煮肉的原汤外，还有各种作料、下菜、粉丝以及吃这种美味必须吃的糖蒜、辣子酱，饭后饮的一小碗高汤，那才是真正的牛羊肉泡馍呢。

牛羊肉泡馍制作需用刀、叉子、搭钩、磨石、蓖棍、肉板、漏勺、瓢、肉刷子等工具。

同盛祥牛羊肉泡馍料重味醇、肉烂汤浓，是当地人喜好的美味佳肴。

西安饭庄陕菜和陕西风味小吃制作技艺

[碑林区　陕西省非物质文化遗产代表项目]

陕菜是具有陕西地方餐饮风格的菜肴总称。西安饭庄陕菜汇集了陕西地方菜肴的精华，是陕西地方特色饮食烹饪的代表。陕菜和陕西风味小吃制作传承了当地饮食文化历史，对于今天研究我国地方饮食习俗提供了鲜活的实物依据。

西安饭庄陕菜介绍
摄于陕西省第六届旅游博览会

西安饭庄陕菜食材丰富，制作味浓色重，以酸辣为主，菜品中融进了西北人豪爽、简洁的品格。其菜品食材中，有飞禽，有牲畜，有海鲜，包括了海、陆、空各类能食用的动物和植物，最大限度地保证了食材来源。制作时，通过炒、炸、酿、蒸、炖、氽、炝、烩等各种方法使烹制出来的菜品香气四溢，菜色诱人，口感极佳。

肉类名菜以按照传统方法制作的名贵佳肴葫芦鸡为代表。制作葫芦鸡时，选的是农家散养的上好土鸡，将整只鸡放入铁锅，加调料包、调味汤慢炖，待肉烂后捞出，油炸出锅，制作完成。葫芦鸡曾得到过著名爱国将领杨虎城将军及著名书法家于右任先生、郭沫若先生和周恩来总理等人赞誉，至今一直是消费者青睐的菜品。凉菜类制作突出酸辣口味，调制时，或者焯，或者生拌，最后总要加适量醋和辣椒，是当地人一年四季喜食的美味。小吃类以当地人爱吃的葫芦头、肉夹馍、凉皮、牛羊肉泡馍、醋粉、千层油酥饼、黄桂柿子饼等为主。

陕菜注重原色、原形、原汁、原味，讲究刀功与火功，精于用汤与用芡，以鲜香、酥烂、酸辣著称。

"中华老字号"德发长手工饺子制作技艺

[莲湖区　陕西省非物质文化遗产代表项目]

饺子是我国百姓普遍喜爱的传统美食，在西安最早供应饺子宴的是老字号德发长手工饺子，创始人为北京西店村的赵辑五。德发长手工饺子是在小小的饺子上做出了大文章，使其能在社会变化中、在市场经济下长盛不衰，且"发"且"长"。

德发长手工饺子制作技艺精湛。其制作技艺的考究，并非只是一般意义上的饺子制作方法，而是有其独特的配料和工艺。其整个饺子完成要经过制馅、制皮、成型、熟制等流程。

代表性作品是在中国饭店协会举办包饺子大赛中获得"金鼎奖"的出水莲蓬、田园猎手以及果中之王等，特点均是皮薄馅足，鲜香独特、形制逼真，饺子不仅口感好，而且具有一定的艺术欣赏价值。

德发长饺子

摄于陕西省第六届旅游博览会

德发长手工饺子制作突出创新,为此还成立了专门进行饺子宴开发的研制小组,使其在最初传统饺子宴的基础上,大胆创新,由原来单一品种的水饺、蒸饺,开发出了适合不同人群、不同吃法的炸饺、煎饺、烤饺、烙饺,创新出菜饺结合,西餐中吃等方法,使饺子制作技艺不断完善,将饺子宴制作的出神入化。

德发长手工饺子制作突出做饺子人的品"德"。无论社会怎样变化,都要诚实守信,童叟无欺,保证饺子品质,保证德发长饺子品牌的"德",使中华优秀饮食文化在当代继续传承,为西安百姓生活、旅游与对外交流服务。

德发长手工饺子制作包括制馅工具有刀具、盆、锅、菜墩等,制皮工具有和面工具、专用擀面杖等,成型工具有案板、骨板,熟制工具有笼、锅等。

西安德懋恭水晶饼制作技艺

[莲湖区　陕西省非物质文化遗产代表项目]

水晶饼是西安当地一种有名的酥皮点心，其外裹层层酥皮，内夹白糖、青红丝等晶莹透亮的馅料，状如水晶而得名，是当地百姓喜欢吃的秦式点心。

据传，水晶饼与宋代丞相寇準有关。寇準回故乡下邽（今陕西渭南市下邽镇）探亲时，当地人为表示对他辨别是非善恶的敬意，送他晶莹透明水晶石般的点心，以示其有水晶目，水晶心，能辨忠识奸，清白做人。寇準将这种点心取名为"水晶饼"，一直沿用至今。

水晶饼曾被当年逃难到西安的慈禧钦点为"贡品"，因此，一直以来，水晶饼是国内外游客到西安必带的旅游食品。

德懋恭水晶饼是西安水晶饼品牌代表，在一百多年的饮食文化传承中，突

图1　德懋恭水晶饼包装盒

出水晶饼制作者德行，依据其品牌中"德、懋、恭"三字的语意传承中华饮食文化，延续中华名点制作技艺，折射了秦人糕点制作特质。

德懋恭水晶饼食材主料有特制粉和标准粉，添加辅料有白糖、青梅、蜂蜜、桃仁、瓜仁、芝麻、果脯、橘饼、玫瑰、桂花、鸡蛋等。

其制作时，首先是备齐并处理相关食料，主辅料中，对于辅料要根据选择的食物进行加工处理，或切成均匀的小块，或上锅翻炒处理、烘烤，

调制糖浆。其次是调制馅料与面粉，德懋恭水晶饼的馅料主料是熟面，用植物油、豆油进行调制。调馅时，是在熟面内放好各种作料，按配比加入桂花、玫瑰酱、糖、油等，适度搅匀。调面粉时，将油与面和在一起，使面团有韧性，起酥，再调馅料外的浆皮。最后是包馅成型，将酥和浆皮按照比例包好，擀成片状，切条备用。将皮、馅按照比例包成球形饼坯封口。再将饼坯放入模具进行烘烤，待底部发红即可出炉。

图 2 德懋恭水晶饼

德懋恭水晶饼表面金黄，中间有红色印记，四周雪白，滋润适口，油多糖重，且有浓郁的玫瑰和橘饼清香，是当地特色美食。

春发生葫芦头泡馍系列制作技艺

[碑林区　陕西省非物质文化遗产代表项目]

　　葫芦头泡馍是西安人爱吃的美食之一，它的出名与唐代药王孙思邈赐药成就有关。传说，唐高宗时药王孙思邈在长安东市对味重油腻的当地小吃"煮白肠"加入了一些祛腥之药，如西大香、上元桂、汉阴椒等，使其味香四溢，成为当地人爱吃的美味。为感恩医圣指点，经营者将药王赠予的药葫芦悬挂在店门首，并将原来的"煮白肠"改名为"葫芦头泡馍"。从此，"葫芦头泡馍"就成为当地群众喜食的一种特色美味。

　　葫芦头泡馍与西安其他泡馍不同的是"葫芦头"的特别与"泡"的不同。所谓"葫芦头"，是指用猪大肠为原料，其加工处理烹熟后呈黄白本色，且具熟肠特有香味。所谓"泡"，是讲究烹饪技法，"泡"与"冹"同，意为被汤所浸之意。"冹"的关键在是否将馍全部以汤浸透、入味，讲究口感。春发生葫芦头泡馍的馍也有讲究，它是将死面和发面按一定比例，并经过多道程序烤制而成，因此，它的饼在冹制的过程中筋道、味道独特。

　　春发生葫芦头泡馍制作时，一是处理猪大肠，采取传统洗肠法将猪大肠内外处理干净。二是吊汤，选用优质的猪大肠、猪大骨、柴鸡、方肉、鸭壳、生姜、猪肚等进行熬煮，在汤熬到一定成色后放置一旁待用。三是配置稍菜，备好优质的香菜和小葱等鲜香绿菜，增加食物颜色和味道。四是准备配料，将比例配置好的复合调料水、味精、腊汁油、优质粉丝等相关配料备好，留待使用。五是"冹"葫芦头和饼，将已烹熟处理后的猪大肠切成寸段、烤制好的饼掰成小块，放入吊汤，加入稍菜和配料，回锅后盛出，一碗上好的美味即告完成。

葫芦头泡馍制作需要准备的用具有吊汤用的大铁锅、存汤用的大煲桶、浸泡用的大勺和冽馍用的手勺以及优质的面粉和一定温度的水。

春发生葫芦头泡馍肠肥肉嫩，馍软滑韧，汤鲜味美，肥而不腻，醇香扑鼻，味道独特。食用时再配以秘制油泼辣子、特色泡菜和大蒜，味道就更加鲜香、醇正。

今天，在市场经济下，春发生葫芦头泡馍在原单一品种基础上又进行创新，研发出海味葫芦头、精肠葫芦头、精肥葫芦头、特制葫芦头、鸡片葫芦头、大肉葫芦头等十余个品种。

葫芦头泡馍不仅注重色、香、味，注重食材烹调的营养价值，而且利用烹饪原料的药用功效突出饮食的养生功能，在饮食中传承中华文化。

秦镇米皮制作技艺

[户县　国家非物质文化遗产代表项目]

　　米皮是西安人爱吃的特色小吃，在众多西安米皮中，以户县秦镇米皮最为有名。当地制作米皮的历史长，以老字号命名的米皮多，味道也是极特别的。据考证，在清代乾隆、嘉庆年间就有户县南街的尚家米皮，咸丰、同治年间有南街的卓生安米皮，光绪年间有西街的赵克宽和杨志杰米皮等，1949年新中国成立前仍有北街薛家等9户制作米皮。十一届三中全会以后，米皮经营者多达200多户。目前秦镇米皮不仅在户县秦镇及陕西省内，而且在我国许多地方甚至国外都有经营，成为很多人喜食的美味。

　　秦镇米皮是以优质大米为原料，具体制作需通过以下工序完成：一是将大米浸泡、碾碎。米皮制作前选择好上等大米，用优质生水和按一定温度勾兑的水混合后进行浸泡，再经过一定时间后捞出，待凉，将其碾成大米面粉，然后用细箩进行分离。二是进行烫浆。即用一定比例的温水将米面粉和成稀粥状，控制好水量。烫浆是米皮制作的重要技术。能否将做米皮的所用和面的水掌握适度，是米皮口感的关键。水多水少、温度高低都要把握到位，才能使蒸出来的面皮口感最佳。三是蒸米皮。烫浆后，将米面分开，两面上油，然后分开搁置到专做米皮的蒸具里，上锅蒸熟。四是用铡刀

秦镇米皮
摄于秦镇米皮店

切。秦镇米皮的刀功也是很有讲究的，米皮蒸熟起锅后，从每一个用具中将米皮倒在案板上，待凉后开始用刀切。左手按面皮，右手端铡刀，不动刀头只动刀尾，将整张米皮切成或宽或窄的条状入碗。五是进行调料，即使本色的米皮在上桌时能够色香味俱佳地呈现在食者面前。调料时，将已切好的米皮盛在铁瓢或小盆内，然后配以绿的菜（按照季节，焯熟的小菠菜，或者黄瓜等）、黄豆芽、油泼辣子（或辣椒油）、芝麻酱、芥末、蒜泥、酱油、户县有名的大王香醋、味精等调料调拌，至此，米皮可以入口了。而经过调食后的米皮，吃起来酸中有辣，米皮筋到，味道独特，是当地一年四季尤其是夏季不可缺少的地方特色小吃。

随着人们生活水平的提高，对饮食的要求也不断增多，米皮这种传统小吃也在随着时代的变化不断创新，现在，当地又研制出黑米皮子、菠菜皮子、小米皮子、醋淋皮子等，使这一传统小吃又有了新的内容。

户县秦镇米皮制作材料有上等大米，浸泡大米的缸、瓮等器具，有石碾和作为拉动石碾的牲口，牛或小毛驴，有能箩面、盛面的凹形竹、木器具，横桄，铁勺或大木勺，竹、木甑箅，矮木桌凳，垫布，铡刀以及各种调料如辣椒油、芝麻油、酱油、户县香醋，绿菜，黄豆芽等，供调制用的铁瓢、竹筷等。

今天，秦镇米皮这个户县驰名小吃，不仅是当地人喜吃的特色小吃，而且在西安饮食文化对外宣传上还起着独特的文化传播作用。

铁炉油馍制作工艺

[临潼区　西安市非物质文化遗产代表项目]

西安临潼"铁炉油馍"是当地百姓喜食的一种烙饼，这种饼的制作相传源于战国时的秦国。秦统一天下时，民间将葱及青菜和在面粉中烤熟充饥，后来这种方法就演变成今天民间流行的烙饼。

"铁炉油馍"产于临潼东部的铁炉乡。2000多年来以其皮黄、酥脆、里绵、软香、层薄闻名。过去，当地人招待贵客必须要有烫面油馍，当地的媳妇如果能烙一手好油馍，在人们心目中的地位就很高。

图 1　铁炉油馍
西安"非遗"保护中心提供

"铁炉油馍"制作，首先是备料，即准备好上等面粉，纯正的菜籽油、大葱、酥油。其次是和面，以烫面为主。最后是制作，即将烫好的面团揉进大葱、小香、酥油后加工成饼状，入锅，锅底中铺油。文火烤熟后，一个铁炉油馍就完成了。

　　"铁炉油馍"皮酥脆可口，里层薄绵软，香气扑鼻，其制作既保持了传统方法，又符合现代人饮食口味，是当地人特别爱吃的饼食。如今，人们在"铁炉油馍"的基础上，又陆续发明了起面油馍、水面油馍等，使油馍种类更加丰富，且有了"烫面油馍"、"金丝饼"、"油塔"等代表性饼食。

　　"铁炉油馍"制作工具有铁锅、凹锅，相关材料有油刷子、木炭或柴火、温开水等。

周至翠峰马家饦饦

[周至县　西安市非物质文化遗产代表项目]

西安周至翠峰饦饦是一种面制饭食，已有1300多年的历史。相传唐贞观年间，有一抗婚姑娘逃至周至翠峰山，拿饦饦招待过误入此地的唐太宗李世民，从此，翠峰饦饦便传到宫廷作为御宴之品，成为当地人的一种美食佳肴。在周至众多的饦饦中，马家饦饦是其中代表。

马家饦饦制作地域特色鲜明，其从原料、加工到配料完成都与当地生产、自然条件有关，面粉用的是当地生产的优质小麦磨制的，和面用水是当地打上来的深井水，菜油是用当地优质油菜以土法榨的，配菜用的线辣椒、山野菜全是当地山上所产，醋是当地农家用土法酿制的头茬醋，等等。

马家饦饦在制作上，有"文武"之分。"文"饦饦在制作时，是用开水和面，将和好的面醒好后，揉成核桃大小的面团浸入温水中，把面团贴在木勺背或马勺背上抹平，或者直接用手撕成饺子皮大小，下入开水锅中，待其煮熟后，将其盛入碗中用红糖调味，"文"饦饦饭就做好了。"武"饦饦在制作时，首先是和面，要先将面粉和硬搅软，反复揉搓后，用干净湿布盖住。其次是醒面揪团，将揉好的面放入瓷盆一定时间后盘条，揪成核桃大小面团备用。再次是入锅成型，待水开后，把面团擀成铜钱薄厚，下入开水锅中，至其煮熟后盛入碗内。最后是加入配料，给盛入碗内的饦饦加入食盐、辣子、香醋，再佐以"哨子菜"，"武"饦饦饭就做好了。

马家饦饦在食用上也有"文武"之分。"文"饦饦用红糖调制，以甜见长，调制好的甜饦饦又软又酥，易于消化，有养胃活血，养颜美容之功效。"武"饦饦用哨子菜调制，以咸为主，在饦饦盛入碗内后，加食盐、辣子、香醋，再佐以底菜"哨子菜"。"哨子菜"是用红萝卜、蒜苗、黄花、黑木耳、鲜豆腐与哨子配制，取黄、红、绿、黑、白五色。饦饦漂在五色汤中，汤厚辣子鲜，和五色菜交相辉映，既有我国饮食讲究的色香味，又结合当地自然条件，特别是冬季较为寒冷时，食了这种热气腾腾、提味诱人的饦饦后，其味美生津，令人耐饥寒，长气力，成为百姓餐桌上不可缺少的美食。

饦饦是翠峰地区最具有代表性的面食，当地家家会做、善做饦饦，这种面食也是外地人到翠峰必吃的特色面食。

长安沣峪口老油坊榨油

[长安区　陕西省非物质文化遗产代表项目]

长安沣峪口老油坊创建于清光绪十三年（1887年）前，距今已有上百年历史。它采用的是传统榨油方式，以河水为动力，纯手工榨油。

老油坊榨油主要工序，一是采集原料，包括选料、晾晒、去尘和去杂等。选料以黄土地当年生产的上好菜籽为原料，经过晾晒，使菜籽达到松散片状后，进行除尘处理，使菜籽洁净。二是磨胚，即将选好的菜籽倒入石磨磨细，进行干湿度鉴别。三是制作油草，包括选草、通草、烫草等，将有一定高度和质量的粳稻稻草，进行取叶、捆绑，根部削成椭圆状，然后浸入热水中浸泡、冲洗、晾干（阴干）。四是制作油圈和蒸胚，用竹皮编制一定高度的圈状，圈的中心向外凸出，进行蒸胚。五是榨油和成油，

图1　老油坊"非遗"标志
摄于陕西省第六届旅游博览会

图2　老油坊成品油
摄于陕西省第六届旅游博览会

榨油是"紧包陀，慢使梁"。出油后，沉淀若干天，使杂质与油进行分离。

榨油相关设备有油梁、磨盘、木滑轮、水磨车、石山、扇车、石磨、木拐（用硬杂木制作成榔头状的工具）等。

沣峪口老油坊榨油是今天难见的传统方式榨油，它采用我国传统的"立式"榨油方法，全部人工操作，工艺程序复杂，油品质量上乘，入菜口味纯正，符合今天人们追求绿色生活质量要求。保护好老油坊榨油，提升它的品牌效应，让人民群众吃上放心油、满意油，使传统榨油技艺在当代继续发挥作用，为现代生活服务，也是今天重视保护传统技艺的出发点和目的。

图3　老油坊榨油设备
摄于实地考察

户县龙窝酒手工酿造技艺及习俗

[户县　陕西省非物质文化遗产代表项目]

西安户县龙窝酒手工酿造技艺始于清光绪年间，是关中地区传统酿造工艺的典型代表，因其所有工序都是由手工完成，纯粮食制作，更符合当代社会追求回归原始的理念，所以，保护与传承这种古代酿酒技艺与习俗，对于今天仍有积极的现实意义。

龙窝酒酿酒原料主要采用关中地区的优质高粱、玉米。制作时，首先是粉碎，用石碾子将原料碾碎成细粒，注意粉碎质量。其次是润糁、蒸煮（清蒸）、摊晾，即用来自当地龙窝古井或地下深水井的水充分润透造酒原料后，将原料分甑加盖密闭进行蒸煮，待原料糊化后取出，堆成长方形，加入清水摊凉，打碎团块，翻拌均匀。再次是加曲、发酵、装甑，将散冷后的糁料堆成长方形，入窖进行发酵，将用关中优质小麦、大麦、豌豆原料混合制成的酒曲粉撒于糁的表面，翻匀，酒酿成熟后取出，装甑，头茬酒（原浆酒）成。最后，将酒酿再进行加曲。在酒糟中发酵，甑锅蒸馏，二茬酒成，入窖用大酒海和酒缸贮存，经过勾兑，出来成品。

龙窝酒酿酒需要的工具与设施，一是用于原料粉碎的石碾子、风车、筛子、簸箕、斗、麻袋、架子车、磅秤；二是用于酿酒的甑锅、窖池、冷凝器、水桶、量称、风箱；三是用于制曲的曲房、曲模、搅拌锅、竹竿；四是用于贮酒的大酒海、酒缸、酒篓等。此外，还要准备稻糠皮用来覆盖窖池，以保持温度。

龙窝酒所具有的独特品质与当地的自然环境有很大关系。龙窝古井的水质清澈，甘甜可口，矿物含量丰富，保证了龙窝酒水的优良品质。龙窝酒用的关中制酒原料，保证了酒的清香醇厚。龙窝酒采用传统甑锅蒸馏法酿酒,从制曲到酿造贮存,工序繁多,大都用手工完成,保证了成品酒的天然甘醇,使其酒质独特。龙窝酒酒体透亮,甘洌爽口,以其清香型的酒体风格,受到关中百姓的喜爱。

百年来,龙窝酒酿造技艺已经形成了一套独特而完整的系统,尤其是龙窝酒作坊奉行的用心做酒理念,延续的祭拜龙王和酒神传统,对于今天研究我国传统酿酒技艺与理念具有重要价值。龙窝酒使用的藤编酒海等古老技艺也是研究我国古法酿酒的历史见证。1936年"西安事变"期间,杨虎城将军曾用龙窝酒款待中共代表周恩来,被当地传为佳话。

【传统医药】

高陵韩氏正骨制药技艺

[高陵县　陕西省非物质文化遗产代表项目]

　　高陵韩氏正骨制药技艺起源于清同治年间，其中正骨技艺是其高祖韩明辉得自藏传佛教高僧真传，正骨制药技艺是其独创。据韩氏正骨制药技艺传人介绍，当年韩明辉为医行道，曾入川进藏，遍访名医，后遇喇嘛高人传其正骨医术。在长期的临床实践中，韩氏家族传承人不断改进技艺，提高治疗与医药水平，使其成为今天在当地民间极有影响的正骨制药品牌。

　　韩氏骨外伤正骨疗法，是在采用传统中医保守疗法的基础上形成的一套富有成效的独特治疗方法。其手法和药物双管齐下，通过拨伸、推摩接茬、复位、小固定、内服外敷家传自制的接骨散、活血散、活血消肿止痛膏等方法治疗各种骨外伤。

　　韩氏骨外伤正骨，对于肱骨、股骨骨折以及受外力冲击和筋腱收缩造成骨茬错位隆起进行复原，手法摸位准确，在医治中，采取抻拔、按摩对茬、捋平、正骨等手法致其平复，再配以自制复骨伤药，采取夹板等方式固定即可。对于因受外力造成的骨体破碎等伤害性严重的骨段进行碎骨复原、险坑复起，其治疗时，抻摸碎骨，推拿端整，对接正位、固定，再配以自制止痛散、活血散、接骨散。整个治疗过程不动刀，不手术，即治即走，方法简单易行，治疗安全方便，收费价格低廉，不仅为伤者减轻身体痛苦，而且为伤者减轻了家庭经济负担。

　　韩氏骨伤用药为自制成药，其制药有内服用药和外敷用药两类。内服用药原料主要有地龙（即蚯蚓）、土鳖（即簸箕虫）、青蛙以及降真香、乳香、红花、麝香、当归、五加皮、大三七等，对要入药的活物按照其药理药性对环境、季节、制作上的要求与讲究进行抓捉,然后研磨成粉末,与其他药物一起制成用于粉碎性骨折、一般骨折、跌打损伤的韩氏骨伤用药。外敷用药主要由五加皮、丁香、川椒、海桐皮、樟脑、川芎、当归等配制而成。在治疗患者时,视患者骨外伤轻重程度,采取加减药物用量的办法,服用韩氏自制内服剂和外敷用药。

韩氏骨外伤治疗需要药碾槽、单人床、酒精灯、竹夹板、调药碗、石姜窝、筛箩、铜锅、土炉、戥子、擂钵等基本用具。

韩氏骨外伤正骨制药技艺在当地县志有记载,其创始人一生行医救人,"救死扶伤,尽善尽美尽终",医德高尚,"只卖信誉不卖钱",誉驰多省地,足迹遍及关中各地和陕南、陕北及西藏部分地区。救治患者无数,在百姓中影响极大,口碑甚佳。

韩氏骨外伤正骨制药技艺也为中国人民解放事业做出过贡献。在解放陕北的战役中,受在陕指挥的中国共产党高级领导人习仲勋委托,地下党人接韩氏为解放军伤病员接治骨伤、刀枪创伤。在解放陕西高陵、泾阳的永乐塔寺战役后,韩家成了临时救护所,住满了需要救治的伤病员。韩氏也曾为驻军领导干部、进藏为西藏军分区领导治伤。抗美援朝时为大批赴朝参战回国疗伤的干部、战士治疗骨伤、刀枪创伤。

韩氏骨外伤正骨和制药技艺是中华民族医药原生态传承保护下的一门独特技艺,它采用中医的传统正骨手法,以民间传统中草药秘制中药制剂,传承和保护了中华民族中医骨外伤的传统技艺,弘扬和发展了中华民族传统医术。

马明仁膏药

[莲湖区　国家非物质文化遗产代表项目]

膏药是中华民族传统疗伤的外用药。西安"马明仁膏药",创始于清朝咸丰年间,是采集太白山野生草药,以祖传秘方,遵古法精制而成的膏药。创始人马明仁自小受祖辈熏陶,熟读医书,背诵药歌,上太白山采集药材,拜访名医,得祖父马六懿医术真传。他在"马钱风湿骨刺膏"基础上加入太白山野生草药于膏药中,治愈骨刺者不可胜数,被当地百姓亲切地称之为"马明仁膏药"。

"马明仁膏药"外观是呈黑色的固体膏状,"黑如漆,明如镜",膏体在一定的温度下会逐渐软化,由固态变为黏稠的液态。制作工艺复杂,以口传心授为主。膏药疗法是对患者进行外治疗法,治病时是将膏药敷于患者病痛表面,治病药理是借经络的通路发挥其通经走络、行滞去瘀、开窍透骨、祛风散寒的功能达到治疗疾病的目的。

"马明仁膏药"创始人马明仁医术高明,德行高尚,富有爱国热情。其一生以救治患者伤痛为己任,当地百姓赠匾称颂其"仁心孝世",离世后留存的治疗风湿骨刺秘方,配方独特,药效显著,一直被后人运用至今,为周围群众和省内外慕名而来的医治者发挥着去除疾病病痛,恢复身体健康的重要作用,受到百姓赞誉,马明仁曾为爱国将领杨虎城将军治疗腰疾,并用"马明仁膏药"为其疗伤,使其药到病除,行动如常,马明仁还曾委托家人在环境极其险恶的情况下,多次冒险为陕北抗战将士秘密送去大量膏药,为那些为国拼杀的抗战将士解除病痛。

"马明仁膏药"传承了中华膏药学精髓,丰富了中华膏药文化,凝聚了中华民族与疾病抗争的聪明才智和长期实践积累起来的丰富疗病经验。保护与传承这项传统中药制药技术，发挥它在当代治病救人作用仍然有现实意义。

【曲艺】

户县眉户曲子

[户县　国家非物质文化遗产代表项目]

户县眉户曲子是一种以坐唱表演为主要形式的民间艺术形式，演出时不用搭台，不用化装，当地人对此有许多称谓。如"地摊子"、"念曲子"等。曲子句法、用韵多以口语形式表达，是一种非歌曲形式的音乐表现形式。

艺人表演户县眉户曲子
西安"非遗"保护中心提供

户县眉户曲子分布地域广，有户县牛东眉户曲子、秦镇李家眉户曲子、卢五桥眉户曲子、吴家寨眉户曲子、乌东村眉户曲子、罗什村眉户曲子、栗峪口眉户曲子、甘亭镇曲子。在表演上又有曲子音乐、曲子戏如焦西村眉户曲子戏等。

据户县现存各曲子社记载，户县曲子历史可上溯到明朝中叶。清道光二十年（1840年）时有吴家寨曲子社，传承人吴老二。秦镇李家眉户曲子起源于清光绪七年（1881年），传承人麻子红学艺于西安臻玲社。李家曲子在当地曾经名声响亮，有不少外地剧团艺人来学艺。栗峪口曲子社兴于清代末年。民国前有罗什曲子社。乌东村眉户曲子社创立于清末民初。民国时期，牛东的曲子社已非常有名。当时曲子艺人崔念昔、崔延明都是远近闻名的曲子艺人，尤其是崔念昔被誉为陕西中路曲子的代表人物，1949年后曾被陕西戏曲研究院聘请为曲子教练。牛东曲子传承至今。

户县曲子是由元明时期的北曲吸收眉县、户县的山歌、牧歌、情歌、儿歌等俗曲发展而来，据考，明代文学家韩苑洛"户妪杜媪犹素歌"诗句中的"素歌"即"清曲"，俗称曲子。戏剧史研究者墨遗萍、王绍猷也有"曲子"起源于陕西眉、户二县，是"弦索腔"（元曲杂剧）衍流下来的一支遗脉观点。

户县王九思的出现，是户县曲子发展的重要阶段。明正德六年（1511年），户县人王九思被罢官后，回乡成立了曲子家班，聘请名师，学三弦、弹琵琶，制乐作曲，并常常来往于关中各地演唱曲子。王九思罢官回乡的四十年间，户县的曲子班社渐兴，曲目曲调日益丰富，曲子演唱成为风气。王九思与志同道合者相聚在曲子社，携声伎酣饮，制乐造歌曲，创作了大量的眉户曲子，自比俳优，以寄其怫郁，又善抅弹琵琶，后人竞相仿效。至今，在当地还流传着"王学士（九思）唱曲子"的逸闻轶事。

据考证，早在六七百年前传下来的"西京调"就是眉户中常用的曲调之一。户县曲子音乐曲调古老而丰富，有三十六大调，七十二小调。唱腔或优雅动听，委婉缠绵；或活泼轻快，诙谐有趣，表现力极强。

曲子表演为简单方便的地摊式坐唱，其中一人独唱，众人伴唱。

主奏乐器有大三弦、四叶瓦、板胡、笛子、碰铃（水水）、二胡、小鼓、小镲、小锣等。

户县眉户曲子代表性曲目以传统剧目为多，如历史类的《刘秀走南阳》《雁塔寺祭灵》《三娘教子》《徐庶走马荐诸葛》《桃园三结义》《挑袍》《华容道》《草船借箭》《单刀赴会》《对阵》《祭灵》《花亭相会》《秦雪梅吊孝》《清风亭认子》《探监》《华公打子》《双凤钗哭楼》《香山寺还愿》《皇姑出家》《温凉盏》《八仙庆寿》《古城会》《孟浩然踏雪访梅》《盗灵芝》《华亭会》《观阵》《郑丹哭祠》《文王访贤》《香山寺还愿》《桃园题诗》《桃园赠钗》等；再如表现生活内容的如《脏婆娘》《刺目劝学》《张连卖布》《洞房》《审婿》《藏舟》《李彦贵卖水》《安安送米》《观花灯》《百戏图》《三懒汉挖银子》《二姐娃做梦》《二姐娃害病》《两亲家打架》《克财鬼变驴》《打灶》《换婆娘》《劝公公》《换布证》《大赐福》《古老会》《王大娘钉缸》《放风筝》《刘三报菜》《观花灯》《游春景》《挖界石》《血泪仇》《三世仇》《桃园借水》；还有表现大自然的《添白鹅》《光华山》《黑访白》《走雪》《五更鸟》《绣白鹅》《打樱桃》等。

高陵曲子

[高陵县　陕西省非物质文化遗产代表项目]

　　高陵曲子起源于清咸丰年间，是西安民间中路曲子的代表，当地民间婚丧嫁娶、妇女生育、小孩满月及民间庙会中常见的传统表演形式。其创始人孙金元在民间有"高陵曲子师祖"之称。表演者能谈曲论唱，能自弹自唱，自编自演，创作灵活，乐器弹奏技艺娴熟，演唱音色脆亮，节奏感极强。

　　高陵曲子的特点是唱词方言性、口语性强，即兴而起，即景而歌，即情而寄，语言通俗，粗犷豪放。

　　高陵曲子的伴奏乐器有三弦、二胡、板胡、斗嗡、四页瓦、梆子、碰铃和碟子。在表演时，根据表演内容，分为文场与武场。在演奏乐器上，文场以三弦为主奏，二胡、板胡、斗嗡为副奏。武场以四页瓦为主奏，梆子、碰铃、碟子为副奏。其代表性曲目有《古城会》《五虎戏》《雪梅吊孝》《黑访》《蚂蚱灵》《贵妃醉酒》等。

　　高陵曲子具有浓郁的地方特色。方言表演，保留了民间俗曲的质朴与浪漫狂野的情调，传递着浓浓的民间生活气息与当地风土人情。音乐结构，大曲和小曲的表现形式，使其在故事情节的完整与情感表达方面，将喜怒哀乐与悲伤情愁表现得淋漓尽致。特别是唱词的即兴发挥，充分展示了曲子在民间的生命力与表演者的聪明才智。保护与传承高陵曲子原生态形式，是今天文化多元化发展的时代要求，也是研究高陵民间曲艺形式的基础，具有重要的现实意义。

周至道情

[周至县　陕西省非物质文化遗产代表项目]

道情是道士宣传修身养性、弃恶从善、"清贤高载"教理教义，为道教服务的一种民间艺术演唱形式。周至道情与老子说经讲道的楼观台有关。自老子在楼观台讲经，使楼观台成为天下道教讲经的著名道观后，来往楼观台朝拜的善男信女、官员游人络绎不绝。"道情"这种用音乐宣传道教经典的艺术形式也就应运而生。

周至道情表演

周至道情自诞生以来，一直是民间表演的艺术形式，它演唱的内容主要以"八仙故事"为主，突出忠、孝、节、义等我国古代传统极其重视和宣扬的伦理道德，使其在民间有演出的市场。演唱的剧目主要有《鞭打芦花》《百花山》《卖道袍》《八岔诗》《菊花亭度母》《湘子度林英》《小如贤》《杭州卖灵丹》《高老庄》《孝母得金》《状元及第》《三孝让产》《吕蒙正赶斋》等。

周至道情表演由高音波、短波、花音波、尾波、梅花彩调波五种波及平音器构成,"波"这种演唱形式是道情表演特色,在其他艺术演唱中很少见到。其板式主要有连板、代板、慢板、大板、平尾声塌板等。演唱细腻婉转、悦耳动听、沁人心脾。曲牌主要有皂罗袍、一枝花、乌夜啼、牧羊关、雁儿舞、十三调、五更词、耍孩儿、梅花调等,历史悠久,道教色彩浓厚;表演乐器主要有尖板、渔鼓、三岔板、撞铃、板胡、边鼓、皮鼓、钹、锣、笛子、牙子等。

周至道情音乐古朴优雅、清丽、委婉,剧情寓意深刻,富有教育意义,人物形象鲜明,表演引人入胜,它既是农耕文明时期陕西关中人精神生活的表现,又是道家、儒家思想意识在关中地区的反映。道情将教理教义中与传统伦理道德宣扬一致的内容,以音乐艺术表现形式在社会上进行宣传,毫无疑问,历史上或在曾经是有利于中央集权统治的,也是适宜、顺应潮流的,对研究我国农耕社会的生产发展、民俗风情、意识形态具有一定参考价值。今天,作为传统民间艺术表演形式,只有传承它有利于社会和谐的积极方面,创新它的宣传内容,才能够在当代社会得到继续发展。

熨斗村曲子

[周至县、陕西省非物质文化遗产代表项目]

西安周至熨斗村曲子是周至县马召镇熨斗村具有地方特色的传统民间曲子，相传与周穆王周游天下于此歌舞有关。现在周至黑水峪西山壁上的演乐洞就是因周穆王在洞中演奏曲子而得名。

曲子历史悠久，"盖隋以来，今之所谓曲子者渐兴，至唐稍盛。今则繁声淫奏，殆不可数。古歌变为古乐府，古乐府变今曲子，其本一也"。[①]西安作为汉唐时期的都城所在地，曲子长期流行于当地。在曲子演变的历史过程中，它不断地与当地音乐文化融合，吸收周围地区的民间音乐，形成了以西安以西至周至、眉县、凤翔为主要流行区域的独具特色的西府曲子。西府曲子音乐结构主要有曲牌连套体，前有（月头）、后有（月尾）期间插入曲牌若干，以及单曲反复体，多为柔情小段。

熨斗村曲子伴奏乐器主要有三弦、二胡、笛子、板胡、碰铃、大鼓等。表演形式灵活，演唱一唱众和，气氛活跃。

周至熨斗村曲子代表性曲目有《农家乐》《五更鸟》《算卦》《十不拘》《六月花》《闪扁担》等。

---

① （宋）王灼：《碧鸡漫志》卷1，辽宁教育社1998年版，第2页。

长安道情

[长安区　陕西省非物质文化遗产代表项目]

长安道情是以道教故事为题材，通过唱词诵经、演绎道中情理而得名的一种民间艺术形式。长安道情表演可上溯到我国古代的唐朝。今长安道情演唱主要分布在终南山北麓的魏家岭村一带。相传，晚唐时的韩湘子曾在这一带修过道。与魏家岭毗邻的村社，都有过传唱道情的班社活动。

长安道情表演有登山行唱、围桌坐唱、皮影和广场踏席化装表演等形式。表演乐器有笛子、板胡、二胡、渔鼓、简板、碰钟等。

长安道情表演名家有王志年、赖世魁、杜彦新、房振、王鹏飞、朱六、毛万禄、毛万寿、陈茂祥、刘生浩、许成礼、郝鸿章、强春堂、张情钦、陈智礼、李宗正、李园儿、李世忠、魏根录等，其中一些艺人的演唱足迹遍及陕西关中与陕南，在当时很有影响。

长安道情代表作有《槐荫媒》《四岔捎书》《八仙上寿》《隔门贤》《墙头马上》《孝子冤》《鸳鸯谱》及现代戏《江姐》《祥云谷》。

目前，终南山北麓的魏家岭道情社，是全区唯一能组班"坐唱"长安道情的原生态表演团体，能演唱的道情曲目有羽化仙道类、神话故事类、历史题材类、民间故事类等20多首。

长安道情以"板腔体"为主，兼用"联曲体"形式，乐器的形制、演奏方法独具特色，演唱特技对烘托表演气氛、渲染演唱环境、刻画剧情人物等有特殊作用。

新中国成立前，在终南山北麓一带，每逢山上道观庙会，长安道情班社就会登山，通宵达旦，坐班演唱，成为当地群众不可或缺的民俗活动之一。

后　记

《西安非物质文化遗产研究》终于要付梓出版了，感慨良多。本书的出版，首先，与西安软科学项目立项分不开。我接触西安非物质文化遗产始于2006年，当时一个偶然的机会认识了如今已是世界级非物质文化遗产的西安鼓乐。因为研究西安鼓乐的原因，我认识到在现代化的今天，非物质文化遗产宣传、资料保护与传承的重要性。2009年，我申请了西安软科学项目"西安非物质文化遗产网络化、数字化研究"。我做这一项目的目的就是要通过传播途径非常广泛的现代媒介互联网打造西安非物质文化遗产数据库，宣传西安非物质文化遗产，让更多的人认识与保护西安非物质文化遗产，使西安非物质文化遗产能在历史长河中延续下去，使世界古都的古老文化能够继续传承下去。如今，经过几年的执着努力，西安非物质文化遗产数据库已建在互联网上。拙作问世，我相信也将对西安非物质文化遗产文字资料保护起到一定作用。这是令我感到欣慰的一件事。其次，与西安文理学院重点学科的资金资助分不开。西安非物质文化遗产研究，今天能够以著作的形式公开出版，与学校努力创造良好的学术研究氛围分不开，与各级领导大力支持和热情鼓励科研工作者专心向学有密切关系。这是我能够完成书稿的动力所在。再次，与西安非物质文化遗产保护中心领导大力支持分不开。该中心在保护西安非物质文化遗产方面做了大量工作，整理了大量民间资料。他们尽可能地给我提供研究资料，全力支持，让我非常感动，也很感激。非物质文化遗产不是个人的力量就能保护的，它必须借助社会之力，众人之手才能够保护下来。如果整个社会都来关注我们祖先留下来的文化遗产，那么，文化强国之梦、文化强省之梦、文化强市之梦就会实现。希望大家都来关注西安非物质文化遗产。最后，与我家人的理解、帮助、关心、支持分不开。为写书稿，我要到民间调研，到网上搜寻资料，为此，家人给我腾出时间，提供一切便利条件，使我能够在繁忙的工作之余，还能够投入时间，完成书稿。书稿的完成，包含了很多人对我的关心和期望，实属不易。在此，对所有帮助书稿出版的朋友、同事表示衷心感谢。由于写作时间仓促，加之其他事情羁绊，因此，本稿中问题在所难免，不妥之处请同仁和读者不吝指教。

作者于西安 2014 年 9 月 26 日